U0963720

体验·转化·传播：新时期宁波文化强市路径研究

陈志强　著

WUHAN UNIVERSITY PRESS
武汉大学出版社

图书在版编目(CIP)数据

体验·转化·传播：新时期宁波文化强市路径研究／陈志强著．
武汉：武汉大学出版社，2025.8. -- 创意文化系列丛书．-- ISBN 978-7-307-24473-3

Ⅰ. G127.553

中国国家版本馆 CIP 数据核字第 2024P6A872 号

责任编辑:胡国民　　　责任校对:汪欣怡　　　版式设计:马　佳

出版发行: **武汉大学出版社**　(430072　武昌　珞珈山)

(电子邮箱: cbs22@whu.edu.cn　网址: www.wdp.com.cn)

印刷:湖北云景数字印刷有限公司

开本:720×1000　1/16　印张:19.75　字数:309 千字　插页:1

版次:2025 年 8 月第 1 版　2025 年 8 月第 1 次印刷

ISBN 978-7-307-24473-3　定价:68.00 元

版权所有，不得翻印；凡购我社的图书，如有质量问题，请与当地图书销售部门联系调换。

目　　录

绪　论

一、问题的提出

美国人文主义思想家、生态文明理论奠基人刘易斯·芒福德曾经说："城市是文化的容器。"①人类创造了文化，文化的发展反过来推动人类的成长和发展，催生了人类文化集聚地——城市的产生。城市文化是城市发展过程中物质文明和精神文明的累积，其对城市的反哺功能非常强大——不仅决定着当下城市的特色和形象，而且成为城市个性未来发展的源泉。从这个意义上说，"城市即文化，文化即城市"②，城市与文化二者互为体现、互相作用。

芒福德之所以把城市称为"文化的容器"，是因为城市记录着文化发展和演进的轨迹。通过对建筑物、纪念碑等文化设施的细致考察，城市的发展进程以及其中的传承接续即使在多年之后仍能清晰可辨。就城市的功能而言，"如果说，在过去的许多世纪中，某些著名的首都城市，如巴比伦、罗马、雅典、巴格达、北京、巴黎和伦敦成功地支配了各自国家历史的话，那只是因为这些城市始终能够代表他们民族的传统文化，并把其大部分流传给后代"③。可见，文化创新发展与文化传承是城市最基本的功能。正如德国思想家斯宾格勒所断言，"一切有伟大的文化都是市镇文化"④。城市不但是人类物质财富的集聚地，而且是人类

---

① [美]刘易斯·芒福德．城市文化[M]．宋俊岭，李翔宁，周鸣浩，译．北京：中国建筑工业出版社，2009：15.

② 这是巴塞罗那为提升城市综合竞争力向世界提出的一个口号，反映了城市文化在城市发展进程中占有特殊的重要地位和起着巨大的推动作用。

③ [美]刘易斯·芒福德．城市的形式与功能[C]//陈一筠．城市化与城市社会学．北京：光明日报出版社，1986：54-55.

④ [德]奥斯瓦尔德·斯宾格勒．西方的没落：世界历史的透视(上册)[M]．齐世英，等译．北京：商务印书馆，1991：199.

精神文化的发源地。从这个意义上说，没有城市，人类文明和文化的发展可能会受到很大的限制和影响。

反过来，文化也能提升城市竞争力。文化资源、文化设施、文化产业和文化软实力等要素的发展，影响着城市的发展水平甚至决定着城市的形象和竞争力。在 2004 年 9 月联合国人类住区规划署主办的“第二届世界城市论坛”上，与会专家认为文化影响着城市的规划与管理，因此要有意识地用文化来指导城市的规划与管理。美国非营利组织“适宜居住社区的合作伙伴”的研究报告也认为，城市文化的发展对城市发展产生的作用表现在四个方面：一是“人文发展”，如通过培训、教育等方式提高市民解决问题的能力；二是“经济发展”，如通过加强文化设施来推动文化旅游和创造就业等；三是“环境发展”，如改善城市景观以提升城市环境的质量；四是“社会发展”，如开展文化项目促进城市多文化的交融和相互理解。① 可见，文化发展的最终目标是促进城市的可持续发展。

进入 21 世纪后，鉴于文化建设对于提升城市形象、影响力和竞争力方面的巨大作用，越来越受到城市管理者的重视。随着中国城市化进程的加快，城市建设如火如荼地展开，成绩有目共睹，但积累的问题也很明显。如何剖析城市发展尤其是文化发展中的问题，在借鉴其他城市文化建设经验的基础上，找到可持续、个性化的建设路径，既是内在要求，也是大势所趋。

（一）文化建设成为国家战略

一个国家文化的发展，既是国际范围内文化交流频繁互动、促进和影响的结果，也是国家文化发展战略和文化政策推动的结果。

1982 年 7 月 26 日至 8 月 6 日，联合国教科文组织在墨西哥首都墨西哥城的艺术宫举行“第二次世界文化政策大会”，共有 129 个国家和国际组织的代表参会。我国派出了以时任文化部部长朱穆之为团长的政府代表团参会，这也是我国首次派出高级文化代表团出席联合国教科文组织召集的国际性会议。此次大会的

① 郑皓．北京新城城市文化环境建设研究［D］．中央美术学院，2011：22-23.

目的，是总结第一次世界文化政策大会①以来世界文化工作的经验，探讨当前和未来一段时间文化发展和文化建设的任务，制定新的方针，加强文化在发展中的地位和推动国际文化交流和合作。大会最后通过了《墨西哥城文化政策宣言》，强烈要求保护和发展民族文化，促进国际文化合作，明确提出国际社会要“为密切各国人民的交往和扩大人与人之间更好的谅解作出有效的贡献”，也表达了“人类各种文化和精神目标的最终汇聚的希望”，并承诺：

> 从最广泛的意义讲，文化现在可以看成是由一个社会或社会集团的精神、物质、理智和感情等方面显著特点所构成的综合性的整体，它不仅包括艺术和文学，也包括生活方式，人类的基本权利、价值体系、传统和信仰。
>
> 文化赋予人类对自己进行思考的能力。文化使我们真正成为有理性的、有批判精神的、有道德的人。通过文化，我们认清了价值的意义，并进行抉择。人类通过文化表达思想，认识自己，承认自己并非完美无缺，对自己的成就进行质疑，不倦地研究新的意义，创作超越自己的作品。②

该宣言明确指出每一种文化都有自己的特性而且应该得到足够的尊重，也提出了很多在今天看来仍振聋发聩，对此后一段时期世界各国文化发展产生了深远影响的观点。

此后，越来越多的国家认识到文化发展是国家发展的重要组成部分，而且对政治文明、经济社会的发展有巨大的推进作用，因此纷纷把制定国家层面文化发展战略和文化政策提上政府的议事日程。换言之，国家发展出现了一种明显的“文化转向”现象。最先行动起来的是发达国家，它们相继提出了“文化立国”的

① 世界文化政策大会是联合国教科文组织负责召开的政府间重要的文化会议。第一次大会于1970年在意大利的威尼斯召开，当时共有86个会员国、准会员国和2个非会员国参加，会上共提出了24项决议。这些决议虽然对各会员国无法律约束力，但对促进各国的文化交流合作起到了积极作用。

② 张国忠．世纪宣言：世界通用法则 国际文献精华[M]．北京：华夏出版社，1998：758.

文化发展战略，从国家战略层面制定规划，推动本国尤其是大城市以文化建设为重点，谋求更高层次的可持续发展。

互联网普及之后，发达国家又相继调整了国家的文化发展战略，把在互联网中抢占优势地位作为文化发展战略的基本思路。其主要抓手有两点：一是促进文化在互联网上的表达和展示，解决工业经济时代无法处理的问题；二是引导文化工作者适应数字时代的创作环境，极大地推动文化产业在全球的发展，以期通过文化建设来增强国家和城市的竞争力。

"文化立国"从日本起步。近现代日本的国家发展战略，简单地可以分为三个阶段：从明治维新到"二战"时期是军事立国阶段；"二战"以后至20世纪80年代是经济立国阶段，在此阶段，日本提出"贸易立国"口号，在数十年的时间内发展成为仅次于美国的资本主义世界第二经济体；20世纪90年代以后是文化强国阶段，90年代以后，日本面对经济停滞的局面，迅速调整了国家发展战略，希望以"文化力"带动"经济力"，这一调整收获了显著的成效。1996年7月，日本文化厅正式发布《21世纪文化立国方案》，标志着"文化立国"战略的正式确立。1998年3月发布的《文化振兴基本设想——为了实现文化立国》详细阐释了依靠本国文化资源与文化优势开始国家新一轮发展的"文化立国"战略，描绘了实现日本文化全球传播的宏伟蓝图。这一战略，包括搞活艺术创造活动、继承和发展传统文化、振兴地域文化与生活文化、培育和确保继承文化的人才、在文化上作出国际贡献并传播文化、加强基础设施建设以利于文化的对外传播6大课题。在具体的操作层面，日本同时推行了文化产品输出、"酷日本"、日本品牌及文化产业等"子战略"。

为了给"文化立国"保驾护航，日本在法律更新、政策配套、经费支持等方面不留余力。与此同时，通过增加文化领域的财政支出、帮助文化产业拓宽融资渠道和改善企业结构、鼓励社会组织和民众投资赞助等举措，日本的文化产业发展驶入快车道，产生的效果也非常明显。仅以动漫和影视作品输出为例，1983年创下62.9%的日本电视连续剧收视率最高纪录的《阿信》，由日本国际交流基金会购得版权后，先后无偿提供给中国、新加坡、中国香港等世界上59个国家和地区播放。以《阿信》为代表的日本电视文化，为日本在海外国家形象的提升作出了贡献。20 世纪 90 年代中期以后，日本动画片也逐渐风靡全球。值得注意的是，这些流行文化风靡全球的结果，既带来了巨大的经济效益①，又让日本人的思维模式和价值观念在悄无声息中得到了传播和渗透。

韩国紧随其后，也大力度推进"文化立国"。1986 年，韩国政府制定了第六个经济发展五年计划，明确提出了"文化的发展与国家的发展同步化"的政策目标。其于 1990 年颁布的《文化发展十年规划》和 1993 年出台的"文化繁荣五年计划"，相继提出"文化要面向全体国民"的政策理念和发展文化产业促进文化繁荣的重要目标。1998 年，韩国效仿日本正式提出了"文化立国"的战略。之后，韩国很快地制定了一系列有利于文化发展的法律法规，2001 年，成立"韩国文化振兴院"，隶属政府文化观光部，为"文化立国"战略的发展提供制度政策上的支持。2004 年，卢武铉在《创意韩国》中指出，"国家的未来取决于文化的可持续发展"，并提出了韩国文化发展的三大目标：创意性的文化市民；多元的文化社会；建立活跃的文化之国。2013 年，时任韩国总统朴槿惠提出了"创造经济"增长的思路，将韩国文化与韩国信息技术融合，打造文化内容产业作为新的经济增长点。

在此基础上，韩国一手抓文化产业园区建设，集中力量重点发展影视、音乐等传统文化产业和游戏、电竞、旅游等新产业，形成集约化、规模化的产业经营并打造属于自己的文化标志，保证国家扶持政策产生最大的整体实效；一手抓外向型产品的重点研发，集中力量开发具有国际竞争力的高质量文化产品，开拓海外市场。韩国从"文化立国"战略提出至今，经过各方努力，其文化产业有了巨大发展，成为拉动经济增长、提升国际地位、推动产业转型的中坚力量。

新加坡的"文艺复兴城市"战略在新兴国家中具有代表性。自 1965 年脱离马来西亚独立之后，因为港口业和金融业的成功运作，新加坡经济开始腾飞，成为

① 1993 年，日本娱乐业的年产值开始超过汽车工业，动漫产业也跃居日本第二大产业。据日本贸易振兴机构(JETRO)统计，日本漫画、动画片和游戏软件占世界内容市场的 30%。在世界各国播放的动漫作品，超过 60%的来自日本——在欧洲更是高达 80%。2003 年，遍布全球的日本动漫迷们，在电影和视频上的消费超过了 50 亿美元；与动漫相关商品的消费，更是高达 180 亿美元。

“亚洲四小龙”之首。在经济发展之后，新加坡积极推行“文化立国”战略。1988年，为了研究文化艺术在国家发展中的作用，新加坡成立了文化艺术顾问委员会（the Advisory Council on Culture and the Arts）。通过细致的研究，该委员会认为，文化艺术可以提升个人修养、提高生活质量、培养国民的认同感和发展旅游娱乐业，因此提出了“在大学及前大学阶段加强艺术教育”“改善文化设施”“强化文化遗产及视觉艺术收藏”“通过媒体在社群之间开展艺术推广”等建议，并得到政府的认可和支持。1999年，新加坡通过了一项为期五年的“文艺复兴城市计划”（Renaissance City Project），希望通过发展文化艺术事业，将新加坡打造成一个“杰出的全球艺术城市”和“在工作、生活与休闲等方面都富有吸引力的地方”。2000年，新加坡发布《文化复兴城市报告书：文艺复兴新加坡的文化与艺术》，进一步把国家的文化发展定位为“亚洲主要文化城市以及世界文化产业中心之一”，通过发展文化艺术，“加强国人的国家意识与归属感，他们可通过本地戏剧、舞蹈、音乐、文学、电影或视觉艺术，分享并欣赏自己的文化与艺术遗产”。① 历经10年建设，于2002年落成的新加坡滨海艺术中心，能够提供完美的音响效果，为文化艺术的展示展演提供了绝佳物理空间；同时，其也因独特的造型而成为新加坡最重要的文化地标。2005年，为了达到通过举办高水平文化艺术活动提升新加坡在国际上的整体形象的目的，新加坡开始实施“文艺复兴城市计划2”。在政府财政拨款的支持下，新加坡举办的文化艺术活动增加了一倍；一年一度为期三周的新加坡艺术节，更成为了文化艺术领域国际交流的盛会。世界级艺术团体的频繁亮相提高了市民的艺术欣赏水准，也让同场竞技的国内艺术社团有了近距离观摩学习的机会。2006年开始举办的“新加坡双年展”，使新加坡一举成为东南亚艺术展示展演的中心。在前两个五年计划取得显著成效的基础上，2010年开始实施“文艺复兴城市计划3”，通过以特色内容、动态生态系统和社区参与为重点，吸引各国文化艺术人才到新加坡进行创作；通过种子基金、社区参与计划等项目，提升城市的文化艺术氛围。②

① 黄小晶，骆浩文，苏柱华．城乡发展比较[M]．北京：中国经济出版社，2010：231.
② 任明．新加坡二十一世纪以来城市文化发展观测[J]．上海文化，2014(10)：102-111.

在提升文化软实力的同时，新加坡文化产业的国际竞争力也在国家的扶持下有了显著的提升。为了提高文化产业及其产品、内容和服务在本土与国际的影响力，新加坡打造了一套融人才、产业、科技于一体的文化生态体系。首先，建设文化人才与文化产业集群。通过文化机构与经济发展部门的通力合作，文化空间并形成产业链，彻底解决吸引文化人才及发展文化产业集群的瓶颈问题。比如，建立了融合创意、发展教育产业的集群城区，为文化产业发展提供了空间。其次，将画廊、艺术商业与艺术仓储、艺术物流等专业化服务产业联系起来，以形成艺术产业链。借助文化建设和支持文化产业发展等一系列举措，新加坡实现了经济社会发展的转型，也更深层次地融入国际社会，民众的归属感和认同感也在这一过程中得到增强。

文化战略及文化政策对国家、区域发展的效应主要表现在促进经济增长、扩大就业规模、增强社区归属与文化认同、加强城市与区域形象塑造以及增强国家整体竞争力等方面。文化和文化生产力的竞争是未来国家间竞争的主战场之一，文化战略也将成为国家最核心的战略之一。日本、韩国和新加坡的“文化立国”战略，值得借鉴。

（二）中国文化立国战略的演进

在党的十九大报告中，第七部分“坚定文化自信，推动社会主义文化繁荣兴盛”开头即指出：“文化是一个国家、一个民族的灵魂。文化兴则国运兴，文化强则民族强。没有高度的文化自信，没有文化的繁荣兴盛，就没有中华民族伟大复兴。要坚持中国特色社会主义文化发展道路，激发全民族文化创新创造活力，建设社会主义文化强国。”①中华人民共和国成立 70 余年来，在经济建设方面不断探索，到今日取得了不俗的成绩；在文化建设方面，虽然起步晚甚至走过一些弯路，但在全球的影响力越来越大。

1. 对文化建设战略地位认识的历史演进

中华人民共和国成立之初的一段时间内，国家对于文化建设地位和作用的认

① 习近平．决胜全面建成小康社会 夺取新时代中国特色社会主义伟大胜利——在中国共产党第十九次全国代表大会上的报告[M]．北京：人民出版社，2017：40-41.

识并不清晰，对于文化建设地位和作用的认识和态度，经历了三个阶段：第一个阶段，实现了文化从属于政治到文化与经济并行发展的转变；第二个阶段，实现了文化与经济、政治、社会、生态协同发展、并驾齐驱；第三个阶段，把文化视为国家软实力的基石，把文化建设视为国家的重大战略之一。

1949 年之前，中国共产党基本的文化政策是文化从属于政治。在中国现代文化政策史上，文化从属于政治和经济的观点曾经长期占据主导地位，影响着我们对于文化的社会功能的全部价值判断。①

毛泽东曾多次阐述政治与文化的关系。1940 年，在阐述“新民主主义的文化”时，他明确指出新民主主义时期的文化建设必须为政治和经济服务，“一定的文化(当作观念形态的文化)是一定社会的政治和经济的反映，又给予伟大影响和作用于一定社会的政治和经济；而经济是基础；政治则是经济的集中的表现”②。“至于新文化，则是在观念形态上反映新政治和新经济的东西，是替新政治新经济服务的。”③在 1942 年 5 月召开的延安文艺座谈会上，他继续强调：“在现在世界上，一切文化或文学艺术都是属于一定的阶级，属于一定的政治路线的。为艺术的艺术，超阶级的艺术，和政治并行或互相独立的艺术，实际上是不存在的。”④可见，当时虽然并不否认文化对政治和经济的反作用力，但总体上是强调文化从属于政治和服务于经济。这些阐述，对此后的文化政策影响很大。中华人民共和国成立之后很长一段时间，文化从属于政治依旧是文化和政治经济关系的基本观点。

党的十一届三中全会召开之后，文化从属于政治、文化问题政治化的现象才有了明显变化。1979 年，邓小平在中国文学艺术工作者第四次代表大会上的祝词中提出：“党对文艺工作的领导，不是发号施令，不是要求文学艺术从属于临时的、具体的、直接的政治任务，而是根据文学艺术的特征和发展规律，帮助文艺工作者获得条件来不断繁荣文学艺术事业，提高文学艺术水平，创作出无愧于

① 胡惠林．文化政策学[M]．北京：清华大学出版社，2014：59.
② 毛泽东选集(第 2 卷)[M]．北京：人民出版社，1991：663-664.
③ 毛泽东选集(第 2 卷)[M]．北京：人民出版社，1991：695.
④ 毛泽东选集(第 3 卷)[M]．北京：人民出版社，1991：865.

我们伟大人民、伟大时代的优秀的文学艺术作品和表演艺术成果……文艺这种复杂的精神劳动，非常需要文艺家发挥个人的创造精神。写什么和怎样写，只能由文艺家在艺术实践中去探索和逐步求得解决。在这方面，不要横加干涉。”①文化从此获得了与经济相提并论的地位，进入了平等对待、均衡发展的阶段。

随着经济的快速发展和生活水平的不断提高，人们对文化的需求也与日俱增，社会主义物质文明建设和精神文明建设就成为社会主义建设不可或缺的两个方面。在前面提到的在中国文学艺术工作者第四次代表大会上的祝词中，邓小平就明确指出：“我们要在建设高度物质文明的同时，提高全民族的科学文化水平，发展高尚的丰富多彩的文化生活，建设高度的社会主义精神文明。”②随后，邓小平进一步把精神文明的内涵概括为：“不但是指教育、科学、文化（这是完全必要的），而且是指共产主义的思想、理想、信念、道德、纪律，革命的立场和原则，人与人的同志式关系。”③不过，在实际操作过程中，虽然“改革开放一开始，以邓小平同志为核心的党中央就强调两个文明一起抓的战略方针。在党的历次重要会议上作出一系列重大决定，十二届六中全会还专门作出《中共中央关于社会主义精神文明建设指导方针的决议》，明确了精神文明建设的战略地位、根本任务和重大方针，引导全党全国人民逐步加深对精神文明建设的认识，展开了各方面的工作，推动了经济和社会的发展。但是“对两个文明一起抓的方针，在执行过程中出现过不一贯的情况……一手比较硬、一手比较软”④。即便如此，“文化”的社会地位仍然有了显著的提高，也为后来的“文化建设”奠定了基石。

进入 21 世纪，对文化地位和作用的认识有了新拓展，文化建设和经济建设、政治建设、社会建设之间的关系日渐清晰，文化、经济、政治和社会四位一体发展的布局得以确立。党的十七大报告强调，“按照中国特色社会主义事业总体布局，全面推进经济建设、政治建设、文化建设、社会建设，促进现代化建设各个

① 邓小平文选（第二卷）[M]. 北京：人民出版社，1994：213.

② 邓小平文选（第二卷）[M]. 北京：人民出版社，1994：208.

③ 邓小平文选（第二卷）[M]. 北京：人民出版社，1994：367.

④ 中共中央关于加强社会主义精神文明建设若干重要问题的决议[M]. 北京：人民出版社，1996：3.

环节、各个方面相协调，促进生产关系与生产力、上层建筑与经济基础相协调”①，以实现全面协调的可持续发展。党的十八大明确指出，“文化是民族的血脉，是人民的精神家园”；而“全面建成小康社会，实现中华民族伟大复兴”，必须扎实推进社会主义文化强国建设，具体而言，就是“推动社会主义文化大发展大繁荣，兴起社会主义文化建设新高潮，提高国家文化软实力，发挥文化引领风尚、教育人民、服务社会、推动发展的作用”。② 此外，还将生态文明纳入国家的总体布局，由此形成了经济、政治、文化、社会和生态“五位一体”的布局，社会主义的市场经济、民主政治、先进文化、和谐社会和生态文明成了新时期社会发展的目标。

党的十九大报告提出了“发展中国特色社会主义文化”的新命题。“发展中国特色社会主义文化”的具体路径，是“以马克思主义为指导，坚守中华文化立场，立足当代中国现实，结合当今时代条件，发展面向现代化、面向世界、面向未来的，民族的科学的大众的社会主义文化，推动社会主义精神文明和物质文明协调发展”；发展的目标，则是“坚持为人民服务、为社会主义服务，坚持百花齐放、百家争鸣，坚持创造性转化、创新性发展，不断铸就中华文化新辉煌”。该报告还进一步强调，要“紧扣我国社会主要矛盾变化，统筹推进经济建设、政治建设、文化建设、社会建设、生态文明建设”。③ 党的二十大报告在发展中国特色社会主义文化的基础上，又提出了“推进文化自信自强，铸就社会主义文化新辉煌”的时代命题，强调要“坚持百花齐放、百家争鸣，坚持创造性转化、创新性发展，以社会主义核心价值观为引领，发展社会主义先进文化，弘扬革命文化，传承中

① 胡锦涛. 高举中国特色社会主义伟大旗帜 为夺取全面建设小康社会新胜利而奋斗——在中国共产党第十七次全国代表大会上的报告[R/OL]. [2023-07-20]. http://cpc.people.com.cn/GB/64162/64168/106155/106156/6430009.html.

② 胡锦涛. 坚定不移沿着中国特色社会主义道路前进 为全面建成小康社会而奋斗——在中国共产党第十八次全国代表大会上的报告[R/OL]. [2023-07-21]. https://www.gov.cn/ldhd/2012-11/17/content_2268826_7.htm.

③ 习近平. 决胜全面建成小康社会 夺取新时代中国特色社会主义伟大胜利——在中国共产党第十九次全国代表大会上的报告[R/OL]. [2023-07-21]. https://www.gov.cn/ldhd/2012-11/17/content_2268826_7.htm.

华优秀传统文化，满足人民日益增长的精神文化需求，巩固全党全国各族人民团结奋斗的共同思想基础，不断提升国家文化软实力和中华文化影响力”。① 从文化建设到中国特色社会主义文化建设，再到文化自信，文化的地位和作用得到进一步完善，文化建设也因此成为各级党委和政府大力推进的中心工作。

2.“文化软实力”的提出及其实施

“软实力”可能是最近30年最为活跃的概念之一，在世界范围内被政治家、各领域的学者和媒体广泛使用。1990年，美国著名杂志《外交政策》刊登了一篇关于“Soft Power”的文章，作者为美国哈佛大学教授约瑟夫·奈尔。在文章中，他将国际关系中国家的实力区分为“硬实力”和“软实力”。所谓“硬实力”，指的是国家利用其经济实力和军事力量影响甚至收买或胁迫其他国家的能力；“软实力”指的是通过吸引和说服让其他国家服从而实现自身目标的能力，实际上表现为国家的“魅力”。此后，约瑟夫·奈尔接连在多篇文章中更新了他对“软实力”内涵的表述：1999年，在 *The Challenge of Soft Power* 一文中，他把“软实力”解释为“国家文化及意识形态上所产生的吸引力，预期的结果是因为吸引力而非强迫的方式所获得的”，也就是使“他者”信服并追随目标制度及行为方式且产生相应的效果；2002年，他又把“软实力”阐释为“让人们也需要你需要的能力”，即把自己的需要变成人们的需要的能力；2006年，他把“软实力”视为一种吸引力，即不是通过强制、诱惑的方式而使他人作出改变的行为。

“软实力”本质上表现为“文化、价值观、意识形态及民意等方面的影响力”，因此，把“软实力”应用于区域、国家、城市、企业等方面的研究，就形成了区域软实力、国家软实力、城市软实力、企业软实力。“软实力”越来越受到重视，不仅在于其“可以感知的潜在的隐性的力量”，而且因为其日渐成为核心竞争力——硬实力虽然重要且能在一定时期内起关键性作用，但不能持久，而软实力产生的效力虽缓慢但更具有弥漫扩散性，因此长期来看更具决定性作用。

随着“软实力”概念的流行，文化被当成一种“软实力”已成为世界许多国家

① 习近平．高举中国特色社会主义伟大旗帜　为全面建设社会主义现代化国家而团结奋斗——在中国共产党第二十次全国代表大会上的报告[R/OL]．[2023-07-21]．https://www.gov.cn/ldhd/2012-11/17/content_2268826_7.htm.

的共识。“软实力”的打造和提升，不仅为经济发展和社会进步提供了内驱力，也为国家发展、民族振兴提供了精神动力和思想保证。20世纪90年代“软实力”的概念从国外进入国内，王沪宁是我国最初关注“软实力”的学者之一。1993年，他在《作为国家实力的文化：软实力》一文中，明确提出：“把文化看作一种软权力，是当今国际政治中的崭新概念。人们已经把政治体系、民族士气、民族文化、经济体制、历史发展、科学技术、意识形态等因素看作是构成国家权力的属性。”①此后，有关“文化软实力”内涵、功能、属性及其提升路径的讨论日渐增多。2005年8月12日，时任浙江省委书记的习近平在《浙江日报》“之江新语”专栏发表文章，其中写道：“文化的力量，或者我们称之为构成综合竞争力的文化软实力，总是‘润物细无声’地融入经济力量、政治力量、社会力量之中，成为经济发展的‘助推器’、政治文明的‘导航灯’、社会和谐的‘黏合剂’。”②

“软实力”进入国家决策层面始于2007年。胡锦涛在党的十七大报告中，明确提出要“兴起社会主义文化建设新高潮，激发全民族文化创造活力，提高国家文化软实力，使人民基本文化权益得到更好保障，使社会文化生活更加丰富多彩，使人民精神风貌更加昂扬向上”③。党的十八大以来，习近平站在新的时代发展高度，高扬文化强国和文化自信大旗，对文化软实力建设作出部署。2013年12月，在主持中共中央政治局第十二次集体学习时，习近平明确提出了“建设社会主义文化强国、着力提高国家文化软实力”的要求，并强调要在“提高国家文化软实力，关系‘两个一百年’奋斗目标和中华民族伟大复兴中国梦的实现”④这一背景下来认识提高文化软实力的国家战略。提高文化软实力，前提是要通过坚持走中国特色社会主义文化发展道路、深化文化体制改革、推动文化事业全面繁荣和文化产业快速发展等举措，夯实国家文化软实力的根基。其具体的抓手主要有：努力传播当代中国价值观念、努力展示中华文化独特魅力、努力提高国际话语权等。与以往的认识相比，这一次讲话把文化软实力提升到综合国力核心层

① 王沪宁．作为国家实力的文化：软权力[J]．复旦学报(社会科学版)，1993(3)：91.
② 习近平．文化是灵魂[N]．《浙江日报》，2005-08-12(1).
③ 胡锦涛文选(第三卷)[M]．北京：人民出版社，2016：637.
④ 习近平．习近平谈治国理政[M]．北京：外文出版社，2014：160.

面的高度来认识。在主持中共中央政治局第十三次集体学习时，习近平再一次强调："这些年来，我们反复强调加强国家文化软实力建设的重要性。文化软实力的灵魂是什么？文化软实力建设的重点是什么？就是核心价值观，这是决定文化性质和方向的最深层次要素。一个国家的文化软实力，从根本上说，取决于其核心价值观的生命力、凝聚力、感召力。"①这些阐述，使得国家文化软实力的地位明显提升并成为国家重大战略任务。

（三）城市文化建设成为共识

现代意义的城市，出现在19世纪工业革命之后的英国。工业革命引发科技的快速发展，催生了许多工厂。这些工厂大多设置在交通便利的大城市周边，造成农民不断涌入城市，英国的城市因此获得了前所未有的发展。随着英国"工业革命模式"向其他国家扩展，城市化②的发展模式也在其他国家得到复制。到"一战"前夕，英、美、德、法等国家的城市化发展已达到较高水平。"二战"之后，发展中国家开始城市化发展并成效显著。到21世纪初，世界上已有一半以上的人口居住在城市。

文化对城市的支撑作用，主要体现在四个方面。一是文化承载城市的内核资源。文化是城市的核心资源，城市的历史遗迹、民风民俗、现代建筑、饮食特色、市民素养等，无不表现为各种各样的"文化"。文化是展示城市价值品位和精神风貌的载体，也是城市自信心和凝聚力的源泉。文化彰显城市身份，因为文化的本质是整个城市所广泛认同的价值观，它决定着市民的自觉意识和行为方式

① 习近平：把培育和弘扬社会主义核心价值观作为凝魂聚气强基固本的基础工程．人民日报[N]．2014-02-26(1)．

② 概念辨析：学术界对"城市化"的内涵的理解，主要有两种观点。以美国著名经济学家西蒙·史密斯·库茨涅兹(Simon Smith Kuznets)为代表的学者认为，"城市化"指的是"人口从乡村向城市集中的过程"。这一表述通俗易懂，但"没有涉及在人口结构分布变化背后所隐藏的经济结构变化的本质"；以芝加哥大学社会学教授特里·尼科尔斯·克拉克(Terry Nichols Clark)为代表的学者，则认为"城市化"指的是"第一产业人口向第二、三产业人口转换的过程"。更多的学者倾向于将两个各有侧重的观点结合起来，把"城市化"界定为"人口从农村向城市集中、从第一产业向第二、三产业转换的过程"。当然，城市化的过程也会出现一些伴生现象，如城市生活方式及城市文明向乡村渗透。

并促成社会凝聚力的形成。二是文化凝聚城市灵魂。文化是城市魅力和吸引力的主要载体和来源，决定着城市的本质特征和城市的“美”；辨识度和共识度高的城市文化，是城市美誉度的主要来源和综合竞争力的重要动力。三是文化展现城市实力。城市之间的竞争，表面上看主要是经济、社会等的竞争，实质上是人才和文化上的比拼。城市的价值，不仅取决于其丰厚的物质积累和充足的现实财富，而且取决于能在怎样的高度上为可持续发展创造条件——文化正是可持续发展能力的承载者和记录者。四是文化提升城市形象。城市文化是城市文明程度、精神面貌和市民综合生活质量的重要标志。独具特色的城市文化形象和气质，是城市品格的具体价值体现。没有文化特色的城市，城市精神和城市形象也就没有依托。

20 世纪 90 年代初，中国的城市化水平明显加快。由于城市化成为拉动经济增长的重要手段，城市化率也成为国家衡量地方经济社会发展水平甚至城市文明程度的标准，各地政府对城市化发展的热情空前高涨。到千禧年，我国的城市化发展进入中级阶段，城市化发展迎来转折点。从 2012 年开始，中国的城市化率超过 50%。2017 年，中国的城市化率达到 59%——虽然仍落后于发达经济体，但党的十一届三中全会之后 30 年间中国的城市人口增长了 227%。与快速发展相适应，城市的建设强度明显加大。对于中国的造城运动，各界的反响差异较大，赞赏、惊叹者不少，但也屡遭质疑与批判。前者多认为，城市面貌在短期内发生了巨大的变化，市容市貌和市民的生活条件有了根本性的变化；后者则认为大拆大建对城市历史文化带来了极大的破坏。国家文物局原局长单霁翔就认为，中国“城市发展与城市文化之间的各类矛盾非常集中、异常激烈”①。他具体提出中国城市进程中的八大问题，即城市记忆消失；城市面貌趋同，千城一面；城市建设失调，功能主题突出，文化责任淡化；城市形象低俗(新、奇、怪)；城市环境恶化；城市精神衰落，重经济轻人文；城市管理错位；城市文化沉沦，不是深化自己的人文历史，而是浅薄自己的文化内涵，引发文化危机。②

其实，早在 20 世纪 80 年代，由于人口膨胀、交通拥挤、环境污染、资源短

① 单霁翔. 从“功能城市”走向“文化城市”[M]. 天津：天津大学出版社，2007：4.

② 单霁翔. 从“功能城市”走向“文化城市”[M]. 天津：天津大学出版社，2007：5-8.

缺和贫富分化等"城市病"越来越明显，一些学者在探索解决这些问题方法的过程中，提出了建设文化城市的观点。根据孙书文的考证，"文化城市"的概念，最早于1985年在雅典举行的欧洲共同体文化部长理事会第四次会议上提出。一些大城市为了解决日益严重的"城市病"，痛定思痛，大力发展城市文化并取得了良好的城市治理效果，文化与经济、政治的相互交融，使城市焕然一新。在尝到了"甜头"之后，一些城市加大了城市文化建设的力度。其中具有代表性的城市是伦敦。伦敦在城市文化方面采取了一系列重大举措，其"文化城市"目标具体体现在四个方面："一是卓越性，增强伦敦作为世界一流文化城市的地位；二是创建性，把创建作为推动伦敦成功的核心；三是途径，确保所有的伦敦人都有机会参与到城市文化之中；四是效益，确保伦敦从它的文化资源中获得最大的利益。"①可见，伦敦市政府的城市建设目标是把城市建成有底蕴、有特色的世界经济中心和文化中心。

因为有前车之鉴，所以中国的城市建设与城市文化建设几乎同步。虽然在城市建设过程中对传统城市文化"破坏"的报道和争议不时可见，但从总体上说，文化建设从一开始就得到了不同程度的重视。与此相适应，有关城市文化研究的成果也较为丰富。

（四）城市文化研究蔚然成风

很多城市的社会科学院（社会科学界联合会）设有文化研究所，逐年推出城市文化发展蓝皮书，比如上海和深圳。这些蓝皮书以文化专题调研报告或研究报告的形式，从一个个侧面切入，条分缕析，最后试图呈现城市文化发展的基本轮廓和主要成就。下面以《上海文化发展报告（2023）：深入推进社会主义国际文化大都市建设》②和《深圳文化发展报告（2022）》③为例，对年度蓝皮书性质的研究

① 孙书文．论文化产业发展与文化城市建设[C]//见中共威海市委宣传部、山东师范大学山东省齐鲁文化研究院．山东半岛海洋文化建设新探索——"建设蓝色文化，推进威海蓝色经济发展"战略研讨会论文集．济南：山东人民出版社，2013：89.

② 徐锦江．上海文化发展报告（2023）：深入推进社会主义国际文化大都市建设[M]．上海：上海远东出版社，2023.

③ 杨建．深圳文化发展报告（2022）[M]．北京：社会科学文献出版社，2022.

报告作一介绍。

上海文化发展系列蓝皮书《上海文化发展报告(2023)：深入推进社会主义国际文化大都市建设》，聚焦新时代背景下上海的国际文化大都市建设，致力于考察上海城市文化发展的重点领域和关键问题、研判上海文化发展的整体方位与发展趋势，从而为上海国际文化大都市建设的能级提升提供智力支持和决策参考。全书分为“总报告”“重点关注”和“比较借鉴”三个板块。“总报告”《在融合发展中创造中国特色城市文化新形态》(郑崇选、李亚娟、金方廷、叶舟)，聚焦中国式现代化背景下的城市文化发展问题，建议以上海红色文化、海派文化、江南文化的融合发展，打造中国式现代化的区域典型示范。“重点关注”板块的《城市文脉与城市更新策略：基于上海老城厢的研究》(上海社会科学院老城厢更新与研究课题组)、《建筑语法、发明传统与城市再生——以申园为例 》(叶祝弟)、《上海公共治理：城市品牌建设的“第五极”研究——基于城市软实力提升视角》(陆烨杰、任健)、《文化与数字化深度融合，助力新时代上海人民城市建设》(秦迎林、向思凤、张姝瑶)、《传承和激活文化资源打响上海五大新城城市品牌》(凌燕)、《新常态下上海文化遗产保护与公众参与创新机制研究》(曹晓华)、《城市韧性的文化维度：身份认同、自组织与空间记忆》(朱恬骅)等专题研究报告，聚焦近年来上海文化建设中的城市文脉与城市更新、人民城市的文化建设、城市品牌打造、城市韧性中的文化生产、公众的文化参与等重点难点问题，既充分肯定建设成效和基本经验，又在直面问题的基础上提出对策建议。“比较借鉴”板块的《长三角现代化建设的实践样板意义与全球认同价值》(何建华)、《城市智库助力城市软实力的提升》(胡键)、《加拿大多元化城市社区的功能和活力——关于城市文化的个案研究》(子夜)、《疫情里的德国文化发展及文化政策》(周睿睿)等报告，致力于典型案例的剖析，为上海文化大都市建设提供经验借鉴。

《深圳文化发展报告(2022)》有综述性质的研究报告《2021 年深圳文化发展回顾与 2022 年展望》①，但更大篇幅的内容是专题研究报告。《在文明交流互鉴中

① 由杨建、陈长治、黄腾、关万维撰写，报告全面回顾了 2021 年深圳在文化设施建设、公共服务提升，以及文化政策与理论研究等方面所取得的成果，同时也分析了存在的问题并展望了未来一年的发展。

打造城市文明典范》(陈长治)、《粤港澳大湾区文化“走出去”实践路径研究》(秦晴)、《深圳文化治理现代化的先行示范路径探索》(宗祖盼、刘欣雨)、《人文湾区“大文化圈”建设研究》(王焱麒)、《深圳城市文化对外传播的媒体策略》(陈寅、张琦)、《以文化软实力助推深圳优化营商环境的思考》(毕绪龙)、《深圳非国有美术馆现状分析及管理与扶持政策研究》(深圳市非国有美术馆调研课题组)、《社会组织与城市基层文化治理——以深圳的社会阅读组织为例》(杨立青)、《深圳文化艺术类基金会发展报告》(任珺、黄庆平、王芳)、《从“超级数字场景”到“虚拟化生存”——XR 技术与游戏结合的发展趋势探析》(陈孟、王枢)、《从游戏产业到元宇宙——数字经济持续创新视野下创意管理的挑战与机遇》(袁园)、《借力流媒体平台促“文化 ”全产业生态相互赋能》(郭玟君)、《数字经济时代宝安区文化产业高质量发展路径研究》(彭思思、陈雪峰)、《文化数字化战略下深圳文化产业服务平台创新发展研究——以大芬油画村为例》(陈能军、周峰、张利中)、《2021 年深圳市文化质量指数测评分析报告》(黄士芳、宋阳、彭思思)、《打造市民触手可及的“云上图书馆”——深圳图书馆全媒体服务的创新发展》(肖容梅、李军锋、黄凯)、《深圳市全民阅读推广现状与建议》(徐健)、《推进深圳市工人文化宫高质量发展研究》(周礼红、艾军、张军)、《聚焦改革开放文化，打造新型历史文化名城》(程全兵)、《深圳城市公共文化空间发展策略研究》(唐霄峰)、《从城市中的民营美术馆看新型文化空间的模式创新》(宋阳)、《深圳中心书城模式研究》(刘洪霞)、《南头古城的空间更新与产业激活》(黄璐)等报告，全面梳理了湾区的文化机制与对策、产业与未来、公共文化服务、城市文化空间等方面的发展实践和主要经验。

从上述两种蓝皮书的内容简介尤其是刊登的文化研究总报告和专题报告可以看出，其建设和发展城市文化总结经验、寻找方向和路径的目的非常明显。这也表明，很多城市在推进城市文化建设的过程中，更加注重前期的研究、论证和其他城市文化建设经验的借鉴。

城市文化涉及城市建设的方方面面，因此城市文化研究是一个跨学科的领域。不同学科的学者从建筑学、设计学、地理学、文化学、传播学、生态学、环境学、管理学等角度切入，相互启迪，在丰富城市文化研究成果的同时，也为城市文化建设实践提供了指导和建议。

二、宁波文化建设的学术史回顾

进入21世纪以来，在文化复兴战略和区域发展竞争的推动下，区域文化的研究已蔚为大观，成为学术界的独特景观。其中，宁波文化的研究成果也颇为夺目。

(一)宁波市文化研究工程

2005年8月，中共宁波市委十届四次全会审议并通过《中共宁波市委关于推进文化大市建设加快社会事业发展的决定》；同年10月，成立由省委常委、市委书记任主任的宁波市文化研究工程指导委员会，宁波文化大市建设工作由此进入新阶段。2007年6月，中共宁波市委办公厅、市政府办公厅印发《宁波市文化研究工程(2007至2010年)实施方案》，以宁波当代发展研究、宁波历史文化研究、宁波名人研究和宁波历史文献整理研究为主要内容的宁波文化研究工程全面铺开。经过多年的努力，宁波市文化研究工程不仅为进一步繁荣和发展宁波哲学社会科学奠定了良好基础，而且为宁波的经济社会发展提供了源源不断的精神支撑和智力支持。

1. 宁波文化研究工程推进情况

截至2022年，宁波文化研究工程围绕宁波当代发展、历史文化、古今名人、历史文献整理和特色地域文化五大板块展开了系列研究，搭建了引领宁波文化研究、汇集历史文化智慧的哲学社会科学研究平台。其中的“当代发展”板块，产出了改革开放30年系列丛书和宁波在长三角中的地位演进及提升研究、宁波现代海洋产业的选择与发展研究、现代社会组织与社区社工实践研究等一系列成果，出版专著11部；“历史文化”板块，形成了包括宁波经济史研究、宁波农业史研究、浙东心学史等在内的33部专门史著作；“古今名人”板块，形成了包括李邺嗣研究、郑清之传、姜宸英研究等在内的21部名人研究专著，以及包括鄞州史氏家族、余姚王氏家族研究、镇海柏墅方氏家族研究等在内的16部名人家族研究专著；“历史文献整理”板块，形成了包括《四明丛书》编纂方案研究、宁波灵桥史料整理研究、《邵廷采全集》整理等在内的15部历史文献整理系列成果，以及包括奉化布龙传承研究、“宁海平调”曲牌考略、宁波泥金彩漆的传承与保护研究等在内的5部非物质文化保护系列著作；“特色地域文化”板块，形成了红帮裁缝研究、“宁波帮”文化与家族企业制度构建及传承的关系研究、宁波地名文化研究等33部专著。不少成果产生了积极的社会反响，如《宁波通史》(五卷本)、《黄震全集》(文献整理，10册)、《宁海丛书提要》(文献整理，120册)、《黄宗羲长传》等，荣获浙江省哲学社会科学优秀成果奖。

2. 市域相关部门协同推进宁波文化研究

宁波市政协、市方志办、天一阁博物馆以及在甬高校等单位，充分发挥自身资源、人才等优势，积极开展宁波文化研究，协同推动宁波文化建设。宁波市政协组织出版了30余部“宁波帮”系列丛书，成为弘扬“宁波帮”文化、传承“宁波帮”精神的主要组织部门；宁波市方志办以编纂宁波市志为契机，挖掘、整理、研究宁波地方志与宁波历史文献，开发利用地方志资源，编纂出版了《宁波市志》《宁波桥志》《清代宁波府志》《宁波市地方志历史文献丛书——宋元四明六志》等多种地方志；宁波市文化广电旅游局、市博物馆、市档案馆等文化管理职能部门，编撰出版了《甬上风物——宁波市非物质文化遗产田野调查》(149卷)、《甬上风华——宁波市非物质文化遗产大观》(丛书，11辑)、《中国“海上丝绸之路”研究百年回顾》《20世纪中国“海上丝绸之路”研究集萃》《宁波市档案馆档案史料丛书》《清代宁波契约文书辑校》《〈申报〉宁波史料集》(8辑)、《英国所藏宁波档案资料汇编》《宁波佛教》《宁波佛教志》等多种大部头文化丛书；天一阁博物馆充分利用自身优势，在文献整理领域相继出版了《宁波市天一阁博物馆古籍普查登记目录》《天一阁藏书史志》《别宥斋藏书目录》《天一阁藏明代方志选刊续编》《天一阁藏明代科举录选刊》《(嘉靖)宁波府志》等馆藏文献，并在此基础上出版了“天一阁研究系列丛书”。天一阁博物馆主办的《天一阁文丛》是国内藏书文化研究的连续性学术出版物，多有宁波地方文献的介绍与研究，至今已出版近20辑。宁波市哲学社会科学研究基地在文化发展的研究、规划、资政等方面发挥了积极作用，如宁波大学浙东文化研究基地推出了《北宋宁波文化史研究》《宁波古代对外文化交流——以历史文化遗存为中心》《黄宗羲与浙东学派》《宁波古代历史文化研究索引》等30余部著作，民国史研究基地推出了《经营奇才——张敏钰传》

《宁波小港李氏家族》《包玉刚与宁波改革开放》《宁波帮志》(系列专题)等优秀著述。地方文化研究部门、文化主管部门、文化单位在文化建设研究等领域的通力协作，不仅推动了城市文化建设氛围的形成，而且为城市文化建设的决策提供了多元参考。

(二)研究著作

1.《文化：城市发展的引擎——宁波文化建设的路径与对策》①

千禧年以后，全国不少城市高度重视文化的引擎作用，把文化建设作为城市发展提升战略的重要组成部分。北京、上海等大城市的文化发展对经济的提升作用愈来愈显著，各省会城市和深圳、宁波、青岛、厦门、大连等计划单列市的文化产业在 GDP 中所占比重愈来愈大，已经成为城市新的支柱产业、新的经济发展增长点和加快转变经济发展方式的重要突破口。

在改革开放 30 年之际，虽然创新实践使得宁波的经济建设、社会发展和文化建设取得了长足的进步，但是市委市政府判断“宁波发展将进入加快经济转型升级、全面提升工业化、城市化、国际化水平的关键期。这一发展阶段，不仅是科学发展、率先发展的重要时期，也是哲学社会科学的繁荣发展期”②。因此，宁波市开始实施与中国社会科学院的战略合作并在 2008 年 10 月 17 日签署了战略合作协议，希望借助被称为“哲学社会科学研究的最高殿堂，党中央、国务院的‘思想库’和‘智囊团’”的中国社会科学院的实力，助推宁波市的经济转型升级和全面提升文化软实力、经济硬实力和国际竞争力。

《文化：城市发展的引擎——宁波文化建设的路径与对策》是第一本在梳理宁波历史文化特质与文化建设现状的基础上，面向未来全面阐述宁波文化建设路径的专著，在宁波文化研究史上具有突出的地位。在中国社会科学院文化研究者的参与和指导，以及宁波文化职能部门的全力配合和参与下，该书无论是立意还是格局，无论是高度还是可行性等方面，都显示了较高的水准，也对之后的城市

① 本书编委会．文化：城市发展的引擎——宁波文化建设的路径与对策[M]．北京：中国社会科学出版社，2010.

② 宁波市与中国社科院开展战略合作[N]．宁波日报，2008-10-18(1).

文化建设起到了引领作用。

2.《宁波文化强市建设研究》①

有关宁波市城市文化(建设)研究的成果，较有影响的当属《宁波文化强市建设研究》。千禧年之后，文化建设得到了宁波市委、市政府更多的重视。2008 年 9 月，宁波市委、市政府发布《关于推动文化大发展大繁荣的若干意见》，提出了实施文化发展的“六大战略”，即着力实施先进文化引领、公共文化惠民、文化品牌提升、文化产业升级、文化人才支撑和文化创新推动战略，显示了宁波加快文化建设的坚强信心。2011 年 7 月，宁波出台《“十二五”时期文化发展规划》，明确提出由“文化大市”向“文化强市”跨越；当年年底的中共宁波市委十一届十四次全会，又通过了《中共宁波市委关于贯彻党的十七届六中全会精神　加快文化强市建设的决定》。从“文化大市”建设向“文化强市”建设，宁波在文化建设上抓住了 21 世纪关键的头 10 年。为了进一步加快文化强市建设和推动宁波文化大发展大繁荣，宁波市社科院(市社科联)组织力量进行了慎重的谋划。时任中共宁波市委宣传部部长在给《宁波文化强市建设研究》作序时，明确说：“很有必要全面总结分析宁波文化发展的成功经验与存在问题，深刻把握文化建设的宁波文化强市建设规律；很有必要认真学习借鉴国内外成功的实践经验，以开阔的视野和科学的思维来推进宁波文化建设的创新实践；很有必要进一步研究制定宁波文化建设的整体战略，以顶层设计、系统谋划来确保文化发展战略目标的实现。”《宁波文化强市建设研究》一书出版的初心，由此可见。

《宁波文化强市建设研究》一书的特色，主编在前言中也说得很明确：为了更好地发挥社科界作为“思想库”和“智囊团”的作用，宁波市社科院(市社科联)组织院(联)内外有关文化研究专家开展了“宁波建设文化强市研究”课题研究，“将宁波文化强市建设置于‘文化城市’的全球视野加以考察，借助相关的文化理论，从宁波文化建设所涉及的具体问题入手，第一次全面系统地对宁波文化建设的现状进行了全面描述、系统盘点与认真梳理”。该书以城市与文化的关系、文化资源、公共文化服务、文化产业、城市文化空间、城市形象、城市精神与文化

① 黄志明，姜建蓉，等．宁波文化强市建设研究[M]．杭州：浙江大学出版社，2012.

个性、文化体制诸方面的内在逻辑为起点，对宁波文化建设的现状进行深入考察与探究。在呈现当代宁波文化实践的全景轮廓的基础上，紧扣宁波文化建设的当务之急，力求寓理论于实证，融学术于实践，客观总结了宁波文化建设所取得的宝贵经验和存在的突出问题，初步勾勒了宁波文化强市建设的未来走向，为宁波文化强市建设提出了具有建设性的对策建议。无论是从初衷还是从立意来说，《宁波文化强市建设研究》一书的出版对宁波当时的文化建设实践，以及此后的宁波文化研究，都具有积极的意义。

3.《宁波区域文化资源概览》①

“一个国家、一个民族的强盛，总是以文化兴盛为支撑的，中华民族伟大复兴需要以中华文化发展繁荣为条件。”②同样，一座城市的发展和繁荣，也是城市特色历史文化滋养的结果。如果说璀璨的文化是人类的精神家园，那么各具特色的城市文化则是居住在其间的市民共同的精神财富；而城市的历史文化资源，则是精神财富的载体。挖掘城市历史文化和历史资源，对于培育乡愁意识、促进文化认同、增强亲和力和凝聚力具有不可替代的作用。也正因为如此，城市文化建设的主基调，应该是在系统地挖掘、梳理和展示城市历史文化的基础上，通过深入的研究提炼出有传承和弘扬价值的历史文化精髓。

宁波市在文化建设的过程中，极为重视城市文化的研究。相关历史文化研究成果，既有综合性质的，也有专题性质的；既有学理阐释型的，也有以通俗普及见长的。比较有代表性的综合性成果，是“宁波市文化研究工程”2015 年重点项目“《宁波区域文化资源概览》研究”的结项成果——《宁波区域文化资源概览》。该书分为“宁波俗”卷、“宁波事”卷、“宁波学”卷、“宁波人”卷、“宁波物”卷五卷，比较全面地展示了从河姆渡文化开始到宋元时期蔚为大观的浙东文化，再到近代开埠通商后融会中西的宁波历史文化演进过程。

“宁波俗”卷聚焦区域内的生产生活习俗与行为模式。“生产习俗”反映的是宁波的农事、渔事、商贸、集市贸易习俗以及各类行业的崇拜习俗；“生活习

① 张如安，张伟．宁波区域文化资源概览(共 5 册)[M]．杭州：浙江大学出版社，2019.

② 中共中央文献研究室．习近平关于社会主义文化建设论述摘编[M]．北京：中央文献出版社，2017：3.

俗”再现了服饰、饮食、居住、交通、交际习俗的发展变迁；“信仰习俗”反映的是先民的宗教、庙祀、民间信仰和其他信仰传说与禁忌；“节庆习俗”聚集了地方的传统佳节、时令节日、信仰节日、节庆活动及其禁忌；“礼仪习俗”反映了宁波民众的生育、婚嫁、寿庆、丧葬及祭祀习俗等。生产习俗重在体现宁波特定的地理环境，生活、信仰、节庆、礼仪等习俗共同建构了宁波人千百年来的精神需求和精神家园。

“宁波事”卷主要叙述发生在宁波地域的历史事件和与市民生产生活休戚相关的故事，分为大事、城事、港事、坊事、乡事五种类型。“宁波大事”以时间为轴，呈现了对宁波地域社会发展进程有重大影响的历史事件；“宁波城事”反映的是与城市建设及其功能演变相关的标志性事件与典型故事；“宁波港事”再现了宁波从古代通海河港到抱海大港、从以东亚为中心的区域贸易港口向国际性远洋大港演进历程中所发生的事件；“宁波坊事”通过挖掘井坊街巷变迁以及民间传说，反映了市民生活万象；“宁波乡事”重点寻访村落沿革、集市变迁以及乡村故事，反映了乡村社会的特征及演变。

“宁波学”卷再现的是历史上宁波学人的学术成就。历史上宁波文化名人群星璀璨，在学术、教育、文学、科技、宗教等方面各领风骚。“宁波学术”记录了经学、理学、史学、文献及藏书等传统文化领域宁波学人的业绩和贡献；“宁波教育”挖掘了书院、官学、近代学堂在宁波教育发展史上的作用，并细致地梳理了宁波学人的教育思想；“宁波文学”呈现了宁波文人在诗歌、词曲、戏曲、小说等领域的成就；“宁波科技”集纳了天文、地理、生物、医学等领域的科学家和传统工匠的创新探索及取得的标志性成果；“宁波宗教”梳理了宁波佛教、道教、基督教、天主教的演进情况和代表性人物的典型事例。通过深入的挖掘和细腻的呈现，植根深厚、高潮迭起、名家辈出、辉光四射的“宁波学”的鲜明时代特点和地域特色跃然纸上。

“宁波人”卷聚焦有突出贡献或堪为楷模的宁波籍人士和在宁波大有作为的甬外人士。“军政界人士”梳理的是历代军界、政界要人；“工商界人士”聚焦了金融、商贸、航运、文化产业领域等从事经济活动的知名人士；“科技界人士”汇聚了著名科学家、科技创新人物、科技领军人物的事迹特别是他们的贡献；

“文化界人士”聚集的是社科界、教育界、艺术界、体育界有突出贡献的人物；“社会模范人士”关注的是历代贤达人士、慈善人士、励志人士等具有社会示范效应的名人。

“宁波物”卷聚焦宁波先民创造的物质性劳动成果。“史迹遗存”汇聚了宁波史前遗存、水利遗存、海防遗存、丝路遗存、墓葬遗存等；“特色建筑”关注的是具有宁波地域风格的古村落、古桥梁、宅第楼馆园林以及寺观庙祠等建筑物；“四明山水”聚集了著名江河山川、岛屿海湾、珍稀物种和先民劳动创造过程中的动人传说；“著名物产”系统地展示了宁波丰富的物产和物质文化遗产。

在体例上，每卷由“综述”“概述”“词条”三个部分组成。“综述”部分的主旨是从宏观角度展示每一种宁波地方文化资源的发展历程，“概述”部分则以专题形式对所述内容展开阐述，“词条”负责具体阐释。同时，列出具有代表性的参考资料及相关研究成果，以备读者深入了解和研究时查阅，从而为有兴趣、有需要的读者提供了一个系统、全面了解宁波历史文化资源的窗口。

4.《宁波文化丛书》

《宁波文化丛书》是宁波文化事业基金委员会重点支持的项目。自 2012 年开始，丛书编纂委员会从宁波地理文化和历史文化中筛选出具有鲜明特色和传承价值的内容作为选题。第一辑八种图书由宁波出版社于 2014 年 11 月出版，侧重反映对宁波发展最具影响力、最具代表性的八种地方特色文化。徐剑飞编著的《东南佛国：宁波佛教文化》，细致地梳理了宁波佛教发展的历程，通过对天童寺、阿育王寺、保国寺、金峨寺等寺院的介绍和雪窦重显、天童如净等高僧大德留下的颂古、偈语、公案的阐释，让读者系统了解宁波佛教文化宗系源流的发展；涂师平编著的《羽人竞渡：宁波发展史话》，以现存遗址、文物等为基础，结合历史事件和人物活动，展现了宁波城市的发展变迁；黄定福编著的《奇构巧筑：宁波建筑文化》，通过对宁波现存的成通塔、千年保国寺大殿、古牌坊、古代桥梁、永丰库遗址、慈城明代建筑群、天一阁、古戏台、月湖清真寺、商帮会馆、祠堂、西式建筑、石库门、教堂、近代名人故居等的系统梳理，展示了浙东建筑文化的特色、嬗变轨迹和影响；王耀成编著的《商行四海：解读宁波帮》，对宁波帮的发展历史、文化特征及其核心价值观等内容进行了整体阐述；谢安良编著的

《丝路听潮：海上丝绸之路文化》，叙述了宁波海外贸易史，细致地再现了宁波“海上丝路”的盛况；黄渭金编撰的《东方曙光：宁波史前文明》，试图还原河姆渡先民衣、食、住、行、日常劳作、宗教等生活劳作场景，据此阐释宁波史前文化的成就和特征；虞浩旭、张爱妮编著的《甬藏书香：宁波藏书文化》，对宁波藏书史、宁波藏书人、宁波藏书楼进行了整体性扫描，诠释了书藏古今的宁波藏书文化；方同义编著的《千年文脉：浙东学术文化》，将月湖定义为浙东学术的摇篮，并以此为基础概述了浙东学术的发生、发展及特点。

2017年10月，宁波出版社推出了《宁波文化丛书》第二辑九种图书。周东旭的《鼓楼钟声：宁波老城的生命印记》，试图以文化地标鼓楼为中心，从历史、地理、人文等角度解读宁波老城区街巷河渠、社庙寺观和圣徒先贤，透过老城区街巷、建筑、遗址的古今变迁呈现宁波政治、经济、文化、军事的沿革。张全民的《钱湖烟雨：山水城市的栖居理想》，试图结合中国古代知识分子经世致用的文化价值观，来彰显东钱湖之于宁波文化的精神家园作用。柴隆的《千年郡庙：宁波城隍庙的前世今生》，再现了文化地标城隍庙承载的文化基因及其给城市所带来的自豪和荣光。钱文华的《天赐慈城：解读中国古县城的标本》，通过展现慈城七千年来人文与历史的发展变迁，提供了一个观察中国古县城的标本。仇柏年的《外滩烟云：西风东渐下的宁波缩影》，聚焦宁波外滩新江桥、街路、教堂、银行、巡捕房、港口、领事馆等相关风物，试图回到历史场景，为西方文化的早期浸染提供解读样本。水银的《灵现千年：宁波老江桥史话》，细致地考察了灵桥1190年来外形和设计上的变化，并试图透过灵桥的变迁来呈现宁波社会、经济、民俗、地理的嬗变轨迹，为观察乡情和情怀提供了一个窗口。虞浩旭的《四明首镇：鄞江历史文化溯源》，从鄞江古镇的山水文化、水利文化、庙会文化等方面探究了各文化层面的发展脉络、代表事物及相关历史事件，再现了鄞江古镇的深厚历史文化。柴隆、潘瑶菁的《江厦观潮：甬上商贸盛衰的世事沧桑》，对宁波商贸文化的标志性地理节点“江厦街”数百年商业盛衰进行了全景式的梳理，从中可以领略宁波商贸文化的变迁；黄文杰的《书香月湖：江南士人的精神构建与历史流变》，以科举家族、文学名士、学术群体、士大夫的精神与生活为叙述对象，透视了月湖士大夫充满书香的精神世界和俗世生活。

这套丛书虽然注重史料的考证和辨析，但出版的核心目的在于普及和传播宁波的地方文化。傅璇琮先生认同丛书第一辑主编所说的编撰目的，即“唤醒城市记忆的味道和画面，保护并标出宁波的文化风景线，绘制文化地图延续文脉”，从而为“大众提供一幅文化寻根的导游图”。具体地说，他认为丛书的特点，一是在整体架构上“将宁波文化化整为零，便于读者自由选择”；二是在风格上做到了“学术性、趣味性和通俗性的统一”；三是“以精美的装帧和别致的图文编排，增强图书的外在吸引力”①。丛书对宁波的历史、文化、经济、社会生活等多个维度和层面的展示和诠释，是将历史文化融入现代文明的有益尝试。

其他有特色的专著如：《数字化明天：宁波文化产业新兴业态研究》②《宁波与海上丝绸之路》③《智者之香：宁波藏书家藏书楼》④等。其中《数字化明天：宁波文化产业新兴业态研究》主要围绕新媒体产业和多媒体数字内容产业两个话题，阐释了宁波互联网数字新媒体、移动新媒体、传媒数字文化等产业和宁波动漫游戏产业、影视娱乐服务业、创意设计产业等业态的最新发展，比较全面地展现了宁波文化产业数字化发展的场景。《万里丝路——宁波与海上丝绸之路》⑤等涉及某一类型地方文化与历史文化的专著，更是蔚为大观。这些研究成果，既反映了宁波文化主管部门和文化研究者发展和传播宁波文化的拳拳之心，也反映了他们对宁波文化建设的殷切希望。

① 傅璇琮．一套普及宁波传统文化的好教材——评《宁波文化丛书》（第一辑）[J]．书品，2015(1)：22-25.

② 刘建民．数字化明天：宁波文化产业新兴业态研究[M]．杭州：浙江大学出版社，2013.

③ 李英魁．宁波与海上丝绸之路[M]．北京：科学出版社，2006.

④ 虞浩旭．智者之香：宁波藏书家藏书楼[M]．宁波：宁波出版社，2006.

⑤ 林士民，沈爱国．万里丝路——宁波与海上丝绸之路[M]．宁波：宁波出版社，2002.

第一章　宁波城市建设和文化发展历程

宁波的城市文化建设与国家城市化进程和城市文化发展紧密相连，也深受其影响。由于人们推进城市化发展的心情过于迫切，城市建设一度过多地强调其经济因素而严重忽略文化内涵。在改革开放取得明显成效之后，城市文化建设被提上议事日程。不过，从20世纪90年代开始，虽然文化所具有的产业属性让它受到了管理者更多的重视，但城市文化建设需要的全盘考虑和大量投入使其仍然居于附属地位。除了极少部分城市之外，文化在城市建设中本来应有的核心作用没有得到展现。这一局面，直至2011年党的十七届六中全会作出《中共中央关于深化文化体制改革推动社会主义文化大发展大繁荣若干重大问题的决定》之后才有显著的改变。该决定对文化在社会发展中的地位与作用进行了全面而深入的阐述，并首次在国家层面把文化的发展与繁荣作为社会发展的战略选项。与此相适应，浙江省和宁波市都召开了专题会议，制定了以深化属地文化体制改革推动文化大发展大繁荣的文件。从此，以保护和传承、开发和利用为关键词的文化建设在城市规划设计中得到了充分的重视，宁波市因为文化建设成效显著而为其发展增添了重要引擎。

第一节　宁波现代城市建设历程

宁波有8000年人类活动的历史，有1200多年的筑城史。无论是以鄞江上它山堰为代表的水利文化和科技文明，还是三江口的人文昌盛和商贸发达，都体现了宁波在历史上的独特文化特性和文化繁荣的大都市形象。中华人民共和国成立后宁波城市建设的快速发展，始于党的十一届三中全会之后。

一、现代城市建设的起步

宁波经济社会的改革开放，开始于 1979 年，加速发展于 1984 年。曾经“五口通商”口岸之一的宁波港，一度只是区域性的内河港。直至 20 世纪 70 年代，年货物吞吐量也只有一两百万吨。1979 年 6 月 1 日，经国务院批准，宁波港正式对外开放，外籍轮船可以出入宁波港，宁波港从此重新向世界敞开了怀抱。① 更有意义的是，宁波市的对外开放由此启航。

1984 年 3 月 26 日—4 月 6 日，中共中央书记处和国务院联合召开沿海部分城市座谈会。座谈会建议进一步开放大连、秦皇岛、天津、烟台、青岛、连云港、南通、上海、宁波、温州、福州、广州、湛江、北海 14 个沿海港口城市，并提出若干优惠政策和措施。同年 5 月 4 日，中共中央、国务院批转《沿海部分城市座谈会纪要》，同意上述 14 个沿海港口城市对外开放。为了更有成效地推动对外开放，国家给予 14 个沿海开放城市不少特殊政策，主要包括：一是对前来投资和提供先进技术的外商给予优惠待遇。二是扩大这些城市的自主权，具体包括放宽利用外资建设项目的审批权限；增加外汇使用额度和外汇贷款；积极支持利用外资、引进先进技术改造老企业；对中外合资、合作经营企业及外商独资企业，给予若干优惠待遇；逐步兴办经济技术开发区。三是大力发展进料加工出口。② 这些政策，有力地促进了宁波的经济发展。1988 年，宁波成为计划单列市，这一年，宁波 GDP 历史性达到 118.62 亿元。从此，宁波进入加速发展时期，从改革开放开始，10 年时间实现了 GDP 增长 5 倍的跨越。

表 1-1　宁波市 1978 年以来 GDP 年度总量(单位：亿元)及其全国排名③

年份	1978	1979	1980	1981	1982	1983	1984	1985	1986
总量	20.17	24.15	29.53	32	38.3	41.6	53.1	71.05	80.2
全国排名	32	11	12	11	12	12	12	13	12

① 宁波港对外开放[N]. 宁波晚报，2021-08-15(A6).
② 董兆祥，彭小华. 中国改革开放 20 年纪事[M]. 上海：上海人民出版社，1998：363.
③ 数据来源：根据宁波市统计局数据整理。

续表

年份	1987	1988	1989	1990	1991	1992	1993	1994	1995
总量	96	118.62	137.2	141.4	170	233	328	463.5	637.6
全国排名	13	17	13	18	19	15	14	13	14
年份	1996	1997	1998	1999	2000	2001	2002	2003	2004
总量	796	879.10	973	1042	1176	1312	1501	1786	2109.45
全国排名	12	13	13	13	14	14	13	13	13
年份	2005	2006	2007	2008	2009	2010	2011	2012	2013
总量	2449	2864	3435	3964	4334	5163	6010	6862	7432.1
全国排名	12	13	13	13	17	15	17	17	17
年份	2014	2015	2016	2017	2018	2019	2020	2021	2022
总量	7904.8	8295.4	8972.8	10146.6	11193.1	12035.1	12599.2	14594.9	15704.3
全国排名	17	16	16	15	15	12	12	12	12

经济的发展，带来了城市建设的活跃。至20世纪80年代，宁波逐渐形成了中山东路、灵桥路、药行街、开明街等商业街道和江厦、开明街口、鼓楼小区、西门口、城隍庙小区等商业小区。经过多年的新建、改建，宁波老市区道路长度到1990年突破320千米，比1949年的146.8千米翻了一番。但是，总体来说，城市的格局变化不大。

二、宁波现代城市建设的腾飞

宁波城市建设的腾飞，始于20世纪90年代中期。1994年，宁波港对外开放15年之际，宁波市人大常委会审议通过调整后的城市总体规划，确定宁波市的定位为“社会主义现代化国际港口城市”。同年，宁波市委、市政府提出“以港兴市、以市促港”战略，宁波第一轮大规模城市建设随即启动。

1994年以来，宁波先后开展了五轮城市建设。第一轮始于1994年，重点是实施以“三横四纵十卡口”为骨架的主干道拓宽改造；第二轮从1998年到2002年，以“顺畅枢纽、沟通干道、形成网络、完善功能、美化环境”为建设目标；

第三轮从 2003 年到 2010 年，主要围绕完善城市功能、加快城市交通基础设施和环保基础设施建设等目标来推进。①

表 1-2　宁波近十年年末常住人口(万人；年增长 1.9%)②

年份	2012	2013	2014	2015	2016	2017	2018	2019	2020	2021	2022
人口	804.1	821.6	841.6	858.2	872.8	890.3	911.5	929.4	942.0	954.4	961.8

表 1-3　宁波近十年常住人口城镇化率(%；年均提高 1.03%)③

年份	2012	2013	2014	2015	2016	2017	2018	2019	2020	2021	2022
比率	69.1	70.2	71.0	72.5	73.7	74.7	75.7	77.5	78.0	78.4	78.9

表 1-4　宁波近九年轨道交通运营里程(千米)④

年份	2014	2015	2016	2017	2018	2019	2020	2021	2022
里程	21	49	75	75	75	96	155	182	186

通过三轮建设，宁波城市道路的骨干网架基本形成。中心城区建成区面积由 1992 年的 63.3 平方千米扩大到 271 平方千米；道路面积从 1996 年的 811.6 万平方米，增加到 6445.3 万平方米；市区人均拥有道路面积从 1997 年的 9.31 平方

① 王佳．小城大蝶变——回眸 20 世纪 90 年代前后宁波城市建设发展[N]．宁波日报，2019-09-09(A9)．

② 宁波市统计局．数说十年“甬”争先：十八大以来宁波经济社会发展概况[M]．宁波统计局，2022：12.

③ 宁波市统计局．数说十年“甬”争先：十八大以来宁波经济社会发展概况[M]．宁波统计局，2022：13.“城镇化”则是一个颇具中国特色的概念。在中国 20 世纪 80 年代初城市化发轫之时，在推进大城市发展的同时，也推动了小城镇的发展。随着乡镇企业的崛起，将农村劳动力就地转移到当地的小城镇，于是就出现了中国特色的偏重小城镇发展的城市化模式。

④ 宁波市统计局．数说十年“甬”争先：十八大以来宁波经济社会发展概况[M]．宁波统计局，2022：13.

米，增加到16.40平方米；市区居民住宅人均建筑面积从1983年的16.62平方米，增加到29.72平方米；生活污水处理率、市区生活垃圾无害化处理率、绿化覆盖率分别达82.81%、100%、37.52%。自此，宁波基本构筑起“三江六岸，一湖居中”的点、线、面结合，多层次、开放式、高质量的绿地系统，居民居住环境明显改善。

第四轮建设始于2010年，以东部新城和南部商务区的新建为重点。世纪之交，为了同时实现保护历史文化名城和缓解老城交通拥堵的目的，志在迈向大都市的宁波面临着拉开城市框架的压力。2002年，宁波市委、市政府正式作出了开发建设东部新城、实现甬城发展新跨越的重大决策，也开启了第四轮城市建设的序幕。从几乎一片空白开始，历经15年的建设，东部新城成为宁波城市经济的新引擎和居住核心区。① 2014年1月，随着宁波市行政中心的正式启用，宁波正式进入“新城时代”。东部新城与老城区三江口“一城双心”的总体空间格局基本定型，共同构筑了宁波现代化大都市框架。建成后的东部新城，以金融服务、贸易会展、航运物流“三大中心”为龙头，集聚了时尚创意、智能经济和大健康“三大特色产业”，也因此成为宁波产业转型发展的主阵地。

表1-5　宁波市东部新城2012—2022年建筑用地面积变化图（单位：km^2）②

年份	2012	2013	2014	2015	2016	2017	2018	2019	2020	2021	2022
面积	2.26	2.59	2.86	3.44	3.69	4.25	4.37	4.59	4.88	5.34	5.52

① 杨绪忠．东部新城：宁波城市新中心[N]．宁波日报，2019-09-12(6-7)。2004年，由美国易道公司主持编制东部新城总体规划和核心区详细设计，完成了总规、控规、设计等多个层级22项规划的系统编制。自启动建设以来，宁波市先后邀请60多名世界顶尖设计大师和50多家国内外知名规划设计事务所对东部新城的空间布局、区块开发、环境品质等进行专项研究设计，以确保城市规划设计处于全国领先地位。

② 高空俯瞰：宁波·浙10年巨变(一)——东部新城篇[EB/OL]．[2023-07-24]．http：//zgj.ningbo.gov.cn/art/2022/9/1/art_1229036864_58959982.html.

表 1-6　宁波市东部新城 2012—2022 年建成道路里程变化图(单位：km)①

年份	2012	2013	2014	2015	2016	2017	2018	2019	2020	2021	2022
里程	51	53	56	61	62	63	67	74	76	77	79

南部商务区 2006 年 2 月 27 日启动建设，2010 年 11 月 16 日正式开园。南部商务区着重以总部经济为发展支点和载体，以总部引领、总部育强、总部招引、总部创新和总部集聚为工作重点，推动总部企业的能级提升和高端引领。在这一全新的城市 CBD 内，中基·第一国际、恒威商务中心、博纳国际大厦、华茂·总部壹号、广博国际商务大厦、奥克斯中央大厦、国骅商务大厦、罗蒙大厦、杉杉国际商务大厦、中哲·合和国际大厦等 63 幢商务楼宇鳞次栉比，汇聚了 30 余家大型商贸业、服务业总部企业；168 万平方米的办公空间汇集了逾 5700 家企业，4.4 万余名白领，使其成为宁波“潮人”的打卡地和展现现代化、国际化城市形象的标志性区域。

第五轮建设正在如火如荼的建设中，重点工程是宁波市西枢纽片区。2022 年 12 月 28 日，随着西枢纽片区建设动员大会暨先导工程开工仪式的召开，宁波正式开启了第五轮城市建设。西枢纽片区建设以海港硬核力量和空港新动力源双港协同、高效便利的枢纽服务为目标，以高端智造、现代物流、会展商务、旅游消费为主导功能，致力于培育高能级的枢纽经济，助推城市转型和重塑城市格局，夯实城市能级提升的基础。西枢纽片区建设的整体格局是“一核两片十板块”，“一核”指的是以空铁枢纽为核心，打造国际性区域枢纽机场、综合型高铁门户枢纽和世界级枢纽群第一层级的空铁枢纽；“两片”指的是枢纽北片区(以新智造、新时尚、新物流为主导功能)与南片区(以大会展、新商务、新消费为主导功能)；“十板块”指的是空铁枢纽核心板块、时尚文化板块、产城融合板块、临空智造板块、智慧物流板块、品质生活板块、会展商务板块、水乡生活板块、生命健康板块和发展预留板块。② 西枢纽片区是宁波重塑都市空间、完善都市功

① 高空俯瞰：宁波·浙 10 年巨变(一)——东部新城篇[EB/OL]. [2023-07-24]. http://zgj.ningbo.gov.cn/art/2022/9/1/art_1229036864_58959982.html.

② 宁波西枢纽规划批复！未来是世界一流的空铁一体大枢纽[EB/OL]. [2023-07-25]. http://fgw.ningbo.gov.cn/art/2022/12/28/art_1229662413_58962475.html.

能、优化都市品质的龙头牵引性工程和建设现代化滨海大都市的标志性工程，也是现代化滨海大都市建设的重要支撑。

五轮建设各有重点但相互支撑，与城市阶段性的基础设施升级、产业转型发展、能级提升相得益彰。城市建设提高了城市的绿化率、空气质量和水质，使得城市环境明显改观；道路交通拥堵指数、公共交通覆盖率、交通事故率等指标显著改善，市民的出行条件和生活质量发生了显著变化，从而提升了城市的文明程度。城市建设还为城市的产业迭代发展、特色产业强势壮大、外贸竞争力提升提供了有力的支撑，城市的经济实力和竞争力因此日益显现。城市建设的整体推进和城市经济实力的提升，为城市文化发展奠定了坚实的基础。

第二节　宁波市文化发展的规划历程

文化建设在城市发展与城市竞争中的地位越来越重要，关系到整个城市的品位、形象和竞争力。改革开放之后，宁波在经济发展方面取得了比较显著的成就，成为长三角乃至全国的“经济大市”，但与多数中国城市一样，走的是“先经济后文化”的发展道路。改革开放之初，宁波的文化发展明显滞后于经济发展，不少文化遗迹、遗存没有得到有效的保护甚至被破坏，文化事业和文化产业的规划发展没有提上议事日程。邓小平发表“南方谈话”之后，宁波的文化建设开始起步。1994 年，宁波市把文化设施改造和建设纳入城市建设总体规划；1996 年，宁波市出台《宁波市文化发展纲要(1996—2010)》，提出要建设具有宁波历史文化内涵和鲜明时代特色的港城文化——文化发展从此得到了更多的重视并被纳入现代化国际港口城市的大战略。

到了世纪之交，文化建设上的不尽如人意已经成为制约宁波经济与社会更好更快发展的重要瓶颈。从宏观层面看，主要表现为城市“软实力”与“硬实力”的明显失衡，具体体现在四个方面，即传统文化深厚而现代文化相对薄弱；经济增长迅猛而城市文化发展明显滞后；文化硬件设施较好而文化体制机制创新不力；文化的学习借鉴力强而创新力相对不足。① 这四个方面的“反差”使得文化建设成

① 黄志明，姜建蓉，等. 宁波文化强市建设研究[M]. 杭州：浙江大学出版社，2012：2-3.

为宁波与同类先进城市竞争中的短板。千禧年之后，城市文化建设开始进入决策视野并得到扎实推进，制定五年文化发展规划和文化发展专项规划并扎实推进，不仅改变了城市形象和人居环境，而且使得城市的精神面貌焕然一新。

一、《宁波“十五”文化发展规划》

进入新世纪，为了进一步发挥文化建设对城市经济社会发展的推动作用，中央、浙江省为文化建设出台了一系列政策意见。在中央和浙江省精神的指导下，宁波市结合文化建设中已经显现的问题，在 2000 年 8 月出台了《宁波“十五”文化发展规划》。该规划第一次以政府文件的形式提出建设“文化大市”的奋斗目标，明确指出：准确把握中国先进文化的前进方向，进一步兴起文化建设的新高潮是全市各级党委和政府的重要职责；也确定了“立足基础，面向未来，重点突破，创新奋进，构建都市文化新格局，开创文化产业新局面，促进文化与经济社会协调发展”的指导思想。《宁波“十五”发展规划》中最值得注意的，是第一次提出了在“经济大市”基础上建设“文化大市”的奋斗目标，即要“按照建设社会主义现代化国际港口城市的要求，大力推进文化类型由城镇文化向都市文化转变，文化体制由适应计划经济向适应市场经济转变，着力提高全市人民的思想文化素质，提高城乡居民的文化生活质量，提高全社会的文明程度，努力创建面向现代化、面向世界、面向未来，具有鲜明时代特征和地域特色的现代文化，2005 年初步形成都市文化新格局，2020 年建成市民素质优良、社会文明进步、海内外有一定影响、主要文化发展指标国内先进的文化大市”。具体目标包括：大力倡导文明健康的生活方式和文化观念，大力弘扬“浙江精神”和“宁波精神”，努力营造积极向上、开拓创新的良好文化环境，全面提高人的素质，为现代化建设提供强大的精神动力；建成一批标志性文化设施和集自然景观、人文景观于一体的文化景观，形成布局合理、功能完备、全省一流的文化设施网络，构筑城市公共文化服务体系；创作一批具有浓郁地方特色、反映时代精神，具有较高水平的文化精品，扩大宁波文化影响力；举办一批在国内外具有较大影响力的文化节庆和体育活动，增强宁波文化辐射力；完善多层次、多体制的城乡基层群众文化活动网络，积极探索群众文化活动的新形式，丰富群众精神文化生活；培养引进一批在全省有较大影响的优秀文化人才；扶持和培育一批文化支柱产业，初步构建结构合理、繁荣健康的文化市场体系，使文化产业在第三产业中的比重显著提高；初步建立与社会主义市场经济体制相适应，符合社会主义精神文明建设要求，遵循文化自身发展规律，充满生机活力的文化体制和运行机制等。2002年，宁波市委、市政府召开全市文化工作会议，提出切实推进"文化大市"建设的战略构想。9月，宁波市委、市政府又作出《关于加快文化改革和发展的决定》，正式将"文化大市"建设确定为宁波市发展战略。2002年12月，中共宁波市九届八次全体(扩大)会议作出"繁荣大文化"的决定，进一步丰富了文化大市战略内涵。从此，宁波"文化大市"建设全面展开。2003年6月，宁波市成为浙江省文化体制改革试点城市；2004年，中共宁波市第十次代表大会进一步强调了"文化大市"的战略地位，并把建设全国文明城市作为"文化大市"建设的重点工作。为了贯彻落实"文化大市"战略，宁波市委、市政府陆续出台了《关于推进文化大市建设加快社会事业发展的决定》《关于推动文化大发展大繁荣的若干意见》等一系列政策意见，加快推进宁波文化发展。①

《宁波市"十五时期"文化发展规划》是宁波市第一个专门部署文化建设的中长期规划。根据宁波文化发展的实际情况，《宁波市"十五时期"文化发展规划》明确了到2005年初步形成都市文化新格局、到2020年建成国内先进的文化大市"两步走"的发展目标，标志着宁波市的文化进入有组织、整体性推进的阶段。

二、《宁波市"十一五"时期文化发展规划》

2006年初，中共宁波市委办公厅和宁波市政府办公厅发布了《宁波市"十一五"时期文化发展规划》。

《宁波市"十一五"时期文化发展规划》首先分析了"十五"时期文化发展取得的成绩和面临的问题。其取得的成绩主要表现在："大力弘扬'诚信、务实、开放、创新'的宁波精神，加强和改进思想政治工作，舆论引导能力不断增强；推

① 中共宁波市委党史研究室．宁波建设现代化国际港口城市的历史经验与启示[C]//中共宁波市委党史研究室．宁波辉煌六十年——纪念新中国成立六十周年暨中国特色社会主义理论在宁波的实践研讨会优秀论文集．北京：国家图书馆出版社，2009：19.

动群众性精神文明创建活动向广度和深度拓展，市民思想道德素质和城乡文明程度不断提高，被评为全国文明城市；努力繁荣文学艺术，涌现出一批反映时代特征、体现宁波特色、深受群众喜爱的优秀作品；大力开展群众文化活动，农村文化、企业文化、社区文化、校园文化、广场文化和体育健身活动日趋活跃，群众文化生活日益丰富；加快文化设施建设步伐，'三江文化长廊'建设全面推进，一批标志性文化设施相继建成使用，加强传统文化遗产保护，城市文化形象进一步凸显，影响力不断扩大；积极推进文化体制改革，文化产业发展态势良好。”而其面临的问题，主要有：“文化建设与经济发展水平还不相协调、与城市深厚的历史文化积淀不相适应，文化资源的整合利用差距明显，文化创新创造的能力不强，农村文化建设与城市文化建设还很不平衡，文化产业的总体实力和竞争能力还不强大，公共文化服务体系和基础设施不够完善，文化人才比较缺乏，加快文化大市建设的任务依然十分繁重。”

《宁波市“十一五”时期文化发展规划》在阐释了城市文化建设面临的机遇和挑战①后，结合宁波城市的特点和文化发展的实际情况，提出了“十一五”时期宁波文化建设的总体要求，即“牢牢把握社会主义先进文化的前进方向，紧紧围绕全面建成小康社会宏伟目标和构建社会主义和谐社会的要求，树立新的文化发展观，大力推进和谐文化建设，积极构建比较完备的思想道德建设体系、公共文化服务体系和文化产业发展体系，进一步提高全市人民的思想道德素质、文化生活质量、全社会的文明程度和城市竞争软实力”。与此同时，规划还提出了主要目标，即“到2010年，基本形成与经济发展相协调、与群众需求相适应、与城市地位相匹配的文化大市格局，成为集自然之美和人文之美、历史之美和现代之美于一体的文化名城”。其具体目标包括：在城乡文明程度进一步提高、公共文化服

① “十一五”期间，城市文化建设面临的环境，主要表现在如下方面：一是人民群众的精神文化需求进入高速增长期，对文化产品和服务在数量、质量、品种等方面提出了新的更高要求；二是文化与经济相互渗透、相互融合、相互促进的趋势进一步发展，大力发展文化产业、增强城市综合实力的任务十分紧迫；三是高新技术的迅速发展对文化的影响和作用日益深刻，网络文化对现实社会的影响越来越大，推进文化内容创新、科技创新、管理创新的要求更加迫切；四是面对西方发达国家文化扩张、渗透的形势和国内兄弟城市文化竞争的压力，加快文化体制改革、推进文化事业和产业发展、增强文化竞争力的任务更加繁重。

务体系进一步完善、文化及相关产业进一步壮大、文化体制机制进一步创新、文化名城形象进一步提升五个方面取得明显进展。

"十一五"时期是宁波市全面建设小康社会、提前基本实现现代化①承前启后的关键时期，也是进一步确立长江三角洲南翼经济中心和建设现代化国际港口城市的重要时期。文化建设面临着高品质发展、新技术融合、均衡化惠民、"走出去"等时代命题，在《宁波市"十一五"时期文化发展规划》均有重点的体现。更重要的是，《宁波市"十一五"时期文化发展规划》体现了浓郁的"以人为本"文化发展理念，并结合宁波市社会经济文化发展城乡不平衡的现实，赋予"公共文化服务"特别重要的地位。其中，"采用政府购买、补贴等方式，向基层、低收入群体和特殊群体提供免费文化服务""完善国有博物馆、美术馆等公共文化设施对未成年人、残疾人、老年人等群体免费或者优惠开放制度，有条件的爱国主义教育基地的公共文化设施向社会免费开放""国有艺术院团、影剧院每年安排一定场次主要面向低收入居民的低价演出或放映""采取切实措施，为外来务工人员提供更多免费或低价的基本文化服务"等举措，让文化建设在效益和公平方面均有了更多的体现。

三、《宁波市"十二五"时期文化发展规划》②

在"十一五"时期文化大市建设"取得重要突破和重大成果"的基础上，为了适应新的更高要求，即"对在新的历史方位和历史起点上兴起文化建设新高潮、实现重点工作和关键环节的新突破、推动文化大发展大繁荣作出全面规划"，宁波市启动了《宁波市"十二五"时期文化发展规划》的编制，着力描绘"十二五"时

① 1992年，邓小平在"南方谈话"中首先向沿海发达地区提出"率先基本实现现代化"这一战略课题。他提出的这一课题的目的，是使沿海地区在全国的经济社会发展中发挥示范、辐射、带动的作用，促进国民经济继续向好发展。在党的十四大上，江泽民正式提出："力争经过二十年的努力，使广东及其他有条件的地方成为我国基本实现现代化的地区。"之后，他多次向沿海发达省市提出这一奋斗目标。在党的十六大上，又提出"有条件的地方要在全面建设小康社会的基础上，率先基本实现现代化"。

② 宁波市"十二五"时期文化发展规划解读[J]. 宁波市人民政府公报(总第206期)，2011(14)：27.

期宁波市文化发展的美好蓝图。《宁波市"十二五"时期文化发展规划》先剖析了"十一五"期间文化建设的成绩和不足。在成绩方面，主要表现在：大力实施"先进文化引领""公共文化惠民""文化品牌提升战略""文化产业升级""文化人才支撑""文化创新推动"六大战略，积极推动文化大市建设，全市文化建设呈现出繁荣发展的良好态势，为深化改革开放、推动经济发展、促进社会和谐、提升城市形象提供了强有力的思想文化支持；在不足方面，主要表现在："文化与经济社会发展不相协调，文化发展相对滞后于经济社会发展；区域文化资源整合不够，区域之间、城乡之间文化发展仍然不平衡；文化产业的结构不尽合理，文化市场培育与发展有待加强，对全市国民经济发展的贡献还不够大；文化的生产与供给能力相对不足，文化消费观念不强；文化人才总量、层次、结构仍有差距；文化自觉意识有待进一步加强。"

在此基础上，《宁波市"十二五"时期文化发展规划》提出了"十二五"时期城市文化发展的指导思想，即"围绕科学发展的主题和加快转变经济发展方式的主线，按照市委'六个加快'的重大战略部署，深入实施文化建设'六大战略'和文化发展'1235'工程，加快文化体制机制改革创新，加快构建公共文化服务体系，加快发展文化产业，加强对文化产品创作生产的引导，不断增强我市文化软实力和综合竞争力，为全面建成惠及全市人民的小康社会和现代化国际港口城市，率先基本实现现代化提供强有力的思想保证、精神动力、舆论支持和文化条件"。随后，提出了总体目标，即"宁波文化软实力在全省和国内同类城市位居前列，文化在城市综合竞争力中的地位和作用更加突出，实现'文化大市'向'文化强市'跨越"。从"文化大市"到"文化强市"，意味着宁波文化建设的要求开始有了显著的提高，具体包括：

(1)进一步增强文化凝聚力。建立和完善具有时代特征和实践特色的社会主义核心价值体系，提升市民思想道德文化素质，培育现代人文精神，建设宁波和谐文化和现代文明社会，努力实现全国文明城市"三连冠"。

(2)进一步增强文化服务力。文化基础设施建设不断推进，设备先进、网络健全、运行高效、惠及全民的公共文化服务体系全面形成，人民群众的基本文化权益和多样化精神文化需求得到充分保障。

(3)进一步增强文化竞争力。文化资源优势向产业优势和发展优势的转化取得明显成效，形成一批骨干文化企业集群，全市文化产业增加值占全市地区生产总值的比重达5%以上，文化产业成为宁波市国民经济的支柱性产业，努力把宁波市打造成为长三角南翼重要的文化创意产业集聚地和文化交流中心。

(4)进一步增强文化传播力。广播电视网、出版发行网、电影院线、文艺演出院线等现代文化传播网络良性运行，全市统一、开放、竞争、有序的文化市场体系基本形成，一批骨干文化企业跨区域、跨行业、跨所有制发展，一批文化精品力作走向全国，走向世界。

(5)进一步增强文化创新力。充满活力的文化创新体制进一步形成，文化产业发展活力和核心竞争力明显增强，数字、网络技术广泛应用在文化领域，文化科技含量大幅提升，一批原创设计、形式新颖、影响广泛的文化创意成果和一批全国领先、世界知名的自主文化品牌逐步形成。

(6)进一步增强文化保障力。文化自信心和自觉意识明显增强，推动文化建设的体制机制、要素保障不断完善，文化的投入不断增加，文化人才培养力度不断加大，造就一批文化领域创新型、复合型、外向型、科技型的新型人才，为推动宁波市文化大发展大繁荣提供有力人才支撑。

为了保障“文化强市”的顺利实现，《宁波市“十二五”时期文化发展规划》设计了文化发展的“1235”工程。该工程的内涵，一是打造10个文化发展集聚区，即“重点打造好河姆渡生态文化产业园区、溪口文化旅游产业园区、宁海民俗文化产业园区、宁波影视文化产业园区、鄞州文化创意产业园区、宁波文化广场、月湖历史文化街区东外滩文化创意街区、慈城古文化历史街区、高新区文化创意产业园区等十大文化产业集聚区，大力推进文化产业价值链的培育、延伸和整合、集聚，进一步增强重点文化产业区块的特色优势、综合竞争力和集聚辐射能力，形成文化产业集群发展”；二是培育20个重点文化品牌，即“重点培育20个文化活动和产品品牌，形成一批具有宁波特色的文化品牌，进一步扩大宁波城市的影响力，进一步提升宁波文化企业(产品)的市场竞争力”；三是建设30个重点文化项目，即重点建设文化项目30个，总投资420.88亿元，“十二五”期间投资316.63亿元，“积极实施项目带动战略，充分发挥重点园区、项目、品牌、企业的示范、引领和辐射作用，促进我市文化又好又快发展”；四是扶持 50 家重点文化企业，着力打造并扶持文化企业“五十强”，积极推动 6~8 家文化企业上市，做大做强宁波市文化领域的龙头和骨干企业，加快推动文化产业成为我市国民经济支柱产业。

表 1-7　宁波市“十二五”时期文化建设规划的 30 个重点文化工程①

项目名称	建设规模和内容
宁波艺术剧院凤剧场改造项目	占地面积 17 亩，建筑面积 2.56 万平方米，含市群艺馆、艺术剧院、艺术研究所和江东文化馆
天一阁博物馆整体陈列改造工程	整体陈列改造提升，改造面积 6000 平方米
保国寺古建筑博物馆整体改造提升项目	整体改造提升，改造面积 7000 平方米
宁波市互联网舆情信息系统导控工程	建设舆情收集、宣传管理工作、网评员工作和网上发言人评估反馈平台及网上发布厅平台的硬件、软件及数据库
宁波新闻传媒大厦	选址在东部新城，建筑面积 9 万平方米，建设宁波日报报业集团新的总部基地
宁波数字媒体产业园	选址在鄞州南部商务区，占地面积 30 亩，建筑面积 6 万平方米，建设以中国宁波网为龙头的数字新媒体产业基地、中国数字报业实验基地、国家级数字媒体项目总部基地
宁波广电传媒大厦	选址在国家高新区，规划面积 50 亩，建筑面积 12 万平方米，建设影视媒体中心，打造宁波广播电视集团新的总部基地
余姚市市民公共文化服务广场	建筑面积 11.8 万平方米，含文艺中心，档案馆图书馆，市文化馆、艺术剧院院部和青少年宫(妇女活动中心)
余姚市文山创意广场	占地面积 92 亩，建筑面积 8 万平方米，建设集创意文化、研发设计、动漫产业、电子商务为一体的文化创意广场
慈溪市综合文化广场	占地面积 184 亩，建筑面积 15.2 万平方米，含科技馆、博物馆、文化中心、大剧院、体育健身馆规划展示馆

① 宁波市“十二五”时期文化发展规划[N]. 宁波日报，2011-07-05(A8).

续表

项目名称	建设规模和内容
慈溪鸣鹤古镇保护开发项目	规划面积795亩，对古镇自然人文资源和建筑风貌进行保护开发利用，形成“一带五区十二景”的结构布局
奉化溪口古镇改造	挖掘民国文化内涵，推进武岭西路北区块改造，建设海内外著名旅游小城镇和文化旅游度假区
奉化仁湖文化公园	建筑面积3.6万平方米，含生态园林、弥勒文化园、综合性博物馆、民俗园
宁海十里红妆博物馆	占地面积80亩，建筑面积1.18万平方米，建设主题博物馆陈列区、综合服务区和古建筑文化街区
宁海印刷产业园	规划面积900亩，整合县域印刷包装产业，建设高端印刷产业集聚区
宁海县前童古镇改造	古镇核心区0.9平方千米的古建筑维修、改造，建设鼓亭馆、入口公园、游客中心
宁波影视文化产业园区	规划面积14.7平方千米，体现海岸、海景、海洋海岛、渔文化特色，建设影视文化和生态休闲旅游相结合的国家级影视基地
宁波迪士尼动漫园项目	选址在鄞州南部商务区，规划面积500亩，是迪士尼在中国大陆第四个直接投资项目，重点发展互联网及动漫信息产业
梁祝文化产业园区	规划面积1000亩，一期开发700亩，新建集婚庆商贸、休闲度假、生态观光于一体的项目，使其成为休闲娱乐、度假、观光旅游相结合的特色园区
鄞州区它山堰文化旅游产业园区	以全国文保单位它山堰为核心，挖掘“千年古镇唐朝宁波”的文化内涵，建设它山石雕艺术博物馆、晴江民俗文化园，改造开发邵家古村落
月湖西区历史文化街区改造	建筑面积55万平方米，培育和引进文化旅游休闲多种业态，打造成为具有城市标志性意义的文化旅游特色街区
宁波文化广场	占地面积240亩，建筑面积32万平方米，建设集文化娱乐、影音艺术、创意沙龙、科普培训于一体的大型公益性城市公共文化平台

续表

项目名称	建设规模和内容
和丰创意广场	占地面积128亩，建筑面积34万平方米，打造集工业设计、创意研发、交易展览、教育培训于一体的文化产业集聚基地
“创意1956”文化产业园区	占地面积86亩，建筑面积3万平方米，改造工业旧厂房，建设集文化创意、工业设计、软件设计与动漫制作、广告设计于一体的文化创意产业园区
“奇e国”文化创意园区	占地面积102亩，建筑面积2.7万平方米，含“奇国”少儿职业体验馆、甬江书院、艺国美术馆
宁波市大学科技园	建筑面积18.7万平方米，按照“一园三区”的建设布局，建设创e慧谷、北欧工业园研发孵化中心和镇海高科技园区成果转化中心
中国防空博览园	占地面积33亩，建筑面积7000平方米，含人防通道、博物馆展厅、军事体验建筑等
宁波·中国港口博物馆	占地面积40亩，建筑面积4万平方米，建设以港口文化为主题，集历史展示、科学教育、学术交流、水下考古于一体的专题科学博物馆
北仑区中青影视文化广场	占地面积200亩，建设影视数字后期制作基地、软件设备研发基地、现代题材影视拍摄基地、儿童产业开发基地和动漫影视产业主题公园
动漫影视文化创意产业基地	占地面积200亩，建筑面积30万平方米，建设原创影视创作基地、影视媒体中心、动漫产品衍生品设计和展示中心

宁波市“十二五”期间的30个重点文化工程项目涉及文化产业园区(园区)、文化广场、传媒大厦、科技园、博物馆、博览园、主题公园、文化旅游产业园区和历史文化街区、古镇保护开发利用等各个方面，内容翔实具体，投资巨大，体现了建设宁波“文化强市”的态度和决心。

四、《宁波市“十三五”文化产业发展规划》

经过十余年的发展，虽然城市文化发展成绩明显，但宁波市文化产业的实力和规模与同类城市相比，差距并没有明显缩小，与深圳、杭州等城市相比，提升空间仍然巨大。为了更好地谋划和促进文化产业的发展，中共宁波市委宣传部主导制定了《宁波市“十三五”文化产业发展规划》，并于2016年9月公布实施。宁波市首次编制的这一文化产业发展专项规划，明确提出建设以“创意设计高地”“文化智造基地”“文化旅游热地”为依托的国内一流文化产业强市的目标；力争通过五年建设，激活宁波文化产业的活力，打造国民经济发展支柱的文化产业。文化产业发展的具体目标，一是文化产业实力显著增强。文化产业增加值的年均增长速度明显高于同期经济增长速度，综合实力和竞争力居国内同类城市领先地位。二是文化产业结构更趋合理。文化内容产业迅速发展，文化产品生产的相关产业增加值占文化产业增加值比重达到45%，文化融合产业格局基本形成，文化产业成为推动全市经济提质增效升级的主导产业之一。三是创新能力显著提升。营造提升创新空间，高水平建成一批文化产业创新载体，文化产业人才队伍进一步扩大。四是产业体系更加完善。搭建文化产品、知识产权、人才和信息等要素流动平台，市场在资源配置中的决定性作用得到更好发挥，文化消费在城乡居民消费结构中的比重明显提高。五是集聚效益得以显现。建成一批规模化、特色化、集约化的文化产业功能区，文化产业空间与城市地域空间有机融合。六是体制机制更富活力。文化产业的战略地位得到社会广泛认同，形成较完备的文化产业政策支撑体系，文化体制改革得到深化，文化产业发展活力明显增强。

围绕发展目标，《宁波市“十三五”文化产业发展规划》首次明确描绘了“2+3+3”的宁波市文化产业格局和产业体系，即重点提升发展高端文化用品制造业、创意设计业两大优势产业；壮大发展影视制作业、文化休闲旅游业、工艺美术业三大潜力产业；创新发展现代传媒业、会展业和信息传输服务业三大新兴产业。

为了推进文化产业功能区空间协调发展，《宁波市“十三五”文化产业发展规划》首次试图阐释宁波的文化产业发展空间格局，即“一核、一轴、一带、多中心”的空间发展格局，对宁波市文化产业的发展现状进行了梳理总结，也对未来发展提出了展望。其中的“一核”，指的是以泛三江片核心区为载体的“文化核”，涵盖的文化产业有宁波文创港、宁波音乐港、老外滩时尚产业功能区、东外滩创意产业功能区和环月湖历史文化休闲功能区。这一文化产业发展的核心区，依托丰富的历史文化资源、优势的商业资源以及创意设计和时尚产业，发挥集聚融合、带头引领的作用。“一轴”，指的是“文化服务产业轴”，即沿轨道交通1号线推进文化产业功能区点轴扩散、东西延伸，串联起梁祝文化产业园、天一商圈、文化广场等宁波主要的文化和商业设施，致力于服务宁波市民文化娱乐消费和相关产业转型升级。“一带”，指的是C形“文化融合产业带”，涉及区域包括镇海创意科技功能区、高新区文化科技融合功能区、宁波会展服务功能区、东钱湖休闲旅游功能区和鄞南创意产业功能区等。C形“文化融合产业带”是宁波市当时创意、科技、金融资源最集中的区域，也是将来推动文化创意和科技、旅游融合发展，扩大创意设计、现代传媒和文化信息传输等产业规模的重点区域。“多中心”，指的是以文化产业功能区和分片区为中心，辐射带动周边区域和县(市)区文化产业整体发展和文化内涵提升的重要产业节点。

表1-8　宁波市“十三五”文化产业发展规划布局的20个文化产业发展功能区

宁波文创港	东钱湖休闲旅游功能区
宁波音乐港	宁波保税文化功能区
老外滩时尚产业功能区	梅山海洋文化创新功能区
东外滩创意产业功能区	杭州湾欢乐休闲文创功能区
环月湖历史文化休闲功能区	宁波影视文化产业功能区
高新区文化科技融合功能区	象山海洋文化产业功能区
宁波文化广场功能区	宁海全域化休闲旅游功能区
鄞南创意产业功能区	奉化弥勒文化休闲功能区
镇海创意科技功能区	慈溪艺术品交易功能区
宁波会展服务功能区	余姚智能制造功能区

此外，《宁波市“十三五”文化产业发展规划》推进的企业主体培育工程、载体平台搭建工程、重点项目推进工程、人才队伍支撑工程、文化金融提升工程、文化消费拓展工程、文化贸易促进工程“七大工程”，与规划目标有机衔接，成为“十三五”期间文化产业发展的主要亮点，为文化产业的发展提供了有力的支撑。

五、《宁波市“十三五”时期文化发展规划》

宁波市在编制“十三五”文化产业发展规划的同时，还编制了文化发展规划，积极谋划文化事业的五年发展。2017年6月5日，中共宁波市委办公厅、宁波市人民政府办公厅印发的《宁波市“十三五”时期文化发展规划》(甬党办〔2017〕43号)①，首先对“十二五”时期宁波市文化建设所取得的成绩进行了梳理。《宁波市“十三五”时期文化发展规划》认为，“十二五”时期宁波市文化建设取得了“重大进展和丰硕成果”，主要体现在六个“深入实施”，即深入实施先进文化引领战略，扎实推进社会主义核心价值建设，荣膺全国文明城市“四连冠”和多次荣获“全国最具幸福感城市”称号，让全市人民团结奋斗的共同思想基础更加坚实；深入实施公共文化惠民战略，重点文化基础设施建设成效显著，公共文化服务体系进一步完善，人民群众基本文化权益得到有效保障；深入实施文化品牌提升战略，文化精品力作不断涌现，对外文化交流日益活跃，宁波文化影响力得到进一步增强；深入实施文化产业升级战略，文化产业规模扩大结构优化，文化及相关产业增加值占地区生产总值比重显著提升；深入实施文化人才支撑战略，文化人才政策体系更加完善，文化人才培养工程扎实推进，文化领军人才和创新团队不断涌现；深入实施文化创新推动战略，文化体制改革深入推进，文化创造活力得到进一步激发。六个“深入实施”，反映出宁波在推进“文化大市”向“文化强市”跨越发展的过程中迈出了坚实步伐。不过，文化发展面临的问题依旧很明显。在优质文化供给方面，“文化产品和服务与人民群众日益增长的文化需求还不适应，广受欢迎的精品力作还不多，文化产品的数量质量有待提高”；公共文化服务能力和统筹协调发展能力有待增强，“公共文化服务水平与构建现代公共文化服务体系的要求还不适应，存在一定程度的城乡差距、区域差距和人群差别”；文化产业整体实力不强，导致“文化产业的实力、竞争力与经济发展水平还不适应，文化对经济增长和转型升级的贡献率有待提升”；文化治理能力亟待提高，“文

① 宁波市“十三五”时期文化发展规划[EB/OL].[2023-07-25]. http://www.ningbo.gov.cn/art/2021/7/16/art_1229549973_3753150.html.

化治理能力与文化强市建设的需要还不适应，文化资源配置效率不够高，社会力量参与文化建设的广度和深度还不够，文化发展方式有待进一步转变”……对这些问题的剖析，既体现了问题导向，也体现了一定的前瞻性，为“十三五”时期宁波市文化事业和产业发展的科学规划奠定了坚实的基础。

《宁波市“十三五”时期文化发展规划》提出的宁波文化发展的总体目标是：到五年计划末的2020年，“社会主义核心价值观更加深入人心，现代公共文化服务体系全面建成，文化事业和文化产业协调发展，市民综合素质和城市文明程度显著提升，基本建成文化价值引领力强、文化产业竞争力强、区域文化影响力强及公共文化服务水平和社会文明程度高的文化强市和东方文明之都，努力构筑全国大城市的文化高地”。具体目标，包括文化价值引领能力显著提升、公共文化服务能力显著提升、文化创作生产能力显著提升、文化传播辐射能力显著提升、文化产业竞争能力显著提升、文化保障支撑能力显著提升等方面。

在主要任务方面，明确了“建设全域化高水平文明城市”“构建现代公共文化服务体系”和“促进文化产业跨越式发展”是“十三五”文化建设的重中之重。在内涵上，“建设全域化高水平文明城市”主要包括：用社会主义核心价值观引领知识教育、文艺创作、精神文明建设；推进城乡文明一体发展，提升市民文明素质和城乡文明程度，提高人民群众生活品质；健全完善以“宁波好人”“最美宁波人”、宁波市道德模范为主要内容的市级道德荣誉体系，大力弘扬“爱心宁波·尚德甬城”的良好社会风尚等。“构建现代公共文化服务体系”主要包括：推动文化资源向基层和农村倾斜，推动标准化均等化建设；统筹完善全市公共文化设施布局，推动城乡公共文化资源的共建共享；建立健全文化事业单位法人治理结构，创新基层公共文化服务体系运行机制，创新公共文化服务运行机制。健全民意表达和监督机制，增强公益性文化事业单位的发展活力。“促进文化产业跨越式发展”主要包括：重点推动“八大行业”发展，鼓励社会资本跨界进入文化领域，大力发展混合型企业，培育100家重点文化企业；推动文化业态创新，紧紧围绕“文化+”“互联网+”，促进新型文化业态发展，加快推进文化创意和设计服务与高端制造业、旅游业等重点领域联动发展，打造“宁波设计”“宁波创造”“宁波智造”品牌；优化文化产业布局，重点发展宁波文创港、宁波音乐港等20个功能聚焦、特色鲜明、要素融合的文化产业发展示范功能区，形成“一核、一轴、一带、多中心”的文化产业空间发展格局，实现文化空间布局与城市主体功能区布局的深度融合。

表 1-9　宁波市“十三五”时期文化发展规划的“重点行业”

高端文化用品制造业：推动办公用品制造重点行业发展，提升企业智能智造水平，建设文化衍生品制造基地，打造有相当知名度的国际文化用品智造基地
创意设计业：重点发展工业设计业，特色发展时尚设计业，推进创意设计主体集聚，推动宁波建成国内知名的创意设计高地
影视制作业：推进影视产品创作与版权交易，提升影视拍摄制作能力，加强影视出品和发行实力，做强中下游影视放映环节，拓展影视衍生开发领域，打造国内一流的影视之城
文化休闲旅游业：打造都市休闲文化游产品，打造高端海洋休闲游产品，打造山区度假休闲游产品，打造禅修禅意体验游产品，打造互动体验娱乐游产品，打造古镇村落休闲游产品，打造国内知名的文化休闲胜地
工艺美术业：推进非物质文化遗产产业化发展，拓展工艺美术品展示渠道，完善工艺美术品交易平台，打造具有影响力的工艺美术产业基地
现代传媒业：推进两大集团改革与融合发展，加快推进数字出版发展，大力发展各类新媒体产业，构建从内容、应用到终端的现代传媒产业体系
会展业：坚持服务于宁波市传统工业经济、进出口贸易，带动相关行业发展的方向，办好特色品牌会展，提升会展业现代化水平

2015 年 12 月 20 日，在山东青岛举行的第七次中日韩文化部长会议上，宁波与奈良、济州一起接受 2016“东亚文化之都”的授牌；2016 年 6 月 29 日召开的中共宁波市委十二届十一次全会，确定了“补齐发展短板，推进宁波跻身全国大城市第一方队”的发展思路和目标；2017 年 1 月 25 日，中共中央办公厅、国务院办公厅印发《关于实施中华优秀传统文化传承发展工程的意见》。“东亚文化之

都”“全国大城市第一方队”和传承发展中华优秀传统文化，由此成为《宁波市“十三五”时期文化发展规划》的发展目标和建设任务。

六、《宁波市文化发展“十四五”规划》

2021年12月，宁波市发展和改革委员会、中共宁波市委宣传部联合印发《宁波市文化发展“十四五”规划》(甬发改规划[2021]539号)。《宁波市文化发展“十四五”规划》的第一部分，以“坚定文化自信，高水平全面建设社会主义文化强市”为标题，总结了过去五年的成绩和未来发展的机遇与挑战。

“十三五”期间，宁波市文化建设取得新成效，主要表现在：“铸魂工程”“溯源工程”和“走心工程”深入实施，“四知精神”广为弘扬，思想理论引领更加坚强有力；深入推进文化发展改革，城市文化软实力显著提升；公共文化服务标准化均等化走在前列；媒体深度融合改革扎实推进，县级融媒体中心建设实现全覆盖，网络综合治理体系建设取得突破，全方位大外宣格局基本形成；公民道德建设工程深入推进，高标准常态化推进文明创建工程；文艺精品创作成果丰硕；重大文化平台建设全面推进，文化体制改革不断深化，文化产业较快发展；群众文化获得感幸福感不断增强，独具魅力的文化强市建设基础扎实……但是，与其他副省级城市相比，文化发展与文化产业相对落后的局面并没有显著改观，文化的高质量发展与人民群众的高品质精神文化需求尚有差距，文化发展长期落后于经济发展的局面没有得到根本性扭转，文化软实力与经济硬实力不匹配等问题依然突出，重大文化设施建设滞后、文化人才整体层次不高等问题没有得到根本性改善。

基于“世界百年未有之大变局加速演变，国际国内形势发生深刻变化，不确定性不稳定性明显增加”的国际环境，以及“我国发展正处于深入贯彻新发展理念、加快构建新发展格局的关键时期，迫切需要发挥文化在推动高质量发展中的重要支点作用”的国内环境，为了满足人民群众对高品质精神文化需求的需要，《宁波市文化发展“十四五”规划》明确了接下来五年文化建设的指导思想：“牢固树立创新、协调、绿色、开放、共享的发展理念，坚持社会主义文化前进方向，坚持马克思主义在意识形态领域的指导地位，坚持以社会主义核心价值观引领文化建设，围绕举旗帜、聚民心、育新人兴文化、展形象的使命任务，聚集浙江打造新时代文化高地总体目标，着眼锻造硬核力量、唱好‘双城记’、建好示范区、当好模范生加快建设现代化滨海大都市，以高度的文化自觉、坚定的文化自信、强烈的文化担当，以文铸魂、以文化人、以文兴业、以文塑韵，大力繁荣港城文化，促进满足人民文化需求和增强人民精神力量相统一，促进文化软实力与经济硬实力相适应，加快打造与社会主义现代化先行市、高质量发展建设共同富裕先行市相适应的新时代文化高地。”

《宁波市文化发展“十四五”规划》确定的文化发展主要目标是：“到 2025 年，习近平新时代中国特色社会主义思想深入人心，社会主义核心价值观蔚然成风，人民群众思想道德素质、科学文化素质和身心健康素质明显提高，公共文化服务体系更加完善，文化事业文化产业繁荣发展，城市文化影响力不断扩大，社会文明程度不断提升，打造与现代化先行市和共同富裕先行市相适应的新时代文化高地，初步建成独具魅力的文化强市。”具体来说，就是包括文化的引领力、凝聚力、品牌力、集聚力、传播力、服务力、竞争力、创新力等文化发展的主要指标实现新的提升。

表 1-10　宁波市“十四五”文化建设“四个重大”清单

重大项目	1. 文明城市创建智慧管理平台 2. 全媒体传播工程 3. 高品质文化供给提升工程 4. 天一阁博物馆南馆 5. 河海博物馆 6. 宁波市非物质文化遗产馆 7. 宁波市文化馆新馆 8. 宁波市史前文物保护研究中心(河姆渡博物院) 9. 宁波新音乐厅 10. 宁波博物院西扩工程 11. 河姆渡考古遗址公园 12. 上林湖越窑国家考古遗址公园 13. 编纂出版《四明文库》

续表

重大平台	1. 国家文化与金融合作示范区 2. 全国影视产业基地 3. 翠屏山（五磊山）生态文化核心片区 4. 海丝之路文化和旅游博览会 5. 浙江书展 6. 宁波文创港 7. 宁波音乐港 8. 国家级海洋渔文化（象山）生态保护区
重大改革	1. 深化国有文化资产管理体制改革，健全更加科学、更有效、更符合文化发展规律的国有文化资产监管机制 2. 深化宁波演艺集团、新华书店体制改革 3. 建设全媒体传播体系 4. 构建市域依法治网体系 5. 构建“15 分钟品质文化生活圈” 6. 打造“15 分钟文明实践服务圈” 7. 深入实施文化智融工程 8. 加快推进传统媒体和新兴媒体深度融合
重大政策	1. 完善意识形态工作责任制落实制度体系 2. 实施文艺领域荣誉制度 3. 落实国家和省支持文化建设的财政支持、税收扶持等政策 4. 制定全国文明典范城市创建工作标准 5. 制定新时代文明实践中心建设标准和评价体系 6. 制定关于加快数字文化产业发展的实施意见

《宁波市文化发展“十四五”规划》重点阐述了“强化党的创新理论工程”“建设全国文明典范城市”“提升全媒体环境下舆论引导水平”“推动公共文化服务提档升级”“提高城市文化创新创造活力”“推动文化产业高质量发展”“推动文旅深度融合发展”“完善城市对外传播体系”“建设高素质文化人才队伍”等工作的发展目标、主要任务和实施举措，从而突出了使命担当、质量主题、改革创新、融合发

展、品牌建设、交流合作等特色。

表 1-11　宁波市“十四五”时期公共文化服务主要目标

1. 高水平建设“市有五馆一院一厅(图书馆、文化馆、博物馆、美术馆、非物质文化遗产馆、大剧院、音乐厅)”。建设天一阁博物馆南馆、非物质文化遗产馆、河海博物馆、文化馆新馆、新音乐厅、宁波市史前文物保护研究中心(河姆渡博物院)，打造新时代标志性文化设施
2. 全面实现“县(市)有四馆一院(图书馆、文化馆、博物馆、非物质文化遗产馆、大剧院)、区有三馆(图书馆、文化馆、非物质文化遗产馆)、乡镇(街道)有综合文化站、村有文化礼堂、社区有文化家园”。完善基层公共文化设施网络建设，全市所有区县级文化馆、图书馆达到国家一级馆标准，95%的乡镇(街道)文化站为省评二级以上文化站
3. 提质发展“农村文化礼堂”。健全农村文化礼堂常态化“管用育”运行机制，将其打造成为思想传播的殿堂、新时代文明实践的阵地、基层文化普及的场所、新农村新农民展示的舞台。深化农村文化礼堂数字化提升，提供服务点单、精准配送、数字化内容供给、信息互动、智慧管理服务，实现数字化建设、智能化管理、精准化服务；推进农村文化礼堂创意性改造
4. 深入推进“一人一艺”全民艺术普及工程。完善政府部门联席会议制度、社会力量参与制度、艺术普及绩效考核标准等全民艺术普及制度标准体系。制定实施“乡村计划”，重点推进乡村艺术普及工作，将优质资源下沉到基层，激发基层艺术活力，繁荣农村文化生活。加强全民艺术普及数字化创新，推进全民艺术普及交流和合作。加大艺术培训力度，年年举办线下培训不少于 1000 场次，受益群众不少于 1 万人次(全省分别是不少于 1 万场次、10 万人次)

表 1-12　宁波市“十四五”规划的文化遗产标识重点项目

1. 河姆渡遗址群。以井头山遗址及河姆渡文化考古发掘为重点，推进姚江流域区域考古调查。加快推进河姆渡国家考古遗址公园建设，编制《河姆渡考古遗址公园建设规划》，启动河姆渡国家大遗址项目申报工作
2. 天一阁博物馆。推进天一阁博物馆南馆建设，进一步强化天一阁陈列展示、学术研究、文化传播、文创旅游等功能，打造国内一流具有世界影响的藏书文化博物馆。整合月湖区域名人故居、历史建筑和园林景观等资源，建设文旅融合的创新示范区

续表

3. 上林湖越窑国家遗址公园。开展环湖青瓷窑址考古清理和发掘进一步完善本体保护和周边风貌整治；编制上林湖越窑国家考古遗址公园保护管理规划及公园建设方案；打造集陈列展示、学术研究、文化传播、文创旅游多功能于一体的文旅主题公园
4. 河海博物馆。突出大运河"海丝"节点城市特色，打造具有"国际视野、中国特色、宁波元素、三江故事"的现代博物馆，成为中国大运河出海口和海上丝绸之路始发港重要地标
5. 宁波市非物质文化遗产馆。包括传统曲艺区、工艺美术区、传统美食区、民俗风情区等主要功能区，规划总建筑面积 3 万平方米，主要用于非遗宣传展示、参观体验、传承教育和保护开发

七、《宁波市文化产业发展"十四五"规划》

2021 年 12 月，宁波市发展和改革委员会和中共宁波市委宣传部联合发布了《宁波市文化产业发展"十四五"规划》的文件(甬发改规划[2021]557 号)。《宁波市文化产业发展"十四五"规划》认为，经过五年的建设，文化制造业优势明显，全市规模以上文化制造业增加值总量高居全省第一并逐步向高端化、智能化和品牌化发展，文化服务业产业集聚效应逐步显现；文化企业数量不断增加，龙头骨干企业培育成效显著；20 个文化产业重点功能区建设稳步推进，载体平台建设亮点纷呈；文化消费市场逐步升级，"海丝之路"(中国 · 宁波)文化和旅游博览会成为全国准一流的国际化文化交流合作平台；产业发展环境不断优化，文化金融服务全国领先……规模稳步提升且持续较快增长，文化产业已经发展成为国民经济支柱性产业。但是按照更高标准来要求，宁波的文化产业还存在产业规模不大、产业内部结构有待优化、内容创作生产领域产值占比偏低、高能级平台较为缺乏、要素制约日益凸显、人才结构性短缺和流失现象较为严重等问题。

"十四五"时期，宁波市文化产业发展面临着新的机遇和挑战。从全市层面看，"十四五"是宁波在高水平全面建成小康社会基础上开启高水平全面建设社会主义现代化新征程的第一个五年，面临着加快打造现代化滨海大都市、争创社会主义现代化先行市、建设共同富裕先行市等重要使命。从文化产业自身来看，以国内大循环为主体、国内国际双循环相互促进的新发展格局对文化产业升级提出新要求；市民个性化、多样化、品质化的精神文化需求对文化产业的高质量发展提出了新要求，同时也创造了新空间；5G、大数据、人工智能、区块链和云计算等新一代信息技术为文化产业转型升级提供了新动能和催生了新业态与新模式，长三角一体化等国家战略导致的区域竞合新态势给文化产业发展带来新的挑战。

立足发展基础和机遇与挑战，《宁波市文化产业发展"十四五"规划》提出了打造新时代文化产业高地的目标，即"力争到2025年，建成'一心两地三区'"①，与社会主义先行市相适应的新时代文化产业高地。具体内涵包括：产业规模持续扩大，到2025年，文化产业增加值占GDP的比重超过10%，文化及相关产业增加值年均增速达8%，规模以上文化产业企业营业收入达3500亿元；文化产业结构更趋优化，文化制造业占比稳定在50%左右，文化服务业占比稳固提升，数字文化产业取得突破；文化产业布局进一步优化，形成"一核、两带、十区"的文化产业布局；文化产业园区规范化发展，园区能级实现高标准提升；企业主体实力跃升，企业核心竞争力不断提高，国家级"单项冠军"和省级"隐形冠军"文化企业达20家；产业创新能力提升，培育形成一批文化领域高新技术企业；文化体制改革不断深化，形成较为完备的文化产业政策体系。

在文化产业空间布局方面，宁波充分依托城市总体规划确定的城市空间结构，紧扣宁波文化产业发展重点领域，对接省诗路文化带和长三角一体化等区域战略部署，融入宁波前湾新区、甬江科创大走廊、大运河(宁波段)等重大功能区块布局，规划形成"一核、两带、十区"的文化产业发展格局，引导文化产业特色化、差异化、集群化发展。

① "一心两地三区"，指的是全球文化智造中心、全国一流影视产业基地、国家文化出口基地、全国文化与金融合作示范区、全国数字文化产业新兴集聚区和长三角文旅融合先行区。

表 1-13 宁波市"十四五"文化产业发展格局

名称	内 涵
"一核"：三江都市文化核	建设以泛三江片核心区为载体的三江都市文化核，做强文创港、月湖西区历史文化街区、甬江时尚东外滩、鼓楼沿历史文化街区等一批国家、省、市级载体平台，加快千年甬城历史文化资源内涵挖掘，推进创意设计、数字内容和文旅融合的产业布局，加快人才、创意和资本融合集聚，打造文化创意引领辐射的宁波都市文化产业带动核
"两带"：运河—丝路文化带与数字文化产业带	运河-丝路文化产业带：依托大运河(宁波段) 沿岸运河城镇和文化节点，提升大运河(宁波段)和海丝文化①遗产保护传承、文旅融合等功能，谋划建设宁波国家大遗址保护利用示范区，打造一批宁波文化遗产重大标识，构建大运河海丝文化主动脉；加快资源转化与融合提升。推进河姆渡国家遗址公园、井头山遗址、田螺山遗址、阳明古镇、天一阁·月湖景区、庆安会馆等运河沿线文旅项目建设，深化翠屏山生态文化核心片区保护和开发，构建浙东大运河-丝路文化旅游休憩长廊；推进宁波音乐港、宁波广电融媒体科技创新大厦、宁波日报业报集团和北仑博地影视文创产业园等产业园区项目提质，通过融入大运河创意理念与 IP 创造，促进创意设计、影视与音乐演艺产业的发展
"两带"	数字文化产业带：①主动融入宁波甬江科创大走廊的数字大走廊建设。北起镇海，串联三江口，南至勤州南部商务区，辐射东钱湖区域，涵盖宁波数字文化科创要素集聚核心平台，形成高端功能复合集聚、创新要素自由流动、适应新技术新业态新消费发展的数字文化产业带。②打造数字文化技术创新组团。涵盖沿海宁波新材料研发园宁波大学科技园和宁波国家高新区等高能级载体，集聚一批文化和旅游领域创新机构，重点攻关文化产业领域研发应用，建设一批文化产业数字应用场景；打造数字内容产业升级组团。依托沿海宁波文创港、和丰创意广场、宁波市软件与服务外包产业园、宁波民和文化产业园、鄞州动漫软件创意中心等产业平台，培育一批具有鲜明宁波特色的原创 IP，重点推进文化软件开发和服务、动漫游戏、网络文学和创意设计等数字内容产业的集聚与发展。以宁波美术馆、宁波博物馆、宁波国家广告产业园区等为载体，创新发展云演艺、数字新媒体、数字艺术展示和沉浸式体验剧院等数字文化新业态新模式

① "海丝文化"在本书中泛指"海上丝绸之路"相关文化。

续表

名称	内　　涵
“十区”：文化产业十大重点功能区	海曙书香文化功能区。围绕环月湖书香文脉核心区，建设提升区内重点坐标，发展图书出版交易、书香文化沙龙展览展示、数字出版等业态，建设国家数字出版产业基地 江北音乐演艺功能区。以宁波大剧院为中心，以绿岛公园等为节点，布局音乐总部基地、音乐高端演艺、音乐生活街区、音乐众创空间、音乐创新智造、音乐产学研基地、音乐版权信息交易、音乐文创成果转化等业态 鄞州数字文化功能区。以宁波国家广告产业园、和丰创意广场等为载体，重点发展动漫游戏、网络文化、文化软件服务等数字内容产业，发展文化大数据、数字新媒体、文化平台经济等数字文化新业态 镇海文化科技功能区。依托国家文化与科技融合示范区建设，以宁波市国家级大学科技园、中官路创业创新大街等为载体，集聚文化领域创新机构资源，加快推进文化领域的新材料研发设计、新型互联物联、ICT 等行业，构建宁波文化科技产业基地和文化高新技术产业化基地
“十区”：文化产业十大重点功能区	北仑影视传媒功能区。以博地文化创意园建设为重要载体，加快构建影视传媒全产业链，以特色短视频制作、数字新媒体内容制作为延伸，打造新媒体电商直播平台，建设宁波现代影视传媒集群 奉化人文旅游功能区。挖掘雪窦寺、佛学院、蒋氏故居等文化资源，加快建设弥勒圣坛、禅意酒店欢喜村、佛光水街等，联动发展溪口镇区，推进然松禅修酒店、民国剧场等项目建设，打造奉化人文旅游大平台 余姚文化智造功能区。以大丰实业等企业为载体，布局文化装备产业基地，建设宁波文化装备测评中心，举办国际文化装备展会和论坛活动，着力打造全省乃至全国的文化装备展业基地、机器人智能文化旅游区 慈溪工艺美术功能区。重点依托上林湖越窑国家考古遗址公园等载体，加快打造集青瓷全产业链、古家具生产与交易、工艺美术旅游等于一体的工艺美术产业综合功能区 宁海非遗传承功能区。以前童古镇、潘天寿艺术中心、十里红妆博物馆等为载体，打造长三角知名的民俗文化体验目的地 象山影视休闲功能区。以象山影视星光小镇建设为核心，加快影视全链运营，打造影视与文旅双 IP 的全方位综合性影视产业平台

八、宁波市三江六岸文化建设规划

20 世纪 90 年代中期，为进一步完善城市的文化功能、优化城市环境和提高城市品位，宁波市提出以余姚江、甬江和奉化江两岸作为部分文化设施的载体，打造“宁波市三江文化长廊”①，建设图书馆、音乐厅、美术馆、歌剧院、博物馆、酒吧、文化游乐公园及广场、艺术家工作室，构筑集文化、旅游、休憩、娱乐于一体的景观功能区，实现经济发展和文化建设的比翼齐飞。1999 年 9 月，宁波市组织了“宁波市三江文化长廊规划”国际征集方案活动。② 征集方案的规划范围，以城区的余姚江两岸为主，主要设施包括计划在 2003 年竣工使用的宁波大歌剧院、文化广场和沿江两岸生态景观。2001 年 1 月，经国内外知名专家对征得的四个方案进行评审，澳大利亚 COX-REDDACLIFE-RAYNEY 公司的作品被采纳。

2002 年 12 月 20 日，到浙江工作不久的习近平首次调研宁波时即指出：宁波濒海临江依湖，城市建设有着得天独厚的条件，因此需要“以更高的标准、更大的气魄、更宽的视野、更高的品位”，提升城市的建设水平并加快推进城市化建设。他特别强调：“三江百里文化长廊和东钱湖开发建设，对这类不可再生资源的开发利用，一定要处理好利用和保护的关系，保护不好，宁肯暂缓。不干则已，要干就干好，不留下遗憾。”“要以‘三江文化长廊’为重点，加快文化设施建设。”③此后，“三江百里文化长廊”成为宁波市城市文化发展五年规划和城市文化建设的抓手和着力推进的项目之一。

2014 年，中共宁波市委认为宁波发展“正处于‘增长速度换挡期’‘结构调整阵痛期’叠加的新阶段”，面临“爬坡过坎、不进则退的重要关头”，需要培育新

① “百里三江文化长廊”，指的是余姚江两岸 39 千米(从余姚到三江口)、奉化江两岸 37 千米(从溪口到三江口)和甬江两岸 25.3 千米(三江口到入海口)，该长廊的核心区是三江口。

② 张希平，镇列评．一个蕴涵着人文主义理念的规划——浅议宁波市三江文化长廊规划国际征集获奖方案[J]．规划师，2001(2)：79-83.

③ 习近平．干在实处 走在前列：推进浙江发展的思考与实践[M]．北京：中共中央党校出版社，2016：486，487.

的竞争优势，激发改革活力，迸发创新源泉，走“以改革驱动、创新驱动为内生动力的发展新路，打造经济转型升级版”。2015 年 4 月，宁波市规划局以“统筹整合、转型提升”为重点，从全流域总体层面加强对三江沿线开发建设的统筹协调，结合宁波市咨询委《推进三江六岸开发建设咨询报告》的意见，提交《宁波市三江六岸拓展提升总体规划》及其“说明书”。新版总体规划内容涉及产业转型、两岸土地使用、交通、环境、文化提升和品牌形象等内容，“三江百里文化长廊”的内涵和外延有了显著的拓展。不过，《宁波市“十三五”时期文化发展规划》《宁波市“十四五”时期文化发展规划》《宁波市“十四五”时期文化产业发展规划》，都没有明确提及“三江”。

九、从“文化发展规划”看宁波文化建设思路的演进

宁波市为了与国家的城市发展和城市化进程尤其是国家对文化发展的要求、人们对城市文化的需求相适应，与时俱进地编制了宁波城市规划和城市建设思路，并不断优化其城市文化建设的思路和重点。

一是充分体现城市文化发展的方向。“城市文化”是一个发展的概念，也是一个开放的体系，内涵极为丰富且不断发展。人们对“城市文化建设”的认知，也随着理念和实践经验的发展而修正、提升。城市化发展之初，人们为了追求效率，使得大拆大建“推土机式”的城市改造成为主流，也确实在很短的时期内提升了市容市貌，为产业发展、市民日常生活品质的提升奠定了基础，但也带来了文化的失落感，文化建设的回归因此水到渠成。城市文化建设的核心是以人为本，具体地说，就是不仅让市民和外来人感受到城市在文明、景致、便捷等方面的魅力，而且使市民能够“看得见乡愁”，使游客能够感受到城市文化的特色。宁波市各级文化发展规划对体现“以人为本”理念的公共文化建设予以高度重视，充分反映了对城市文化发展规律的敬畏。从《宁波市“十五”时期文化发展规划》中的“建成一批标志性文化设施和集自然景观、人文景观于一体的文化景观，形成布局合理、功能完备、全省一流的文化设施网络，构筑城市公共文化服务体系”和“完善多层次、多体制的城乡基层群众文化活动网络，积极探索群众文化活动的新形式，丰富群众精神文化生活，逐步满足群众求知、求美、求乐、求健

的需要”，到《宁波市“十一五”时期文化发展规划》中的“完善公共文化设施网络”“健全公共文化服务体制机制”，再到《宁波市“十二五”时期文化发展规划》中的“按照体现公益性、基本性、均等性、便利性的要求，坚持政府主导，加大投入力度，推进文化育民工程建设，加强公共文化基础设施建设，促进基本公共文化服务均衡化，不断提升人民群众文化生活品质”，再到《宁波市“十三五”时期文化发展规划》中的“构建现代公共文化服务体系”，再到《宁波市文化发展“十四五”规划》中的“推进城乡公共文化服务体系一体化建设，创新开展文化惠民工程，实施高质量公共文化服务标准，更好满足人民群众美好生活需要”，可以看出公共文化的建设标准不断提高，投入不断持续加大，背后的目的都是满足人们不断增长的精神需求和真正体现“以人为本”的本质要求。

二是充分依托宁波的历史文化与城市特征。作为有着1200年筑城史的历史文化名城，宁波历史文化底蕴深厚。各个五年文化发展规划，能够紧密结合宁波人文、海洋和生态等资源禀赋，积极推动优秀传统文化创造性转化、创新性发展，努力凸显宁波的历史文化传统和现代特质。例如：《宁波市“十五”时期文化发展规划》，着意“做好历史文化名城和历史文化区规划保护以及开发利用工作……完成河姆渡历史遗迹、镇海口海防史迹保护区、月湖传统文化景区、三江口外马路街区的总体规划，并按规划保护开发”。《宁波市“十一五”时期文化发展规划》，强调“科学界定历史街区各类建筑物的使用功能，充分挖掘历史街区的文化内涵和综合价值，策划、创意一批文化项目，开发相关文化产业，实现历史街区居住、商业、文化的和谐统一，成为宁波名城保护的亮点”。《宁波市“十二五”时期文化发展规划》认真“开展近现代城市基本设施、工业遗产、名人故居、涉台文物等专题性文物保护，实施月湖西区、南塘河、永寿街历史文化街区保护整治工程”。《宁波市“十三五”时期文化发展规划》“坚持文化传承与文化创新相衔接。继承弘扬优秀文化传统，合理开发历史文化资源，抓住互联网发展机遇，推进文化内容形式、载体渠道等创新，建设富有宁波地方特色的文化”。《宁波市文化发展“十四五”规划》注重“打造宁波文化遗产重大标识”，“加强历史文物保护利用”，“加强非物质文化遗产保护传承”，“推动传统文化活化利用”。这些规划充分体现了宁波市委市政府依托历史文化资源，统筹做好文化事业和文化产业、城市文化和农村文化、现代文化和历史文化、整体推进和重点突破建设工作的决心；既遵循了城市文化建设的共性要求，又彰显了宁波特色，有力地促进了文化建设的全面、协调、可持续发展。

三是充分反映国家和浙江省对宁波文化建设的期盼。国家、浙江省和宁波市对城市的定位和经济社会的发展要求，是确定文化发展规划的指导思想、基本原则、主要目标、主要任务的基本依据。如《关于印发宁波市“十二五”规划编制工作方案的通知》明确要求，发展规划的编制需要按照国家、浙江省主体功能区规划要求，吸纳市级具体功能区规划成果，丰富规划内涵，把规划编制成一个准确鲜明、符合实际、指导性和号召力强的中长期规划，充分体现国民经济和社会发展中长期规划的宏观性、战略性和前瞻性。① 中国共产党意识形态领域的重大战略，在宁波市五年文化发展规划中均有充分的体现，如在 2004 年提出的社会主义和谐社会的社会发展战略目标，2017 年 10 月提出的社会主义核心价值观和全面建成小康社会的战略目标、习近平新时代中国特色社会主义思想和“创新、协调、绿色、开放、共享的发展理念”，社会主义文化前进方向和马克思主义在意识形态领域的指导地位……20 余年来，浙江省接续推进的文化大省、文化强省和文化浙江等文化发展战略，直接指导了浙江省和宁波市文化发展规划的编制。如 2003 年 7 月“八八战略”中明确提出加快建设文化大省，2005 年 7 月浙江省委十一届八次全会通过《关于加快建设文化大省的决定》，2011 年浙江省委十二届十次全会首次谋划和部署加快推动文化大省向文化强省迈进，2017 年浙江省第十四次党代会提出“在提升文化软实力上更进一步、更快一步，努力建设文化浙江”的新目标，2021 年 11 月浙江省政府提出的高质量打造新时代文化高地和推进共同富裕示范区建设行动方案等，这些战略不仅成为宁波市“十五”以后文化发展规划的指导思想，而且成为这些规划的主要目标和主要任务。

四是紧密配合宁波市委市政府的工作重点。科学编制五年文化发展规划，不仅是针对国际环境新变化、国内发展形势新要求、文化产业发展新局面和人民群

① 关于印发宁波市“十二五”规划编制工作方案的通知]EB/OL].[2023-07-27]. http://www.ningbo.gov.cn/art/2011/3/10/art_1229541621_59032373.html? isMobile=true.

众精神需求升级的必然要求，而且是保持经济社会平稳较快发展和提升城市综合实力和竞争力的现实选择。各个五年文化发展规划，都会把大量篇幅用来阐述文化建设服务于城市定位和党委政府的阶段性重点工作。中共宁波市委十届四次全会作出《关于推进文化大市建设加快社会事业发展的决定》；中共宁波市委十一届十一次全会提出“十二五”时期要实现“科学发展走在全省全国前列，惠及全市人民的小康社会全面建成，建设现代化国际港口城市、率先基本实现现代化的基础更加牢固”的总体目标，“十三五”时期要实现高水平全面建成小康社会的战略目标、“十四五”时期完成在高水平全面建成小康社会基础上开启高水平全面建设社会主义现代化新征程和“加快打造现代化滨海大都市、争创社会主义现代化先行市、建设共同富裕先行市”的战略任务。与此同时，宁波历次党代会提出的城市发展目标，也直接指导了各发展规划的文化发展空间布局、文化建设重大工程的确定和谋划设计。

城市的文化建设大致有两条路径：一是发达国家的底蕴深厚的城市，提出了“城市复兴”的发展思路，如伦敦在世纪之交提出了耗资巨大、雄心勃勃的“伦敦重建(城市复兴)计划 2003—2020”，目标是建设一个开放、包容、富裕、优美，社会和谐的新伦敦；一是发展中国家的城市，在城市经济建设有所起色之后，开启了文化建设模式，期望在以公共文化服务提升市民幸福感的同时，把文化产业发展成为城市经济的支柱，包括宁波在内的中国许多城市即是如此。随着城市文化日益成为城市发展中不可或缺的重要成分和核心，根据发展趋势和特色编制文化发展规划，就可以保障文化建设的持续推进和文化竞争力的可持续提升。

第二章　公共文化及其服务体系建设

在公共管理学中，公共文化与经营文化是一组相对的概念。与以盈利为主、以市场为依托进行文化生产、流通和消费，需要投入大量资金和技术来获取较大经济回报和为国民经济发展创造丰厚物质财富的经营文化不一样，公共文化指的是“政府主导、社会参与形成的普及文化知识、传播先进文化、提供精神食粮，满足人民群众文化需求，保障人民群众基本文化权益的各种公益性文化机构和服务的总和”①。公共文化以社会全体公众为服务对象，以人人参与文化、人人享受文化、人人创造文化为管理目标。

进入新时代，国家对公共文化建设重要性的认识更加清晰。公共文化事关民族未来。对于中国这样一个有着14亿人口、5亿农民和地理位置、风土人情、人口密度差异明显的2862个县、41636个乡镇的大国而言，公共文化服务体系建设有着格外重要的意义。一方面，需要充分保障人民群众读书看报、听广播、看电视、上网和休闲、娱乐健身等基本文化权益；另一方面，需要畅通优质公共文化服务以提升全民族科学文化素养的渠道。根据国家统计局数据，2022年，全国居民人均可支配收入36883元，其中城镇居民人均可支配收入49283元，农村居民人均可支配收入20133元。虽然文化需求呈现爆发式增长，但是不同地区、不同收入阶层所能获取的文化服务极不平衡。政府这只“有形之手”调整公共文化资源的分配，是广大偏远地区和低收入阶层充分享受公共文化权益的基本前提。在文化体制改革加速推进、经营性文化大发展的背景下，大力发展公共文化

① 荣跃明．公共文化的概念、形态和特征[J]．毛泽东邓小平理论研究，2011(3)：38-45.

以提升公共文化的服务能力和覆盖面，事关公共管理绩效和社会公平正义，极其重要。进入新世纪以来，提高全社会的道德水平和提升全民族的文明素养，不仅是政府的施政目标，而且是群众强烈的心声。公共文化服务设施既是传播党的声音、弘扬社会正气的重要阵地，又是群众自我教育、自我提升的重要渠道。以高标准、高水平的公共文化服务陶冶情操和增进社会和谐，不仅关乎社会稳定和人民幸福，而且关乎民心向背。因此，公共文化服务体系建设既是文化工程，也是民生工程，更是民心工程。

第一节　城市公共文化及其服务体系

1949 年之后，我国的文化建设采取了国家体制模式。与全面实行的计划经济体制相适应，国家建立了以财政资金为绝对支撑的文化发展体制。博物馆、图书馆、文化馆、展览馆、美术馆、文化宫、群众艺术馆和各类公园等文化机构和文化设施，文化遗产(址)保护、非物质文化遗产传承与发展、地方文史资料和党史资料的搜集与整理等工作，全部被纳入公共文化的范围。这一做法迅速改变了公共文化发展基础极为薄弱的状况，极大地推动了文化机构和文化事业的健康发展，为国家尤其是城市公共文化发展奠定了坚实的基础。新中国成立之后很长的一段时期，具有明显公益性质的文化建设，绝大部分是由政府主导、财政资金支持的。这一发展模式和发展路径，与世界上很多发展中国家甚至发达国家大同小异。1948 年，联合国大会通过的《世界人权宣言》，就明确规定缔约国有义务运用政权力量，最大限度地动员社会资源，保障公民文化权利的实现。1966 年，联合国大会通过的《经济、社会及文化权利国际公约》，也规定缔约国要尽最大能力保障“一切经济、社会及文化权利方面有平等的权利”①。

与此相适应，在中华人民共和国成立之后的很长一段时期，我国学术界有关“文化”的阐释和解读中，极少涉及“公共文化”。偶有提及，也往往局限于较为狭窄的领域，如把城市街头的雕塑称为“公共艺术”、把面向全体市民的各级图

① 王瑞光．文化艺术政策与法律法规[M]．南京：东南大学出版社，2021：153.

书馆称为“公共图书馆”。① 换言之，作为学术话语的“公共文化”，实际上仅仅指的是文化空间、文化场所和文化场馆。

一、公共文化服务体系建设成为文化体制改革的重点

随着政府职能转变的不断加快和公众文化需求的逐步增长，公共文化服务体系建设已经成为民主政治和经济社会发展中一项重要的战略任务。

“公共文化”建设在我国的兴盛，始于文化体制改革。党的十五大报告首次把文化发展分为公益性文化事业和经营性文化产业两大部分，并明确提出了文化管理体制改革的目标。2002 年 11 月，党的十六大进一步提出了“文化建设和文化体制改革”的时代命题。其中的核心是，将计划经济时期的文化事业发展体制改造成公益性文化事业和经营性文化产业两大部分。这一调整的初衷，既有适应社会主义市场经济体制往纵深发展的考虑，也是经济高速增长带来人民群众生活水平普遍提高之后，文化生产能力和服务能力与人民群众巨大的精神文化需求之间的矛盾越来越突出倒逼的结果；而文化发展战略的基本思路，主要是把原来文化事业中可以纳入经营性文化产业范围的部分剥离出来，通过功能调整赋予其市场主体地位，按照市场经济的规律进行产业化运作，以切实增强文化产业尤其是文化服务能力的整体实力和竞争力。与此同时，国家可以集中精力发展公益性文化事业，通过加大投入和给予政策支持鼓励并保障它们提升自身实力和增强发展活力。具体而言，就是“坚持和完善支持文化公益事业发展的政策措施，扶持党和国家重要的新闻媒体和社会科学研究机构，扶持体现民族特色和国家水准的重大文化项目和艺术院团，扶持对重要文化遗产和优秀民间艺术的保护工作，扶持老少边穷地区和中西部地区的文化发展。加强文化基础设施建设，发展各类群众文化。积极推进卫生体育事业的改革和发展，开展全民健身运动，提高全民健康水平”②。不过，在现实操作中，由于体制机制的惯性、文化发展的复杂性和各

① 提出公共图书馆的目的，是与归属于学校、科研院所和企业的图书馆相区分。见顾廷龙．加快上海公共图书馆事业发展的一些看法[C]//中共上海市委宣传部研究室．上海文化发展战略研究．上海：上海人民出版社，1987：75.

② 全面建设小康社会，开创中国特色社会主义事业新局面[EB/OL]．[2023-08-03]．https：//www.gov.cn/test/2008-08/01/content_1061490.htm.

地经济发展水平、重视程度不一，加上社会各界对经营性文化和公益性文化内涵和外延的理解有偏差，文化体制改革的进展并不顺畅。因此，在“计划经济时代建立起来的文化事业体制中还混杂着文化行政管理单位、公益性文化事业单位和经营性文化单位，三者的功能、相互关系，以及由此引出的一系列重要问题还没有得到全面厘清”的情况下，用“公共文化服务体系”这一概念来确定社会主义市场经济条件下公益性文化的范围和边界、结构和运行机制，既是实践层面的创新，也使其在理论逻辑层面具有合理性。①

无论是作为学术话语还是文化类型，2004 年对于“公共文化服务”都是比较重要的一年——2004 年以后，“公共文化”一词日渐成为官方文件的关键词，“公共文化服务”“公共文化服务体系”“公共文化服务能力”和“公共文化服务体系建设”也屡屡成为文化发展、文化建设的主要内容。

2004 年 4 月，国家发展和改革委员会颁布了《关于 2004 年经济体制改革的意见》，其中明确要求“加快文化体制改革”。“加快文化体制改革”的具体内容主要有：继续进行文化体制改革试点；加快推进文化行政管理部门的职能转变，逐步实现管办分开；深化公益性文化事业单位劳动人事、收入分配和社会保障制度改革；建立健全公共文化服务体系；加快文化产业发展和经营性文化产业单位改制步伐；积极探索国有经营性文化资产管理模式，建立资产经营责任制；进一步放宽文化领域的市场准入，鼓励民间资本进入文化产业等。② 这是“公共文化服务体系”③这一概念的首次亮相。

之后，公共文化服务及其体系建设备受各级政府重视，成为省域和各城市经济社会发展的重点工作和衡量经济社会发展水平的主要指标。2005 年 10 月举行的党的十六届五中全会，提出要“加大政府对文化事业的投入，逐步形成覆盖全

① 荣跃明．公共文化的概念、形态和特征[J]．毛泽东邓小平理论研究，2011(3)：38-45.

② 国家发改委关于 2004 年经济体制改革的意见[J]．江苏企业管理，2004(5)：5-8.

③ 叶辛，蒯大申．城市文化研究新视点[M]．上海：上海社会科学院出版社，2008：69-79. 上海市的文化学者在全国率先提出了“公共文化服务体系”的建设构想。作为新世纪上海城市文化建设实践的创新形式，各级政府投入财政资金，推进社区文化活动中心、东方文化艺术指导中心、东方社区信息苑、东方社区学校、东方宣教中心等公共文化设施的建设。

社会的比较完备的公共文化服务体系”。2006年9月发布的《国家“十一五”时期文化发展规划纲要》，首次将“公共文化服务”纳入国家五年发展规划。《国家“十一五”时期文化发展规划纲要》的第三部分“公共文化服务”，明确提出要“切实把政府的职能由主要办文化转到社会管理和公共服务上来”，以“实现和保障公民基本文化权益、满足广大人民群众基本文化需求”为目标，切实落实公共文化服务均等原则。“公共文化建设”部分的第一点，是要“完善公共文化服务网络”。其中，国家层面“公共文化服务网络”建设的主要内容，一是建设一批代表国家文化形象的重点文化设施，推进文化信息资源共享工程等重大文化工程建设，加大对重要社科研究机构、体现民族特色和国家水准的艺术院团和承担政治性、公益性出版任务的出版单位的扶持力度；二是加强对大中城市图书馆、博物馆和文化馆(中心)等公共文化设施的建设；三是巩固县有图书馆和文化馆，基本实现乡镇有综合文化站、行政村有文化活动室；四是加强各级广播电视无线发射转播台(站)的维护，确保其能够正常运行；五是在中西部及其他老少边穷等地广人稀的地区配备流动文化服务车，建设流动服务网络。① 这一阐述，不仅描绘了“公共文化服务网络建设”的路线图和施工图并使之成为此后一段时期文化建设的重点工作②，而且成为各省市、各城市公共文化建设的基本指南。

2007年6月16日，胡锦涛主持召开专门研究公共文化服务体系建设的中共中央政治局会议。会议强调，“当前，要大力加强重大公益性文化工程建设，认真组织实施广播电视村村通、全国文化信息资源共享、乡镇综合文化站和基层文化阵地建设、农村电影放映、农家书屋建设等公共文化服务工程”③。8月21日，中共中央办公厅、国务院办公厅联合下发《关于加强公共文化服务体系建设的若干意见》，标志着公共文化服务体系的构建驶入快车道。《关于加强公共文化服务体系建设的若干意见》明确提出了“加快建立覆盖全社会的公共文化服务体系”

---

① 国家“十一五”时期文化发展规划纲要[EB/OL]. [2023-08-03]. https://www.gov.cn/jrzg/2006-09/13/content_388046_5.htm.

② 国家“十一五”时期文化发展规划纲要[EB/OL]. [2023-08-03]. https://www.gov.cn/jrzg/2006-09/13/content_388046_5.htm.

③ 胡锦涛主持会议研究加强公共文化服务体系建设[EB/OL]. [2024-01-20]. https://www.gov.cn/ldhd/2007-06/16/content_651021.htm.

的要求，并要求各级党委和政府要提高对公共文化服务体系建设重要性的认识，要认识到建立健全公共文化服务体系是维护好、实现好、发展好人民群众基本文化权益的主要途径，对于促进人的全面发展、提高全民族的思想道德和科学文化素质和建设富强民主文明和谐的社会主义现代化国家具有重要的意义。党的十七大报告《高举中国特色社会主义伟大旗帜 为夺取全面建设小康社会新胜利而奋斗》，把“覆盖全社会的公共文化服务体系基本建立，文化产业占国民经济比重明显提高、国际竞争力显著增强，适应人民需要的文化产品更加丰富”确定为全面建设小康社会的重要战略目标之一。

2011 年 10 月，党的十七届六中全会审议通过《中共中央关于深化文化体制改革、推动社会主义文化大发展大繁荣若干重大问题的决定》，把“文化事业全面繁荣，覆盖全社会的公共文化服务体系基本建立，努力实现基本公共文化服务均等化”确定为（到 2020 年）文化改革发展的重要目标之一，并要求“要以公共财政为支撑，以公益性文化单位为骨干，以全体人民为服务对象，以保障人民群众看电视、听广播、读书看报、进行公共文化鉴赏、参与公共文化活动等基本文化权益为主要内容，完善覆盖城乡、结构合理、功能健全、实用高效的公共文化服务体系”，明确了公共文化服务体系建设在当前文化发展中的战略性地位。

2012 年 2 月发布的《国家“十二五”时期文化改革发展规划纲要》，再一次将“覆盖全社会的公共文化服务体系基本建立，城乡居民能够较为便捷地享受公共文化服务，基本文化权益得到更好保障”写入基本目标。

党的十八大对全面建成小康社会和扎实推进社会主义文化建设作出重大部署，明确指出：全面建成小康社会，实现中华民族伟大复兴，必须推动社会主义文化大发展大繁荣，兴起社会主义文化建设新高潮，提高国家文化软实力，发挥文化引领风尚、教育人民服务社会、推动发展的作用。发展公共文化的举措，一方面，要坚持面向基层、服务群众，加快推进重点文化惠民工程，加大对农村和欠发达地区文化建设的帮扶力度，继续推动公共文化服务设施向社会免费开放；另一方面，要加强重大公共文化工程和文化项目建设，完善公共文化服务体系，提高服务效能。

党的十八届三中全会于 2013 年 11 月 9 日在北京举行，全会审议通过了《中共中央关于全面深化改革若干重大问题的决定》。具体到文化发展深化改革这一问题，全会提出了“建设社会主义文化强国，增强国家文化软实力”的文化发展总体目标；确定了“四个坚持”的进一步深化文化体制改革的指导思想，即“坚持社会主义先进文化前进方向，坚持中国特色社会主义文化发展道路，培育和践行社会主义核心价值观，巩固马克思主义在意识形态领域的指导地位，巩固全党全国各族人民团结奋斗的共同思想基础。坚持以人民为中心的工作导向，坚持把社会效益放在首位、社会效益和经济效益相统一，以激发全民族文化创造活力为中心环节”。在文化管理体制的深化改革方面，要求按照政企分开、政事分开的原则，推动政府部门由“办文化”向“管文化”方向转变，推动党政部门与其所属的文化事业单位、企业单位进一步理顺关系。要在党委和政府系统建立国有文化资产的监管机构，打造人、事、资产、导向四位一体的监管模式和监管体制。全会还把“构建现代公共文化服务体系”作为推进文化体制机制创新的主要任务之一，具体内容包括：建立公共文化服务体系建设协调机制，统筹服务设施网络建设，促进基本公共文化服务标准化、均等化；建立群众评价和反馈机制，推动文化惠民项目与群众文化需求有效对接；整合基层宣传文化、党员教育、科学普及、体育健身等设施，建设综合性文化服务中心；明确不同文化事业单位功能定位，建立法人治理结构，完善绩效考核机制；推动公共图书馆、博物馆、文化馆、科技馆等组建理事会，吸纳有关方面代表、专业人士、各界群众参与管理；引入竞争机制，推动公共文化服务社会化发展。全会还鼓励社会力量、社会资本参与公共文化服务体系建设，培育文化非营利组织。文化管理体制的深化改革聚焦加快建设社会主义文化强国，推进文化体制改革向纵深发展，进一步释放了社会主义先进文化创新创造活力。为了配合文化管理体制的深化改革，中央及各相关部门推出在很短的时间里密集地出台了30余种文件和政策，涉及国有文化资产管理、文艺创作、文艺评奖、媒体融合、新型智库、文化贸易、文化金融、文化市场、文化财税等方面，搭建了文化体制改革的“四梁八柱”，也促成了文化事业百花争艳、生机勃勃的喜人景象和文化产业百舸争流、千帆竞发的壮美风姿局面的形成。

2015年1月14日，中共中央办公厅、国务院办公厅联合印发《关于加快构建现代公共文化服务体系的意见》。意见分为“总体要求”“统筹推进公共文化服务均衡发展”“增强公共文化服务发展动力”“加强公共文化产品和服务供给”“推进公共文化服务与科技融合发展”“创新公共文化管理体制和运行机制”“加大公共文化服务保障力度”7部分26条，内容丰富，涉及面广，全方位推进了公共文化服务的高品质建设和均衡发展。更为重要的是，针对城乡差别和各个地方的实际情况，该意见制定了国家基本公共文化服务的统一指导标准，供各地根据自己的实际情况参照执行，发挥了指导和引领的作用。

2016年12月25日，第十二届全国人民代表大会常务委员会第二十五次会议通过了《中华人民共和国公共文化服务保障法》并于次年3月正式实施。该法共6章65条，在“总则”部分，先明确了“公共文化服务”的内涵，即公共文化服务指的是“由政府主导、社会力量参与，以满足公民基本文化需求为主要目的而提供的公共文化设施、文化产品、文化活动以及其他相关服务”。接着，明确了该法制定的目的、基本原则、建设主体和建设基本要求。① 在此基础上，重点就公共文化“设施建设与管理”和“服务提供”两个方面的内容作了明确的规定。《中华人民共和国公共文化服务保障法》规定“县级以上地方人民政府应当将本行政区域内的公共文化设施目录及有关信息予以公布”，即对属地内的图书馆、博物馆、文化馆(站)、美术馆、科技馆、纪念馆、体育场馆、工人文化宫、青少年宫、妇女儿童活动中心、老年人活动中心、乡镇(街道)和村(社区)基层综合性文化服务中心、农家(职工)书屋、公共阅报栏(屏)、广播电视播出传输覆盖设施、公共数字文化服务点等用于提供公共文化服务的建筑物、场地和设备的建设，

① 制定并颁布实施《中华人民共和国公共文化服务保障法》是“为了加强公共文化服务体系建设，丰富人民群众精神文化生活，传承中华优秀传统文化，弘扬社会主义核心价值观，增强文化自信，促进中国特色社会主义文化繁荣发展，提高全民族文明素质”。公共文化服务发展的基本原则是，一是“坚持社会主义先进文化前进方向，坚持以人民为中心，坚持以社会主义核心价值观为引领”；二是“当按照‘百花齐放、百家争鸣’的方针，支持优秀公共文化产品的创作生产，丰富公共文化服务内容”。公共文化服务体系的建设主体是县级以上人民政府；建设原则是“将公共文化服务纳入本级国民经济和社会发展规划，按照公益性、基本性、均等性、便利性的要求，加强公共文化设施建设，完善公共文化服务体系，提高公共文化服务效能”。

“纳入本级城乡规划，根据国家基本公共文化服务指导标准、省级基本公共文化服务实施标准，结合当地经济社会发展水平、人口状况、环境条件、文化特色，合理确定公共文化设施的种类、数量、规模以及布局，形成场馆服务、流动服务和数字服务相结合的公共文化设施网络”。在“公共文化服务提供”方面，该法规定“各级人民政府应当充分利用公共文化设施，促进优秀公共文化产品的提供和传播，支持开展全民阅读、全民普法、全民健身、全民科普和艺术普及、优秀传统文化传承活动”。其中，在国家层面支持开发数字文化产品，推动利用宽带互联网、移动互联网、广播电视网和卫星网络提供公共文化服务；统筹规划公共数字文化建设，构建标准统一、互联互通的公共数字文化服务网络，建设公共文化信息资源库，实现基层网络服务共建共享；重点增加农村地区图书、报刊、戏曲、电影、广播电视节目、网络信息内容、节庆活动、体育健身活动等公共文化产品供给，促进城乡公共文化服务均等化。该保障法还规定，公益性文化单位应承担完善服务项目和丰富服务内容职责，向公众提供免费或者优惠的文艺演出、陈列展览、电影放映、广播电视节目收听收看、阅读服务、艺术培训；基层综合性文化服务中心应负责建立完善的公共文化服务网络，为公众提供书报阅读、影视观赏、戏曲表演、普法教育、艺术普及、科学普及、广播播送、互联网上网和群众性文化体育活动等公共文化服务。《中华人民共和国公共文化服务保障法》致力于解决公共文化设施建设、服务和产品提供、运行机制、财政投入、监督评价等方面存在的制度性保障缺乏的问题，进一步规范和界定了各级政府在公共文化服务中的责任和义务，为各级政府确保行政权力不越位、不错位、不缺位提供了法律依据。

党的十九大、二十大报告对文化建设的表述，进一步体现了新时期公共文化及其服务体系建设与时俱进的要求。党的十九大明确提出了“激发全民族文化创新创造活力，建设社会主义文化强国”的目标，而建设社会主义强国的基本思路，是在继承革命文化的基础上发展社会主义先进文化，推动中华优秀传统文化的创造性转化和创新性发展。对于公共文化建设，党的十九大报告要求积极推动文化事业发展。具体而言，就是要深化文化体制改革，完善文化管理体制，加快构建把社会效益放在首位，坚持社会效益和经济效益相统一的体制机制；完善公共文化服务体系，深入实施文化惠民工程，丰富群众性文化活动；要提高“丰富的精神食粮”的供给能力，满足人民过上美好生活的新期待。

党的二十大报告提出“推进文化自信自强，铸就社会主义文化新辉煌”，认为“中国特色社会主义文化发展道路”是全面建设中国式现代化国家的重要支撑。在繁荣发展文化事业方面，主要内容包括：坚持以人民为中心的创作导向，推出更多增强人民精神力量的优秀作品，培育造就大批德艺双馨的文学艺术家和规模宏大的文化文艺人才队伍；坚持把社会效益放在首位、社会效益和经济效益相统一，深化文化体制改革，完善文化经济政策；实施国家文化数字化战略，健全现代公共文化服务体系，创新实施文化惠民工程。

经过多年的持续推进和建设，公共文化建设对于中国式现代化建设、对于城市发展和人的全面发展的重要性越来越突出。国家公共文化服务体系的建设也日益完善，城乡基本实现了公共文化服务体系的全覆盖。公共文化发展的规模化、品质化、数字化水平越来越高，公共文化服务体系的公益性、基本性、均等性和便利性已经实现。

二、新时期公共文化服务体系的内涵

公共文化服务的理论萌芽，可以追溯到“新公共服务”运动。20 世纪 80 年代，英国、新西兰等西方国家掀起了一场被称为“新公共管理”①的政府改革运动。这场改革运动在 20 世纪 90 年代几乎蔓延到所有的发达工业国家和一些发展中国家。但与此同时，对该理论缺陷的反思与批判也未停止，并逐渐形成了一种

① 傅才武．中国公共文化服务的理论范式与政策逻辑[J]．人民论坛，2019(11)：133．新公共管理理论(New Public Management)是指包括重塑政府和新管理主义在内的一系列思想和实践活动，其核心内容是力图将私营部门和工商企业的管理方法用于公共部门管理。与之相适应，西方发达国家发起了“新公共管理运动”，即通过在政府管理中引进企业管理常用的经济理性主义，依托新的信息技术和政府流程再造，按照“经济、效率、效益”三原则重新定义公共行政管理结构，重构政府、市场和社会关系。为此，国家应该引进“非国有化”“自由化”和“压缩式管理”等管理方法，配套推行政府业务合同出租、建立政府部门与私营企业的伙伴关系等措施。

新的公共行政理论——新公共服务理论。美国著名公共管理学家罗伯特·B. 丹哈特（Robert B Denhardt）、珍妮特·V. 丹哈特(Janet Vinzant Denhardt)夫妇从2000年至2003年，通过对世界各国开展的“新公共管理”运动的理性反思和批判，建构了系统的“新公共服务”理论。“新公共服务”理论认为，公共管理者在其管理公共组织和执行公共政策时应该集中于承担为公民服务和向公民放权的职责，他们的工作重点既不应该是为政府航船掌舵，也不应该是为其划桨，而应该是建立一些明显具有完善整合力和回应力的公共机构。从本质上说，新公共服务是指关于公共管理在以公民为中心的治理系统中所扮演的角色的一套理念，其基本观点包括：①政府的职能是服务而不是掌舵；②公共利益是目标而非副产品；③在思想上要具有战略性，在行动上要具有民主性；④为公民服务，而不是为顾客服务；⑤责任并不简单；⑥重视人，而不只是重视生产率；⑦公民权和公共服务比企业家精神更重要。① 综合来说，新公共服务追求的是为公共利益提供负责任的服务，提供公共服务的过程体现的是公民共性的文化需要。

2000年之后，世界范围内民主及民主化的思想和行动得到进一步的普及和发展，“公民权利”获得了极大的重视。在政治民主化过程中，“国内政治的焦点又一次转到如何实现公民民主权利的问题上来，各国政府纷纷采取各种措施保障公民的权利，促进民主政治的进一步发展”②。与传统行政管理理论将政府置于中心位置而致力于改革完善政府本身不同，“新公共服务”理论将公民置于整个治理体系的中心，强调政府治理角色的转变即由掌舵到服务。新公共服务理论推崇公共服务精神，重视公民社会与公民身份，重视政府与社区、公民之间的沟通与合作共治。尽管国外学者在观点上还存在某些分歧，但他们观点中的诸多共识将新公共服务理论与传统公共行政和新公共管理理论区别开来，从而在传统公共行政管理领域中形成一种新的管理模式或管理理念。政府在公共服务中的角色是政策制定，而不是主要提供直接服务——因为政府提供的公共服务总体上比较低效，而摆脱困境的最好出路是建立公私并存的服务机构并鼓励它们之间展开竞

① 辛静．新公共服务理论评析[D]. 长春：吉林大学，2008：6.

② 辛静．新公共服务理论评析[D]. 长春：吉林大学，2008：48.

争。此后，一些国家的公共服务供给开始探索民营化改革，利用民间部门高效率、低成本地提供必需的公共服务。

同样，国内学者在引进“新公共服务”理论的过程中，也对其中的一些关键概念及其内涵存在分歧。值得一提的是，我国政府正在持续推进公共文化服务领域的法律规范和制度建设。2013 年，党的十八届三中全会做出构建现代公共文化服务体系的战略部署，促进基本公共文化服务标准化、均等化被列为公共文化领域重点改革任务。2015 年初，中办、国办联合印发《关于加快构建现代公共文化服务体系的意见》，明确了建立基本公共文化服务标准体系的发展目标，同时出台了我国第一个国家层级的基本公共文化服务指导标准。

表 2-1　国家基本公共文化服务指导标准（2015—2020 年）“服务项目与内容”①

项目	内容	标　　准
基本服务项目	读书看报	1. 公共图书馆（室）、文化馆（站）和村（社区）（村指行政村，下同）综合文化服务中心（含农家书屋）等配备图书、报刊和电子书刊，并免费提供借阅服务 2. 在城镇主要街道、公共场所、居民小区等人流密集地点设置阅报栏或电子阅报屏，提供时政、“三农”、科普、文化、生活等方面的信息服务
	收听广播	3. 为全民提供突发事件应急广播服务 4. 通过直播卫星提供不少于 17 套广播节目，通过无线模拟提供不少于 6 套广播节目，通过数字音频提供不少于 15 套广播节目
	观看电视	5. 通过直播卫星提供 25 套电视节目，通过地面数字电视提供不少于 15 套电视节目，未完成无线数字化转换的地区，提供不少于 5 套电视节目

① 国家基本公共文化服务指导标准（2015—2020 年）[EB/OL]. [2023-10-02]. http://www.qinghai.gov.cn/msfw/system/2015/01/15/010148382.shtml.

续表

项目	内容	标　　准
基本服务项目	观赏电影	6. 为农村群众提供数字电影放映服务，其中每年国产新片(院线上映不超过2年)比例不少于1/3 7. 为中小学生每学期提供2部爱国主义教育影片
	送地方戏	8. 根据群众实际需求，采取政府采购等方式，为农村乡镇每年送戏曲等文艺演出
	设施开放	9. 公共图书馆、文化馆(站)、公共博物馆(非文物建筑及遗址类)、公共美术馆等公共文化设施免费开放，基本服务项目健全 10. 未成年人、老年人、现役军人、残疾人和低收入人群参观文物建筑及遗址类博物馆实行门票减免，文化遗产日免费参观
	文体活动	11. 城乡居民依托村(社区)综合文化服务中心、文体广场、公园、健身路径等公共设施就近方便参加各类文体活动 12. 各级文化馆（站)等开展文化艺术知识普及和培训，培养群众健康向上的文艺爱好
硬件设施	文化设施	13. 县级以上(含县级，下同）在辖区内设立公共图书馆、文化馆，乡镇(街道)设置综合文化站，按照国家颁布的建设标准等进行规划建设 14. 公共博物馆、公共美术馆依据国家有关标准进行规划建设 15. 结合基层公共服务综合设施建设，整合闲置中小学校等资源，在村(社区)统筹建设综合文化服务中心，因地制宜配置文体器材
	广电设施	16. 县级以上设立广播电视播出机构和广播电视发射(监测)台，按照广播电视工程建设标准等进行建设
	体育设施	17. 县级以上设立公共体育场；乡镇(街道)和村(社区)配置群众体育活动器材设备，或纳入基层综合文化设施整合设置
	流动设施	18. 根据基层实际，为每个县配备用于图书借阅、文艺演出、电影放映等服务的流动文化车，开展流动文化服务
	辅助设施	19. 各级公共文化设施为残疾人配备无障碍设施，有条件的配备安全检查设备

续表

项目	内容	标　　准
人员配备	人员编制	20. 县级以上公共文化机构按照职能和当地人力资源社会保障、编办等部门核准的编制数配齐工作人员 21. 乡镇综合文化站每站配备有编制人员 1~2 人，规模较大的乡镇适当增加；村(社区)公共服务中心设有由政府购买的公益文化岗位
	业务培训	22. 县级以上公共文化机构从业人员每年参加脱产培训时间不少于 15 天，乡镇（街道）和村（社区）文化专兼职人员每年参加集中培训时间不少于 5 天

根据《国家基本公共文化服务指导标准》(2015—2020 年)“服务项目与内容”，各级人民政府结合实际制定了基本公共文化服务标准或目录。

2017 年初颁布实施的《中华人民共和国公共文化服务保障法》，加速推进了公共文化服务体系建设。该法明确“公共文化服务”指的是由政府主导、社会力量参与，以满足公民基本文化需求为主要目的而提供的公共文化设施、文化产品、文化活动以及其他相关服务。具体来说，公共文化服务体系建设包括三个方面的内涵，一是政府或文化事业单位等公共部门和机构是公共文化的供给主体或至少是占据主导地位的供给主体。提供公共文化产品和服务是政府的核心职能之一，但并不意味着只有政府才能提供公共文化服务。实际上，吸纳社会资本进入公共文化服务领域、打造政府主导、社会力量参与、市场化运作的多元化服务体系，是文化体制改革的主要目标之一。二是建设目的主要是满足社会的公共文化需求和公民的公共文化权利，追求的是文明社会的建立和人的全面发展。三是公共文化服务体系是一个以公共文化建设为核心的自洽的系统，涵盖文化基础设施建设和政策法规体系、组织机构、人才经费等在内的制度及其运行。在这些方面的深入阐释和探索，初步形成了中国特色公共文化服务理论体系。至此，我国现代公共文化服务体系建构的战略规划逐渐完备，制度框架基本形成。

2021 年 3 月 30 日，国家发展和改革委员会联合中央宣传部、教育部、民政部、司法部、财政部、人力资源和社会保障部、住房和城乡建设部、文化和旅游部、国家卫生健康委等部门，印发并要求省级人民政府贯彻实施《国家基本公共服务标准(2021年版)》。在《关于印发〈国家基本公共服务标准(2021年版)〉的通知》中，明确要求各地要结合实际抓紧制定与国家标准和行业标准规范充分衔接的、属地基本公共服务具体实施标准，进一步细化充实本地区的相关服务标准和服务流程，确保国家标准落地落实；同时，要求各地要充分利用政府公报、政府网站、新媒体平台等，及时公开各项基本公共服务标准，畅通意见建议反馈渠道，方便群众获取信息、参与标准监督实施、维护自身权益。《国家基本公共服务标准(2021年版)》致力于解决公共文化服务城乡一体化发展中的问题，完善农村文化基础设施网络、增加农村公共文化服务总量供给和缩小城乡公共文化服务差距等建设举措，为弥补发展的突出短板奠定了坚实的基础。

第二节　宁波公共文化服务体系建设历程

公共文化建设的质量和公共文化服务体系，是衡量一个城市现代化程度和文明程度的重要指标之一。图书馆、美术馆、展览馆、文化馆、博物馆等具有公益性、基本性、均等性和便利性的公共文化设施数量的多寡和质量的好坏、服务水平的高低和分布是否均衡，是城市文化软实力中的基础部分。市民可以便捷地获得读书看报、听广播和看电视的机会，这表面上看是为了保障自己的基本文化权益，但更深远的意义在于通过公共文化服务可以显著提升市民的素质，进而提升城市的文明程度。也就是说，市民如果能够便捷地、经济地获得城市提供的公共文化产品和服务，意味着公共文化不仅可以给市民的日常生活添彩，而且可以满足市民的精神文化需求，市民的能力和素养也必然因此而显著提高。与此相适应，市民能力和素养的持续提升，也必然为城市的经济社会发展和文明程度提供有力的支撑。从这个意义上说，构建和完善公共文化服务体系，是文化强市建设的基石，对于现代化大都市建设具有重要意义。

一、加速公共文化服务设施均等化、便捷化布局

公共文化服务设施既是文化建设的重要载体和支撑，又是公共文化服务体系

构建的依托。为推进公共文化服务设施建设，宁波市主要采取了三个方面的举措：一是把公共文化服务设施建设纳入宁波市国民经济和社会发展的中长期规划和年度工作计划。具体措施包括实现规划研究、规划制定到规划落实的相互衔接，着力加强公共文化服务设施的布局；加强统筹协调，充分考虑思想宣传、基层动员、科技普及、地方文化传播、体育健身以及其他基层便民服务功能的有机统一和综合利用；结合城镇化进程和人口分布情况，做好公共文化服务设施的合理布局和均衡布局，在公共文化服务设施的选址方面充分考虑目标受益群体的便捷性和实际需求。二是在城乡规划中优先考虑公共文化服务设施的用地需求，在城乡居民人口密度较大的区域预留充分的公共建设用地，确保公共文化服务设施建设的土地供给充裕。三是各级政府根据公共文化设施建设规划需要，进一步加大财政投入力度和鼓励社会力量参与，不断完善基本公共文化服务所需的设施条件，重点支持基层群众实际需要的文化服务设施的建设和维护，努力实现基本公共文化服务设施建设的均等化和便利化。宁波市近几次党代会报告、五年发展规划和"两会"上的政府工作报告对公共文化服务设施建设目标和工作举措的表述，均围绕上述三个方面展开。

其中，标志性文化设施建设是公共文化服务设施的重要组成部分，对于深化宁波公共文化服务体系建设、提升城市整体形象等具有重要意义。宁波市已拥有宁波市图书馆、宁波美术馆、宁波书城、宁波大剧院、逸夫剧院、宁波音乐厅、宁波市博物馆、天一阁博物馆、保国寺古建筑博物馆、宁波帮博物馆、宁波文化广场、和丰创意广场等一批标志性文化设施。2022 年 8 月 26 日召开的中共宁波市委文化工作会议暨打造全国文明典范之都推进大会，又发布了计划建设的"十大文化设施项目"，即天一阁博物院南馆、河姆渡博物院、河海博物馆、宁波博物院主馆、宁波市文化馆新馆、宁波市非物质文化遗产馆、宁波市少年儿童图书馆、宁波市新音乐厅、宁波演艺中心和王阳明纪念馆。标志性文化服务设施的建设，不仅为市民提供内容丰富、形式多样的文化产品和服务的能力明显增强，而且极大地改善了城市举办展览、举行演艺活动和接待参观的硬件条件，进而大幅提升了城市的品质和形象。

党的十八大以来，宁波城市公共文化建设每年有重点并扎实推进，成效尤为显著。2013 年，宁波市启动公共文化示范区（项目）创建活动，积极推进公共文化服务的制度化、标准化、规范化建设，首批创建市级公共文化示范区 5 个、示范项目 10 个；所有的县（市）区全部成功创建浙江省文化先进县（市）区。2014 年，宁波率先在全国开展以乡镇（街道）为单位的公共文化示范区和公共文化示范项目创建工作，余姚市泗门镇、镇海区招宝山街道、鄞州区横溪镇、慈溪市周巷镇、象山县石浦镇 5 个乡镇（街道）入选首批宁波市公共文化示范区。鄞州区邱隘镇的“文化义工队伍建设”、北仑区白峰镇的“完善文化设施网络，打造 15 分钟文化圈”；江北区甬江街道的“‘潮起甬江’企业文化工程”、象山县鹤浦镇的“海岛文化建设”、海曙区鼓楼街道的“老墙门故事文化”等 10 个项目入选首批宁波市公共文化示范项目。宁波市还组织开展品牌群众文化活动，评选出 40 个群众性文化活动优秀品牌和 70 支优秀基层业余文艺团队。2015 年，制定《宁波市基本公共文化服务标准（2015—2020）》和《宁波市基本公共文化服务保障标准（2015—2020）》；组织开展第二批市级公共文化示范区（项目）创建工作，深化省级公共文化服务体系综合示范项目创建工作；打造了以农村文化礼堂为代表的基层综合文化服务中心；完善城乡演出院线运行方式，加盟剧场数量明显增多。2016 年，继续推进市级公共文化示范区（项目）创建工作，完善公共文化服务体系建设协调组工作机制；开展宁波市公共文化服务体系建设社会化课题研究和标准体系建设研究，制定宁波市政府购买公共文化服务实施目录。2017 年，深入研究供给侧公共文化配送机制的结构性改革，搭建供给需求对接平台，鼓励和引导更多的民间资本投入公共文化建设；坚持公共文化设施建设和管理使用并重，规范各级各类公共文化设施服务项目和管理流程；健全完善市和区县（市）公共文化服务体系建设协调组工作机制，推动和加强公共文化服务体系跨部门、跨领域共建共享和融合发展；制定《宁波市引导城乡居民扩大文化消费试点工作实施方案》，引导城乡居民扩大文化消费试点，更好地满足人民群众精神文化需求，推动文化消费成为新的经济增长点。2018 年，推进基本公共文化服务标准化、均等化建设；重点推进宁波市综合文化站规范化建设，推动文化标识上墙和公开文化服务菜单，增强文化站的辨识度和活动的知晓率，提升文化站品牌形象；以新的理念、新的服务方式，全面提升公共图书馆的服务功能与服务水准。2019

年，宁波所有区县(市)完成公共文化省定标准建设任务，90%以上的区县(市)达到市定公共文化服务标准；开展乡镇文化站服务效能专项治理，按“四个基本”要求抓好乡镇(街道)综合文化站效能提升，进一步规范基层公共文化服务设施和机构的运行。2020年，着重提升基层公共文化服务水平。进一步推进基层综合文化站标准化建设，做好第七次文化站评估定级工作；着力打造具有地方特色的文化团队，丰富人民群众的精神文化生活；继续实施“天然舞台”送戏下乡，品牌文化活动进农村文化礼堂等文化惠民工程；提升乡镇街道图书馆服务水平，80%以上乡镇街道图书馆达到一级馆标准；建立健全市、县、乡镇三级对农宣传体系。2021年，高标准修订了《宁波市基本公共文化服务标准》(2021年版)，深化公共文化场馆服务大提升工作，创建满意文化馆和满意图书馆；进一步推行“一人一艺”乡村计划，拓展艺术普及覆盖面，在乡镇街道文化站和村文化礼堂，定期开展艺术普及工作，发挥好“全民艺术普及示范推广中心”的示范作用。

公共文化服务设施的均等化和便利化建设，极大地改善了市民的生活品质。宁波市在全国率先提出“15分钟文化活动圈”概念，以“就近+就便”为原则，积极建设公共文化服务设施网络，成效显著。以鄞州区为例，到2022年8月，该区已高质量建成106个“15分钟品质文化生活圈”，惠及340多个村社。为了合理规划城市角落用地、美化城市环境，宁波市还积极推进“口袋公园”建设，见缝插绿、融文于景、就地取材，提高了市民尤其是老小社区市民的满意度和幸福感，也使市民提升自身文化素养乃至文明程度有了坚实的支撑。

二、推进城乡公共文化服务体系一体建设

深入推进城乡公共文化服务标准化建设和全面落实国家基本公共服务标准，是推进城乡公共文化服务体系一体建设的主要抓手。宁波已逐步建立市、区县(市)、乡镇(街道)、行政村(社区)四级公共文化设施网络。区县(市)都建有文化馆和图书馆，乡镇(街道)和行政村(社区)大多设有综合文化站和文化活动场所。随着有线广播电视网络全覆盖、养老机构数字电视接入服务、广播电视“低保工程”和“进渔船工程”等建设任务的完成，宁波市基层公共文化设施网络逐步建成。在城镇公共文化服务体系、公共文化设施均等化建设日臻完善的基础上，

农村居民能够享受的公共文化服务也得到了显著的改善。

党的十八大以来，随着传播体制的不断探索和优化，宁波文化广播影视作品创作喜获丰收。2013年，宁波市演艺集团与中央歌剧院创排反映“宁波帮”精神的大型原创歌剧《红帮裁缝》，在全国主要城市巡演并获得文化艺术界和观众的好评；姚剧《五月杨梅红》、甬剧《安娣》、儿童剧《神奇的田螺壳》、越剧《绣球记》《十里红妆·风雨情》在浙江省十二届戏剧节决赛中获奖；《青青竹儿》《兵站故事》等7个作品获得第十六届全国“群星奖”；84件广播影视作品获浙江省政府奖。2014年，歌剧《红帮裁缝》获得全国第十三届精神文明建设“五个一工程”奖，甬剧《筑梦》获得浙江省第十二届精神文明建设“五个一工程”奖；小百花越剧团的《凤姐》、余姚越剧团的《探春》、宁海越剧团的《十里红妆·风雨情》、鄞州越剧团的《沈光文》在第三届中国越剧艺术节上获参演、展演剧目奖；《江南话语》《张苍水》等三部电视作品荣获中国广播影视大奖“星光奖”；《余姚日报》1件新闻摄影作品荣获中国新闻奖三等奖；46件广播影视作品获浙江省政府奖。2015年，“天然舞台”进广场、礼堂、剧院、电视等传播渠道得到了拓宽，如“天一讲堂”“天一阁书院”“群星展厅”“群星课堂”“讲座展览联盟”等公共文化服务品牌影响力进一步提升；群众性文化活动优秀品牌、优秀基层文艺团队等评选活动，促进了基层公共文化品牌知名度和美誉度的提升；“广播电视对农宣传服务”工程建设完成，“村村响、户户通”有了坚实的保障；建设市级农村应急广播中心，实现了全市农村应急广播体系的全覆盖。2016年，挖掘整理宁波本土资源，加大创作扶持力度，创排了越剧《凤冠霞帔》、歌剧《呦呦鹿鸣》、话剧《大江东去》等剧目；宁波交响乐团建设加快，合唱团的专业水准明显提高；宁波“海上丝绸之路”文化周、中国(宁波)农民电影节、2016浙江书展、阿拉音乐节等活动，彰显了宁波公共文化传播的实力和影响力；完成市级农村应急广播中心建设任务，建成市、区县(市)、乡镇(街道)、行政村(社区)四级联动的应急广播网络；完善农村电影固定放映点、公益电影放映基地绩效考核，推动乡镇多厅影院建设。2017年，围绕迎接党的十九大胜利召开、中国人民解放军建军90周年、香港回归祖国20周年等重要时间节点，组织开展文艺、美术创作和演出活动；继续实施“天然舞台”“天天演”“万场电影进农村”“送书下乡”“农家书屋”“你点我购”

“天一讲堂”等文化惠民项目；支持国有文艺院团和民营文艺团体进农村、进校园、进社区演出；组织文化特色镇(街道)评选，以“一镇一品”“一村一品”为抓手推进基层特色文化品牌建设；以“剧评基地”为基础、“宁波有戏”为平台，文化艺术研究机构建设扎实推进。2018年，深化全民艺术普及数字化建设，完善全民艺术普及评价指标体系，让更多市民享受全民艺术普及的成果；推进文化云数据中心建设，推动系统文化资源数字化工作，提升公共文化服务品质；宁波交响乐团积极创作有宁波特色的音乐作品，成为宁波城市的一张亮丽名片；《花木兰》《呦呦鹿鸣》《甬港往事》《主义之花》《暖城》《张人亚》等一大批文艺精品，彰显了宁波的实力；大力实施戏剧进校园工程，培养青少年观众，拓展优秀传统文化传播演绎渠道。2019年，组织创排反映伟大时代、讴歌美丽宁波的文艺作品卓有成效，《甬城故事》《红杜鹃》《邻舍隔壁》《藏书楼》《众家姆妈》《花木兰》《初心晨起·宣言》《浪漫村庄》等剧目社会反响好；以音乐季为引领，提升乐团的业务水平，以公开课、进校园、进企业、进乡镇普及展演，提升社会效益；通过开展文艺演出、摄影书画创作等活动，增添乡村旅游的文化内涵；推动公共图书馆、文化馆等公共文化机构服务向景区景点延伸。2020年，围绕迎接中国共产党成立100周年，庆祝全面建成小康社会，组织创排反映伟大时代、讴歌全面建成小康社会和美丽宁波的文艺作品；组织抗疫舞台、美术、书画等题材作品，开展线上线下展示展演活动，出版了《2020年全民艺术普及发展报告》，并成立全国唯一一个全民艺术普及推广示范中心；全市六城区社区文化中心全部建成图书室，并实现和市级图书馆的通借通还。2021年，扩展宁波文旅大数据展示功能，打造智慧文旅应用平台；构建网站、微信、微博协同，线上线下立体网络宣传矩阵，完善智慧管理强化平台应用；在乡镇(街道)文化站、村文化礼堂定期开展艺术普及工作，发挥“全民艺术普及示范推广中心”的示范作用，积极拓宽艺术普及覆盖面；全国优秀舞台剧目展演活动、千人大合唱、红色主题视觉艺术展览等群众文化活动和系列交响音乐会等活动，活跃了公共文化氛围。

在不到20年的时间里，宁波市遵循高质量发展要求，根据区域特色，坚持尽力而为和量力而行，建成了“内容无缺项、人群全覆盖、标准不攀高、财力有保障、服务可持续”的城乡公共文化服务体系。

三、传媒集团建设与融媒体改造基本成形

1996 年，为了更好地激发媒体活力和满足读者需要，中国开启了媒介集团化改革，报业集团、广播电视集团陆续成立。随着互联网的普及，传媒集团的网络化发展和数字化转型也如火如荼地推进。正是在这一背景下，宁波日报报业集团和宁波广播电视集团在千禧年之后相继成立并得到快速发展，直接推动了宁波传媒业的集团化建设和数字化转型。

（一）报业和广电集团的集团化发展和数字化转型

网络媒体的迅猛崛起给传统报业、广播电视业带来了直接的冲击。为了应对传媒技术的快速发展，报业和广电集团的集团化发展和数字化转型加速推进。宁波日报报业集团和宁波广播电视集团的先后成立，是宁波新闻业顺应潮流发展的主要举措。2002 年 6 月 21 日，国家新闻出版总署发文批准成立宁波日报报业集团；8 月 20 日，宁波日报报业集团正式挂牌，是全国首批 39 家报业集团之一，在全国城市党报中较早进入报业集团行列。集团成立之时，有《宁波日报》《宁波晚报》《东南商报》①3 家日报、《宁波经济》《文学港》两份杂志和中国宁波网等媒体，综合实力跻身全国地市级党报前列。2005 年 12 月，中共宁波市委批复同意组建报业集团公司并任命了集团公司的董事会组成人员，集团党委会与集团公司董事会合一，两块牌子，一套班子。集团按照新闻单位新闻业务和经营业务“两分开”的改革要求，实行独立核算、自主经营、自负盈亏的现代企业管理模式。2006 年 12 月 28 日，宁波日报报业集团有限公司完成全部法定程序并领取了企业法人营业执照，集团公司宣告正式成立。集团公司建有集团董事会和监事会，组织架构分为决策、管理、运营三个层面。集团党委和集团公司董事会是决策层。集团的主要经营职责是对授权经营的国有资产承担保值增值责任，对投资的企业

① 2000 年 12 月 7 日，《宁波侨乡报》改为《东南商报》。《宁波侨乡报》由宁波市侨办和侨联主办，开始时名为《侨讯选编》，后改为《宁波侨讯》；1988 年 5 月，又更名为《宁波侨乡报》，内部发行；1990 年 7 月，开始国内外公开发行；1992 年 1 月 1 日，改为对开旬报；1994 年 1 月，改为对开周报。曾发行到 64 个国家和中国港澳地区。

依法行使出资人的权利和承担责任。同时，集团被授予产权转让权、资产担保权、受益处置权与投资决策权4项权力。此外，市委宣传部、市委组织部、市文广新闻出版局和市国资委还组成领导小组，对集团实施以“社会效益优先并和经济效益相统一”为基本原则的系统考核。

成立之初，宁波日报报业集团即把“重塑市场主体，从事业法人向企业法人转变”作为改革的突破口。在运营层面，集团确定了采编和经营分离的体制，明确报业经营必须符合市场经济的规则和要求。在操作层面，集团有序推进了经营性业务的市场化步伐，其中的重点是将广告、印刷、发行等经营性部门转制为企业。2003年，原属事业单位的集团印务中心和东南商报社被列为浙江省文化体制改革试点。集团印务中心于2005年5月完成转制，成为独立的市场主体；《东南商报》的采编部分实行“三挂钩一脱钩”，即采编内设机构与行政编制脱钩、干部身份与行政职级脱钩、职工与事业身份脱钩和所有人员收入分配与岗位和业绩挂钩，完全打破了身份界限，引起了全国传媒业的关注。2009年12月，宁波市新华书店有限公司挂牌；2010年，注销了事业法人的宁波出版社在工商部门登记注册成为宁波出版社有限公司，原属于事业身份的员工均与出版社有限公司签订劳动合同。经过七八年的努力，集团经营性业务的市场化转型基本完成。

宁波日报报业集团按照“成本核算、预算管理、基数承包、超额分成”的要求，在各经济独立核算单位中实行经济责任制。集团将市委、市政府对集团的考核贯彻到责任制中，在赋予各单位经营、用人、分配和经费使用等自主权的基础上，要求独立核算单位承担舆论导向、出版质量、内部管理、资产增值、队伍建设等责任。经济责任制内涵不断完善，强调利润指标与战略引导相结合，兼顾利润指标和各单位的可持续发展；强调数量指标与综合考评的结合，注重考核媒体舆论引导力、市场竞争力，关注员工收入的提高和福利的改善，显著地提升了各方面的积极性与创造性。总体看来，这些被中国新闻界称作“宁波模式”的路径设计，得到了实效的验证：既提高了集团的管控力，有效避免了集而不团、“麻袋装土豆”的困境；又增强了各市场主体的活力和经营层面的动力，同时形成了良性的利益传导机制。①

2015年7月8日，甬派客户端上线运营，打响宁波日报报业集团改革融合发展的"第一枪"。它是宁波市唯一的"新闻+服务"手机客户端，是宁波日报报业集团根据中央、省市委关于"一市一端"的要求，做大做强移动互联网上新闻宣传和舆论引导主阵地、有效占领移动互联网新兴阵地的拳头产品，标志着报业集团形成了"一报一网一端"的党媒宣传体系。甬派客户端以"国家工作人员和城市利益攸关方"为主要目标，坚持"新闻+服务"理念，在及时供给新闻资讯的同时提供各种服务。在业务上，甬派客户端有四个首创：一是突出"新闻为王、服务为本"理念，从功能设计开发上强化新闻与服务并重，城市服务型App的特点非常明显；二是创新开发积分功能，如阅读、转发、评论均有积分可以抽奖兑换商品、手机话费等，想方设法增强用户黏性；三是打造手机问政服务平台，与民生E点通、天一论坛等民生服务互动平台充分融合，实现在线投诉留言，在线服务办理回复；四是设置读报功能，在客户端可以阅看当天《人民日报》《解放日报》《浙江日报》《宁波日报》等党报。由于内容丰富、福利与活动多、服务到位，甬派客户端成为党委政府的新"喉舌"、意识形态工作的新阵地、网上舆论引导的新渠道、服务人民群众的新平台，成为移动互联网时代打造的新媒体产品和创新网上舆论引导的新手段。

组建20年余来，宁波日报报业集团实现了从传统报业集团向现代文化传媒集团的跨越，集报刊出版、新媒体运营、图书出版发行和文化商业于一体，已发展成为多领域、长链条的文化传媒产业集群之一。

2003年3月28日，宁波广播电视集团成立，随即启动了集数字技术、信息技术、应用软件开发于一体的宁波数字电视集成播控平台项目。2005年，工程竣工，有线数字电视的整体平移工作因此完成。随后，宁波广播电视集团的数字化和网络化改造加速：2006年年底，启动了712台技术改造工程；2007年，数字电视开始双向化网络建设，移动电视开始试播；2008年，移动多媒体广播覆盖网络开始建设；2010年，电视播控改造工程、广播媒资系统相继完工，实现

① 何伟．会当中流击水践行三思三创——宁波日报报业集团十周年回顾与展望[J]．宁波通讯，2011(11)：22-25.

了电台不同功能网间的节目交换和信息共享；2011 年，宁波电视台一套、二套、三套视频信号在中国网络电视台(CNTV)落户，利用中国网络电视台的国家网络视听公共服务平台和其海内外庞大的镜像站点体系实现了全球落地；2012 年，支撑广播电台节目生产，由文稿中心、文稿播出、内网交互、电话查询、目录查询、媒资查询、新闻中心等子模块组成的综合信息平台广播综合业务平台于 9 月建成，宁波广电网于 12 月正式上线；2021 年，全新英语广播栏目 *Hearing NingBo*(《听见宁波》)上线试播。

根据中央和省、市委关于推进媒体融合向纵深发展、做大做强主流舆论要求，宁波广播电视集团通过资源整合、流程优化和平台再造，精心打造了以时政新闻为引领的重视听、强交互的宁聚客户端。2019 年 2 月 19 日上线的宁聚客户端，在内容生产和运营等方面有多项创新，如宁波首个云覆盖全媒体报料体系、宁波首个短视频即拍即传互动分享平台、宁波首个竖屏短视频 IP、浙江省首个一键@记者智能报料平台、全国首个智慧党建直播平台等。宁聚客户端统筹协调好传统广播电视资源和新兴媒体的关系，努力实现信息内容、技术应用、平台终端、管理手段共融互通，形成资源集约、结构合理、差异发展、协同高效的全媒体传播体系；推出有思想、有温度、有品质的优秀作品。由此宁聚客户端已经成长为辐射长三角地区的城市主流新媒体之一。

(二)县级媒体融合发展深度推进

中华人民共和国成立后，在接管和改造旧有报纸的基础上，各地先后办起了小型报纸。到 20 世纪 50 年代，为了适应农业合作化迅猛发展的形势，浙江省出现了解放后的第一个办报高潮，县级报也在各县党委的支持下纷纷创办。1955 年元旦，宁波创办首张县级报《慈溪报》(1958 年 9 月更名为《慈溪日报》)；1956 年 5 月 1 日，《宁海报》《奉化报》《鄞县报》《余姚报》《象山报》同日创刊。但是，由于各种原因，到 1961 年 2 月，浙江所有的县级报全部停刊。党的十一届三中全会之后，县级报逐渐复苏，到 80 年代末，恢复到“县县有日报”的局面。①

① 李骏．浙江县报百年史[M]．杭州：浙江大学出版社，2012：110，117，119，121，152.

2003 年 7 月，中共中央和国务院对全国报刊尤其是县级报进行整顿。整顿后，全国保留独立刊号和报名继续出版的县级报有 48 家，宁波市的《鄞州日报》《奉化日报》《余姚日报》和《慈溪日报》继续保留。2003 年年底，4 家县级报被宁波日报报业集团有偿兼并。

千禧年之后，各县级报积极数字化转型，新闻网站、微博、微信公众号、客户端和抖音号等新媒体陆续推出，形成了传播矩阵，在给用户提供新闻资讯的同时提供各种类型的政务服务。

1. 数字化转型进展顺利

数字化转型意味着通过加强互联网整合和满足移动化、智能化的新业务需求，传统媒体主动变革业务模式、技术手段及范围，进一步挖掘数据的意义和价值，从而提高传媒整体效益，创造新价值。宁波市县级媒体的数字化转型，始于 2005 年并迅速发展。以《鄞州日报》为例：

2005 年，鄞州日报社开设鄞州新闻网，并开通了微博、微信。

2011 年，组建了爱心联盟，积极吸粉引流，运用全媒体传播手段做好主题报道。

2012 年，鄞州网络问政平台上线运行，市民可以全天候、无障碍地反映各种问题，更多百姓的心声得到倾听和关注。该平台不仅可以集中报道自采稿件，而且可以大规模地集纳其他媒体的稿件，在信息服务能力建设方面成效显著。

2017 年，鄞响客户端创办，其开设的频道逐年增加。

2019 年，成立县级融媒体中心，将属地报纸和客户端融合，使之成为基层社会治理平台。为响应中央的战略部署，从 2017 年起就推进县域内报刊、广播和电视的融合。2019 年，宁波市各区县市先后挂牌成立县级融媒体中心，实行报、台、网、端立体式运作。为了吸纳更多用户并增强用户黏性，各客户端的内容呈现不断创新，如鄞响客户端在 2022 年先后推出“响当当工作室”“鄞观察”等品牌栏目，实现了新闻可“听”的效果，由此引导各类媒体融合向纵深推进。

自 2020 年开始，宁波市各县级融媒体中心在学习强国、中国蓝、今日头条、抖音等平台建立了自己的舆论阵地，源源不断地利用新媒体平台提供新闻资讯。

建设融媒体中心，推进媒体融合发展，是大局所要、形势所趋、发展所需。

建设融媒体中心，接下去还有很长的路要走、要探索。要坚持党媒姓党，提升政治引导力。始终把牢正确的政治方向，不断增强“四个意识”、坚定“四个自信”、坚决做到“两个维护”；始终把牢正确的舆论导向，坚守习近平总书记提出的48字“职责和使命”，强化“报、台、网、微、端”深度融合，更好地当好党委政府的“喉舌”，让正能量更强劲、主旋律更高昂。

2. 媒体深度融合提质增效

机构媒体坚持移动化整体转型，主力军坚定挺进主战场。2021年，宁波日报报业集团通过内容生产流程再造，新媒体与纸媒形成资源整合、优势叠加的良性发展态势。甬派客户端扩容提质成效明显，注册用户突破400万大关，月均发稿量4000余条，品牌栏目发稿量质齐升，系列频道次第亮相；平台功能不断丰富，43个项目有效服务百姓民生。都市报系基本形成线上线下联动的传播格局，配视频稿件的占比已达95%，其中原创视频稿件占比达85%左右。一线采编人员均已掌握基本的视频拍摄及剪辑技巧，制作全媒体创新产品成为一种常态。通过实施移动化优先战略，集团融媒体产品的传播力、影响力明显提升。宁波广电集团“宁聚”用户数超200万，媒体融合指数保持全省前10名，并建立正能量事件宣传引导常态化机制，涌现出短视频播放量超38亿的“象山救鲸记”等一批现象级传播案例。“滨海宁波 扬帆世界”大型融媒传播行动通过组织全媒体大型新闻行动，推动全球滨海城市交流互鉴，全面展示了宁波的新气象、新担当和新作为，中央广播电视总台、光明日报社、新华网等国内重要媒体，美联社、日本共同社等海外重要媒体均有报道，传播效果覆盖140多个国家及地区，触达人群超2.5亿人次。

深度媒介化的社会正推动媒体融合向纵深发展。通过构建“新闻+政务+服务+商务”运营模式，县级融媒体成为距离基层群众最近的新型主流媒体和服务平台；通过聚集海量用户并建立用户黏性实现了渠道下沉和资源整合，县级融媒体日益成为基层治理中的主流舆论阵地、综合服务平台与社区信息枢纽。宁波的县级融媒体，可以实时掌握热点舆情、传播数据、民情公意、记者位置等信息，并通过这些信息聚合县域“视、播、报、网、端、微”媒体矩阵的后台数据，在强化与群众连接的同时，重塑了记者编辑的选题制作流程和评价体系，构建起社情监测的可视“界面”；可以通过强化数据感知或构建县乡村组“四级网络”，汇聚基层社情信息，以利于基层政府高效开展工作，用数据感知筑强基层治理的智慧“平台”；可以通过在自有平台上积极提供社会公用事业和生活服务功能菜单打造域内政务服务“一站通”，整合本地职能部门和乡镇服务大厅端口，汇聚各类本地生活服务项目，通过数据共享打造便捷政务服务的综合“入口”；可以通过数据为受众“画像”和智能推荐算法驱动数据的精准匹配，在内容分发上实现“千人千面”，使内容的生产与传播更加个性化、更具针对性，以提升信息服务的精细度和有效性，赋能社会协同的信息“枢纽”，进而重塑基层治理体系中的信息运行流程并大幅优化基层治理生态。县级融媒体中心的创新实践，以新闻凝聚共识，以服务集聚用户和组织群众，寓引导于服务之中，构建开放平台，形成了强大的社会连接能力；更重要的是，打通了信息壁垒，推动了数据共享，也改变了过去基层政府部门间信息条块分割的状态，确立起“以用户为中心”的服务理念，使自身成为域内政务服务的综合“入口”。

3. 重大新闻传播服务平台

在新的传播格局下，平台优势、渠道优势是决定性优势。2023 年 3 月 29 日，宁波重大新闻传播服务平台新甬派客户端正式启用。这一由宁波日报报业集团甬派客户端和甬上客户端合并而成的户端的上线，标志着宁波的媒体融合改革翻开了崭新的一页。“启动市级重大新闻传播平台，是加快省市县媒体一体化发展，构建全媒体传播格局的‘关键一步’，也是宁波争创市域样板，打造一流城市‘跻身第一方阵’的重要一环。”①相加不是目的，深融才是根本，甬派和甬上两个客户端合二为一，在体制机制上采取了一系列深化媒介融合改革的举措，如全面重塑组织架构、加速破解机制壁垒、深化采编流程再造、形成集约高效的内容生产体系和全媒体的传播链等，以加强对创新资源的科学配置，进而不断锻造融合新引擎，打造融合新场景，激发融合活力，不断优化新闻+政务、服务、商务的发展模式，为整体发展效果的实现奠定了基础。

---

① 宁波市级重大新闻传播服务平台启动，“新甬派”精彩亮相[EB/OL]. [2023-04-07]. http://nbjt.cnnb.com.cn/system/2023/04/07/030002830.shtml.

随着经济社会的大发展，宁波市在推进文化产业高质量发展、健全现代文化产业体系和市场体系，提供均等化的公共文化产品与服务等领域已取得了显著的成效。但是，与世界著名港城和国内一线城市相比，宁波的公共文化发展还面临着不少有待提升的问题。如公共文化服务体系建设中还存在政府力量单一、社会力量不足的状况，公共文化服务的市场化程度不够导致基层地区仍旧面临着文化事业经费投入不足、专业人才队伍规模偏小、文化基础设施建设滞后、城乡发展水平差距较大等现实困境，这些问题使得文化产品的供给和需求产生错位。公共文化产品供给在一定程度上出现了有效供给不足和无效供给过剩等现象，公共文化产品集中于城区导致公共文化服务供给不均衡，文化产品与市场需求的吻合度还存在一定差距，公共文化产品内涵不足，缺乏真正吸引人、打动人、感染人的文化产品……诸如此类的问题，在很大程度上限制了公共文化的均衡、高效发展。

第三节 新时期宁波公共文化高质量发展路径

宁波市的公共文化建设，已经摆脱了没有目的和缺乏规划的状态。新时代对高质量的公共文化建设提出了更高的要求，新媒体技术和媒介形态的快速迭代、城乡居民公共文化需求不断提高等环境的变化也要求进一步优化公共文化服务体系。充分利用好现有公共文化设施，努力理顺优质公共文化产品和服务的生产机制，是满足人们日益增长的精神需求的关键。

一、深化公共文化服务供给体系改革

坚持以政府为中心的宏观调控，同时兼顾市场层面的发展与需求，以不同领域、不同级别的文化业态对标不同的供给体系，是很多城市公共文化服务供给体系改革的基本思路。这一思路的优点，是政府既能够牢牢把控处于核心地位、占据意识形态主导地位的文化领域，又能够引导、鼓励非核心、新兴的文化领域进行合理化的市场运作。

深化公共文化服务供给体系改革，需要优先做好公共文化发展的顶层设计，

持之以恒地推进建设。例如，宁波市在公共文化设施建设方面，高水平建设天一阁博物馆南馆、河海博物馆、非物质文化遗产馆、新音乐厅、宁波市史前文物保护研究中心(河姆渡博物院)等重大文化设施项目，形成了一批有滨海城市特色的文化地标；完善基层公共文化设施网络，创新公共文化设施运行管理，打造了一批内涵丰富特色鲜明、群众喜爱的主题性文化礼堂。在打造文艺精品工程方面，不断推出反映宁波地方文化、体现宁波特色、彰显宁波精神的精品力作；健全文艺创作生产体制机制，加强文艺创作的规划引导、创作扶持、传播推广，提高主体性文艺创作组织化水平；大力扶持网络文学发展，引导推动网络文学、网络剧、微电影等新兴文艺类型健康有序发展。在强化高品质公共文化供给方面，推动新闻出版、广播影视、文学艺术的繁荣发展；借鉴新加坡“文艺复兴城市计划”经验，大力培育音乐会、歌舞剧、话剧、交响乐、艺术展等高品位文化艺术形态，推动高雅艺术进校园、进农村、进社区、进企业，更好地满足群众多样化的文化需求；加大对文化类社会组织的引导和扶持力度，鼓励社会力量参与公共文化服务体系建设，打造文化艺术节、旅游节等市域县域乡域村域特色文化品牌活动。

深化公共文化服务供给体系改革，需要完善公共文化服务管理机制。宁波在这方面取得了诸多成效，扎实推进城乡公共文化服务体系一体化建设，完善公共文化服务标准和保障标准动态调整机制；优化基层公共文化服务网络，建设高效便捷的“15 分钟品质文化生活圈”和“15 分钟文明实践服务圈”；健全公共文化服务供需对接机制，创新“菜单式”“订单式”公共文化服务；完善公共图书馆、文化馆、博物馆、科技馆、美术馆等公共文化机构法人治理结构，进一步提升管理水平和服务效能；完善标准化无障碍设施和关爱服务设施，加强公共文化场所应急体系和应急能力建设；优化博物馆发展布局，扶持非国有博物馆发展，支持国有博物馆上等级，加强智慧博物馆建设，进一步提高博物馆的公共服务和研究能力。

深化公共文化服务供给体系改革，需要创新公共文化服务工具。在满足公众对文化设施需求的基础上，宁波市利用文化科技融合，为公共文化服务提供创新性工具；推进公共文化设施智慧化改造，实施数字图书馆、数字文化馆、数字美术馆、数字博物馆等工程，以提升文化设施数字化建设水平。

二、营造城市公共文化新场景

城市不仅是地理空间，而且承载着与现代人息息相关的乡愁想象、经济业态、文化体验、生活方式和对未来的憧憬。越来越多的城市把公共文化空间的创新再造、城乡公共文化一体发展和新型公共文化空间建设，列入中长期发展规划，作为提升城市文明指数和城市形象、城乡居民生活品质和获得感的主要抓手；越来越多的市民，也因为城市公共文化空间的升级有了更强烈的获得感。

宁波公共文化建设基础扎实。早在“十三五”时期，宁波市县乡三级公共文化设施覆盖达标率达到100%，城乡一体“15分钟品质文化生活圈”覆盖率达到100%，高质量文化产品和文化服务供给更加丰富，高质量的公共文化服务现代化体系基本建成，市民文化获得感幸福感进一步增强。“十四五”时期，面对公共文化服务体系步入高质量发展新阶段的新要求，以及国家层面提出的要建构新型公共文化空间的新要求，宁波把新型公共文化空间的营造作为构建新型公共文化服务格局、推动公共文化服务高质量发展的重要举措。众所周知，新型公共文化空间建设，需要重点解决三个问题，即“新”在何处？由谁建构？如何建构？

新型公共文化空间建设，首先体现在“新场所”。新型公共文化空间大多见缝插针地设立在城市的商圈、文化园区等人群密集的地方，与传统的以公共文化场馆为载体、以社区或乡村为单位的建设模式迥然不同。这一特点，突破了人群圈层与行业壁垒，有利于增强空间的可及性进而扩大受众覆盖面。其次，体现在多元主体的积极参与。传统的公共文化建设职能部门放权，吸纳文化企业、协会、个人等社会力量参与投资并调动他们经营公共文化的积极性，更有利于打造满足市场需求的“有用且美”的新型公共文化空间。再次，体现在多维元素的融合。文化、消费、科技等新型公共文化空间建设元素，以不同于此前公共文化建设的方式进行排列组合，从而为公众多样性的沉浸式新体验带来了无限可能性。最后，体现在多业态的融合。新型公共文化空间以艺术、展览、阅读、餐饮等多维业态跨界融合的实现为发展目标，一方面给用户提供了多元化服务，另一方面也能为空间自身的发展提供更多的可能性。新型公共文化空间通过“场景营造”即用场景重新书写空间，让人们在新空间里除了得到基本的公共文化享受，还实现身心的“诗意栖居”。

新型城市公共空间的类型，目前主要有文化艺术场景、休闲娱乐场景、生活服务场景和自然生态场景四种类型。不同公共文化空间场景，呈现出不同的特征。文化艺术场景是以特定文化艺术为核心 IP 打造的体验场景，如阅读空间、公共艺术空间等；休闲娱乐场景聚焦于“玩”，如休闲美食主题空间、开放式娱乐社交空间等；生活服务场景以为广大人民提供多元化服务需求为目标，集服务、生活和智慧等多元场景为一体，囊括阅读、亲子教育、便民政务、公益慈善等多项服务，以满足城乡居民的多元化需求；自然生态场景将自然“搬进”城市，打破城市的边界，如将商业和自然生态交融，给身临其境者带来别样体验。不过，新型公共文化空间场景的打造并不拘泥于某一场景的实现，往往会以其中一类场景为中心，以其他场景为辅助，给人以多元化的场景体验。

宁波在文化新场景的打造方面，已有不少成功案例。从 2018 年开始实施公园绿地提升改造工程，打造“综合公园—社区公园—口袋公园”三级公园绿地体系，已建成上百个口袋公园，公园绿地服务半径覆盖率超过 90%，实现了社区居民“出门见绿色，300~500 米见公园”的文化新场景；老旧小区丹凤社区里的“家门口的美术馆”，让居民驻足即可欣赏邻居的“大作”；由一家旧毛巾厂改造而成的 DEMOHOOD(带梦胡同)，集聚了咖啡馆、餐饮店、买手店、家具店、绿植店等 50 多家小店，其自营的 DEMOLAB 快闪策展空间每个月不定期举办读书、展览等文化活动，已成为当地年轻人最爱打卡的地方之一；宁波永丰布厂(博洋集团前身)的废弃厂房蜕变为全新的永宁巷 1 号——一个集餐饮、购物、策展和体验等于一体的“城市生活聚场”；北仑区新碶街道星阳未来社区“艺碶文化空间”设有城市书房、艺碶展厅、非遗教学、艺碶舞台、咖啡休闲、艺碶花园等功能区，打造了有内容、有温度、有连接的城市文化生活新地标……文化新场景引来人流新高潮成为文旅新景点，文化“新地标”彰显了城市“新活力”。

《宁波市文化发展“十四五”规划》提出要进一步在城乡建设中系统保护、利用、传承好世界文化遗产大运河(宁波段)特色资源、“中国大运河出海口”、三江六岸“海上丝绸之路”、上林湖越窑国家考古遗址等特色文化遗产；要“加强非遗活化利用，建设非遗展示馆、非遗主题街区、非遗旅游景区、非遗主题民宿、非遗创意园推动非遗融入生产生活”……各级公共文化管理职能部门在前期充分论证的基础上，立足新时期宁波公共文化服务高质量发展需要、城市公共文化空间生产的现实状况和人民群众的多样化精神文化需求，提出建设性的新型公共文化空间建设方案，尽可能调动社会力量参与的积极性，建造各种类型的新型文化空间和场景，切实提升宁波的城市空间品质和增强公共文化服务效能。

表 2-2　近年关于新型公共文化空间的主要政策性表述

发布时间	发布单位及文件名称	重点内容
2021.03.08	文化和旅游部、国家发展改革委、财政部：《关于推动公共文化服务高质量发展的意见》	创新拓展城乡公共文化空间。对公共图书馆、文化馆(站)功能布局进行创意性改造，实现设施空间的美化、舒适化；鼓励在都市商圈、文化园区等区域，创新打造一批融合图书阅读、艺术展览、文化沙龙、轻食餐饮等服务的“城市书房”“文化驿站”等新型文化业态，营造小而美的公共阅读和艺术空间；因地制宜建设文化礼堂、乡村戏台、文化广场、非遗传习场所等主题功能空间；积极推进社区文化“嵌入式”服务，将文化创意融入社区生活场景，提高环境的美观性和服务的便捷性；鼓励社区养老、文化等公共服务设施共建共享
2021.04.29	文化和旅游部：《“十四五”文化和旅游发展规划》	结合老旧小区和厂房改造等，创新打造一批“小而美”的城市书房、文化驿站、文化礼堂、文化广场等城乡新型公共文化空间
2021.08.16	中共中央办公厅、国务院办公厅：《“十四五”文化发展规划》	优化公共文化资源配置，加强各级各类公共文化设施建设，打造新型城乡公共文化空间

续表

发布时间	发布单位及文件名称	重点内容
2021.06.10	文化和旅游部：《“十四五”公共文化服务体系建设规划》	创新培育城市公共文化空间，推动将公共文化设施建设纳入城市建设总体规划，科学规划空间格局，提升覆盖能力；新建公共文化设施要根据实际适当向城乡接合部和远郊区县倾斜，补齐薄弱地区建设短板。加快推动社区文化“嵌入式”服务，将文化创意融入社区生活场景。推动将社区文化设施建设纳入城市更新计划，鼓励社会力量参与，结合老旧小区、老旧厂区、城中村等改造，创新打造一批具有鲜明特色和人文品质的新型公共文化空间
2021.09.12	上海市委办公厅、市政府办公厅：《上海市社会主义国际文化大都市建设“十四五”规划》《上海市“十四五”规划和2035年远景目标的建议》	明确要激发城市公共空间文化活力，打造一批公共文化新空间。推动更多城市公共空间建设融入文化元素、增添体育功能，打造更多群众家门口的“文化客厅”“健康驿站”
2021.09.08	北京市文化和旅游局：《北京市“十四五”时期文化和旅游发展规划》	拓展新型公共文化服务空间，实施“城市文化会客厅”项目
2021.11.03	文化和旅游部、浙江省人民政府：《关于高质量打造新时代文化高地推进共同富裕示范区建设行动方案（2021—2025年）》	推动公共文化设施拓展服务内容、创新服务形式，打造“嵌入式”新型公共文化空间

续表

发布时间	发布单位及文件名称	重点内容
2021.06.09	浙江省发展和改革委、省委宣传部：《浙江省文化改革发展“十四五”规划》	推进未来社区、未来乡村文化建设，完善城市公共文化空间布局。推广“社区文化家园”“企业文化家园”“城市书房”“文化驿站”等文化服务模式，建设文化景观道路、文化广场、文化公园、文化街区和文化阅读空间
2021.12.06	宁波市发展和改革委、市委宣传部：《宁波市文化发展“十四五”规划》	大力加强城市公共文化空间建设，公共文化服务资源配置持续向远郊地区倾斜。全面实现“市有五馆一院一厅、县(市)有四馆一院、区有三馆、乡镇(街道)有综合文化站、村有文化礼堂、社区有文化家园”。深化农村文化礼堂建设，推动农村文化礼堂提质增效，健全常态化运行机制，打造一批内涵丰富特色鲜明、利用充分、群众喜爱的主题性文化礼堂

三、建立公共文化服务建设的评价反馈机制

近年来，公共文化设施建设成效显著是不争的事实，大多城市新建或翻新了图书馆、文化馆、美术馆、博物馆、非物质文化遗产馆和音乐厅、大剧院，区县(市)也普遍加大了图书馆、文化馆、非物质文化遗产馆等设施服务能力的提升；乡镇(街道)的综合文化站、社区的文化家园和村里的文化礼堂、农村书屋，均纷纷落成并提供公共文化服务。但是，这些设施的使用效率不尽如人意也是事实。广州市曾经对乡镇(街道)文化站的使用者进行调查，调查发现，乡镇(街道)文化站的使用者，平均年龄为47.4岁，众数为60岁；在受教育程度方面，高中及以下学历者的占比为80.3%；在收入方面，3000元以下者(不包括无收入的学生)占比为63.1%，年收入高于12万元的占比仅为1.5%。① 公共文化场馆

① 曾德雄，梁礼宏，等．广州文化体制改革与公共文化服务体系建设[M]．北京：中国社会科学出版社，2020：34.

等设施逐渐演变为老人活动中心或者普通休闲中心，反映了在规划和建设公共文化设施时，对广大市民多方面、多层次、多样性的文化需求把握不够全面。

宁波市的公共文化设施建设和公共文化服务体系建设，至今仍未制度性地实施第三方评价机制；与此相适应，虽然有建设成效和建设意见的反馈渠道，但是各级政府对公共文化产品和服务的供给主体、服务对象、实际需求和预期效果等方面缺乏系统性的把握，导致公共文化服务体系的建设成效不尽如人意。因此，不断地推进公共文化服务体系的第三方评价机制至关重要。

公共文化服务的第三方评价，已经成为很多城市发展公共文化的牵引力量。早在 2017 年，文化部官网以“湖南创新打造公共文化服务质量监测体系 探索第三方评价新路径”为题，报道了湖南省实施公共文化服务第三方评价的实践和经验。湖南省文化厅创新研制的“湖南省现代公共文化服务体系群众满意度”测评系统，设有全省现代公共文化服务体系、市级现代公共文化服务体系、县级现代公共文化服务体系、省级现代公共文化服务体系示范区、省市县三级公共图书馆服务效能、省市县三级文化馆服务效能六大功能模块，既可以监测全省重大公共文化项目实施效果、服务效能等方面的质量，又能够对某一具体区域的公共文化体系建设或某一公共文化场馆的服务效能进行基本评价。该报道充分肯定了湖南省的第三方评价，认为“这是湖南省对所有公共文化机构进行效能监督和动态评估的第三方信息化管理综合平台，标志着湖南加强公共文化服务考核评价，健全公共文化服务质量监测体系迈出实质性步伐”①。湖南省文化厅对公共文化服务体系的第三方评估，增强了公共文化服务评价的客观性和科学性，也强化了政府对公共文化机构和文化服务项目效能建设的监督和评估，为各级政府、公共文化机构精准对接群众文化需求、实现由政府单向提供服务转变成群众的自主服务提供了有力的参考依据。

广州市也在建立健全政府公共文化服务信息发布系统的基础上，要求积极邀请人大代表、政协委员、社科理论界人士关注城乡居民的公共文化需求问题，为

① 湖南创新打造公共文化服务质量监测体系探索第三方评价新路径[EB/OL].[2023-08-12]. https://www.mct.gov.cn/whzx/qgwhxxlb/hn_7731/201702/t20170204_789396.htm.

他们开展城乡公共文化服务的调研活动创造便利条件；充分利用各类研究机构、高校的智力优势，开展多方合作，就广州公共文化服务体系方面的诸多问题开展全面深入研究。①

借鉴公共文化服务体系第三方评价的经验，建立完善的公共文化服务第三方评价机制，有利于帮助宁波各级文化管理职能部门及公共文化服务机构发现自身的优势与短板和掌握服务对象的特点与需求。具体来说，第三方评价既可以帮助政府及公共文化服务机构有效地控制和调节具体项目建设和不断地优化、改进、完善公共文化服务，还可以帮助政府及公共文化服务机构补充、修正原有政策偏差并因此促使公共文化服务体系建设达到预期目标。第三方评价“评价(需求)—反馈—调整—再评价(需求)—再反馈—再调整”的功能，有利于推动政府有针对性地提供公共文化产品和服务的针对性和适应性，进而确保有需求的城乡居民平等地享有参与文化活动、享受文化福利的机会，实现文化领域的公平正义。

四、创新公共文化人才引育机制

高素质公共文化人才队伍建设，既是提高公共文化服务体系建设的基础，也是提升公共文化事业发展的基石。高水平公共文化服务人才队伍建设，主要包括三个方面的内涵。首先，打造一支高层次公共文化供给人才队伍。具体举措包括：深入实施宁波市文化名家支持计划，重点打造宁波市宣传思想文化系统“六个一批”的理论，以及新闻出版、文艺、体育、文化经营管理和创意设计的领军人才和青年英才；推进文艺大师工作室、文艺家工作室和理论人才“三十人工程”，培育一批哲学社会科学、新闻出版、文艺、国际传播、全媒体、文化经营管理等领域的人才和特殊文化人才；充分发挥高校、科研院所公共文化创意、设计、管理和服务人才培养中的作用，打通高校和文化企事业单位之间的人才通道，建设一批公共文化高层次人才培育基地；加大公共文化人才引进力度，重点围绕媒体融合、网络信息等专业领域，大力引进各类专业人才，不断壮大公共文

① 曾德雄，等．广州文化体制改革与公共文化服务体系建设[M]．北京：中国社会科学出版社，2020：43-44.

化人才的规模和提升公共文化人才的质量；进一步实施基层文化人才队伍素质提升工程，建立健全群众性文艺社团、演出团体和业余文化队伍扶持机制，大力培养乡土文化能人和民间文化传承人等基层文化工作者。

其次，倾力打造一支公共文化管理人才队伍。公共文化高水平建设和公共文化服务体系的建立健全，管理人才是枢纽。具体措施包括：在市和区县(市)层面，要完善文化管理和服务人才的发现和培育机制，努力锻造一支政治过硬、本领高强、求实创新、能打胜仗的公共文化管理人才队伍；在基层，要通过“设立城乡社区公共文化服务岗位，夯实文化工作基层基础”等措施，完善和落实机构编制、学习培训、待遇保障等政策措施，使公共文化管理人才能够扎根基层。

最后，优化公共文化人才队伍建设生态，营造优秀人才脱颖而出的体制机制。具体措施包括：完善人才培育开发、评价发现、选拔任用、流动配置、激励保障机制，让创新创造能力强、业绩突出的文化人才脱颖而出；将公共文化人才纳入全市各级党委和政府人才发展规划和工作计划，通过大学生留甬创业就业、校友“资智回甬”、高校科研成果转化对接、海外科创人才来甬发展等渠道，进一步优化大众创新、万众创业的大环境，全力培育创意阶层，为公共文化事业发展储备力量；加大人才扶持、资助额度，强化文化人才激励机制；加大对优秀文艺人才和优秀文艺作品的激励力度，培育、帮扶青年作家；进一步加强与高校院所、培训机构、文化企业、园区基地、众创空间孵化器等的合作，充分发挥优势，推进产学研用合作培养人才，有计划、有步骤地打造一支以高端文化领军人物为引领、以优秀中青年人才为主体的公共文化人才梯队。人才保障是构建公共文化服务体系的关键，只有重视文化人才和管理服务人才的培养，制定吸引人才、帮助人才创造业绩的体制机制，造就一支政治素质过硬、熟悉公共文化发展规律和市场经济规律的公共文化人才队伍，才能为高质量公共文化服务体系的建设和运行奠定坚实的基础。

五、创新公共文化服务传播模式

推进公共文化设施智慧化改造，推进数字图书馆、数字文化馆、数字美术馆、数字博物馆等工程建设，提升文化设施数字化建设水平，是数字化时代公共文化发展的基本方向。同时，社交媒体和5G的普及，也在很大程度上颠覆了人们的思维方式和生活习惯。诚如陈光辉所言："5G会使得全社会进入数字世界，如果再与人工智能结合，它会颠覆我们感知这个世界的方式。"①生存于数字化和社交化空间和场景的人们，也越来越偏好依赖社交媒体来接触、接受信息，也因此给公共文化的传播带来了革命性的变化。

高度普及的社交媒体使用户不再满足于公共文化场馆或媒体供给的信息，他们有强烈的自主意识，也希望自己在选择接触信息的渠道、类型和表现形式的时候有更多的自主权。社交平台的差异化竞争，促使抖音、视频号、B站、微信公众号、微博等平台迅猛发展，从而为公共文化的展示和传播提供了极大的便利。与此同时，社交媒体富媒体化、碎片化等信息传播特点也在很大程度上左右着新时代公共文化的传播模式。

5G技术、人工智能和大数据技术的发展和融合，营造了智能传播的环境。智能传播的出现及其所形成的新的传播网络，使得"人"与"人"、"物"与"物"、"人"与"物"之间的关系变得更简单也更复杂。一方面，智能传播拉近了"人"与"物"之间的距离，即拉近了人与公共文化设施之间的物理空间；另一方面，"万物互联"改变了人们体验公共文化的方式。不过，社交媒体的传播特性也必然带来公共文化社交媒体传播形态和方式的趋同，从而使得各地公共文化传播的特色很难得到充分的体现。

重视和推动公共文化资源和社交化传播，既是形势所迫，也是发展所需。鉴于社交媒体已经成为公共文化传播的重要平台，对于推动历史文化传承、弘扬地方优秀文化、促进文化多样性等方面具有重要作用。因此，文化部门主管领导、公共文化场馆工作者、文化研究者应进一步研究基于社交媒体的公共文化传播策略，从而充分发挥社交媒体在优化公共文化服务方面的积极作用。这要求做好三个方面的工作：

一是社交媒体平台和用户群体的特点与传统媒体存在很大差异，因此需要制定有针对性的传播策略。研究基于社交媒体的公共文化传播的个性化策略，为公

① 陈光辉.5G与媒体融合[J].传媒，2020(8)：18-20.

共文化场馆和从业人员提供更具实用性和可操作性的建议。

二是社交媒体平台和用户行为不断发生变化，因此需要不断更新和调整相应的传播策略。新媒体技术和新媒体形态的不断迭代，庞杂的用户群体和碎片化使用的特点，都需要在及时关注、研究的基础上为相关从业者提供及时的信息和建议，帮助他们更好地应对变化和挑战。

三是社交媒体平台有着覆盖性广、互动性强、多媒体形式、个性化推荐等特点，因此存在着算法推荐偏向性、虚假信息泛滥、隐私问题、信息过载等问题。对于易发、多发的问题，需要组建专门队伍及时关注和跟踪，在更好地建设、维护好相关社交媒体平台的基础上做好公共文化资源和服务的有效供给。

2019 年 3 月，宁波启动了“NB 轰红”短视频大赛，至今已举办五届。大赛以“月评”“季决”“年赛”形式，面向全体网民征集优秀短视频作品，通过镜头反映宁波的风土人情和文化底蕴。迄今已收到参赛作品近 5000 部。作品在多个网络视频平台播出，网络总播放量超 5 亿人次。公共文化传播模式需要在社交化、视频化的媒体环境中持续创新，才能为新时期城市公共文化的传播提供源源不断的活力和魅力。进一步提升公共文化的服务品质、推动文化产业的发展，首先需要明晰公共文化服务与文化产业之间的关系与边界、共性和特性。公共文化包括公共文化的设施、产品和服务，体现了党的领导作用和政府的文化职能，强调的是文化的普惠性、共享性和基本性，是我们社会建设的重要组成部分。文化产业是国民经济的产业门类，侧重于市场主体下的产业特性，侧重于商业性。但是无论是公共文化服务还是文化产业均属于文化事业的重要组成部分，在组成肌理上是机制与表征的关系，文化产业是文化服务的输出，文化服务体系是文化产业的成长架构。提供优质充足的公共文化服务离不开文化产业的发展与繁荣，文化产业的发展与繁荣也离不开健全的公共文化服务体系。公共文化服务与文化产业是共生关系，是密不可分的一体两面。

第三章　文化产业发展新维度

国际交往越来越频繁的时代，文化的价值日益凸显，文化产业已成为21世纪极具投资前景的朝阳产业之一。宁波作为兼具丰富文化资源和雄厚经济实力的国家级历史文化名城，在现有基础上推动文化产业跨越式发展，也是城市发展战略及文化强市建设的题中之义。

第一节　城市文化产业及其内涵

20世纪70年代以来，西方工业大国的传统制造业颓势逐渐显现，经济转型发展的需要日益迫切。为了寻找新的经济增长动力和增长点，西方工业大国的城市率先尝试将文化纳入经济规划战略。最先受到重视的是，“涵盖时尚、工艺品、设计等部门和位于文艺、商业和技术的交叉点的文化创意产业”。文化纳入经济规划战略的尝试一举成功——不仅文化创意产业得到快速发展，而且与其相关的行业产生了倍增效应，直接结果是城市不仅经济效益显现，而且还因为文化艺术属性显现而改善了城市形象和提高了综合竞争力。① 更深层次的结果是，文化驱动城市发展逐渐成为包括城市规划、产业结构优化转型、空间更新和城市品牌塑造在内的综合性发展战略，被更多的城市认可并采纳。20世纪90年代，中国的大中城市开始将文化纳入经济发展战略，文化产业随之迎来了大发展。

文化产业是与文化事业相对应的概念，两者都是中国特色社会主义文化建设的重要组成部分。众所周知，“文化事业”是一个中国特色的专门术语，指的是

① 孙汀，李同昇．城市文化发展战略的理论内涵与策略分析[J]．河南大学学报(社会科学版)，2023(1)：39-44.

我国政治经济体制中，在文化领域从事研究创作、精神产品生产和文化公共服务的组织机构即“文化事业单位”的集合体。“文化事业单位”涵盖门类多、分布广，主要有：图书文献事业单位，如图书馆、档案馆、文献信息中心等；报刊事业单位，如各类报社、杂志社等；广播电视事业单位，如广播电台(站)、电视台、转播台(站)等；编辑事业单位，如各类编辑部、党史编纂室、地方志编纂室等；文物事业单位，如文物保护站、文物考古队(所)、博物馆、纪念馆等；艺术创作事业单位，如艺术创作院所、艺术中心、音像影视中心等；演出事业单位，如各类艺术表演团体等；群众文化事业单位，如群众艺术馆、文化馆(站、宫)、青少年宫、俱乐部等。① 其任务主要是满足人民对精神产品、文化活动的多种需求和保障人民的基本文化权益。文化事业的供给侧一般实行准入制，即由政府主管部门审定资格。由于文化事业的财政投入和服务公众等特性，近年来，“公共文化”的概念被更多地提及。

文化产业的出现与成长，是社会生产力发展的必然产物，更是人们精神需求不断提高的结果。随着我国社会主义市场经济的逐步完善和现代生产方式的不断进步，文化产业不断发展壮大。我国对“文化产业”的最初认识，可以追溯至1985年。为了适应国内生产总值和第三产业统计的需要，国家统计局商得国家计委的同意，向国务院提交了《关于建立第三产业统计的报告》，报告中第一次确定了三次产业的划分范围。1985年4月5日，国务院办公厅转发了国家统计局的报告(即国办发〔1985〕029号)，主要内容为：农业是第一产业，包括林业、牧业、渔业等；工业和建筑业是第二产业，其中工业又包括采掘业、制造业；第一、第二产业之外的其他产业，都属于第三产业。由于包括的行业实在太多，根据实际情况，把第三产业分为流通部门和服务部门两大部分。② 其中，“文化艺

① 董召锋. 新时代中国文化软实力建设研究[M]. 北京：中国商业出版社，2021：16.

② 第三产业分为流通部门和服务部门两大部分，又细分为四个层次：第一层次为流通部门，包括交通运输业、邮电通信业、商业饮食业，物资供销和仓储业；第二层次为生产和生活服务的部门，包括金融、保险业，地质普查业，房地产、公用事业，居民服务业，旅游业，咨询信息服务业和各类技术服务业等；第三层次为提高科学文化水平和居民素质服务的部门，包括教育、文化、广播电视事业，科学研究事业，卫生、体育和社会福利事业等；第四层次为社会公共需要服务的部门，包括国家机关、党政机关、社会团体，以及军队和警察等。

术”作为第三产业的一个组成部分被列入国民生产统计的项目，从而确认了“文化”的商品属性和产业属性。但是，“文化产业”的概念直到2000年才出现在中共中央关于编制“十五”计划的建议中。2003年9月，文化部制定下发的《文化部关于支持和促进文化产业发展的若干意见》，将文化产业界定为“从事文化产品生产和提供文化服务的经营性行业”。

2004年4月1日，为了贯彻落实党的十六大关于文化建设和文化体制改革的要求，以及推动我国文化体制改革、发展社会主义文化事业和培育社会主义文化市场，国家统计局印发了《文化及相关产业分类》(国统字〔2004〕24号)的通知。基于规范我国公益文化和经营文化发展的目的，《文化及相关产业分类》对“文化建设”“文化管理”和“文化统计”等名词进行了明确的界定。其中，对“文化及相关产业”的界定是：为社会公众提供文化娱乐产品和服务的活动，以及与这些活动有关联的集合。文化及相关产业的分类标准主要以《国民经济行业分类》(GBT4754—2002)为基础，将文化产业分为2个部分3个层次9个大类。

表3-1　文化及相关产业分类表(2004)

<table>
<tr><th>部分</th><th>层次</th><th>类　别</th></tr>
<tr><td rowspan="7">第一部分
文化服务</td><td rowspan="4">核心层</td><td>新闻服务</td></tr>
<tr><td>出版发行和版权服务</td></tr>
<tr><td>广播、电视、电影服务</td></tr>
<tr><td>文化艺术服务</td></tr>
<tr><td rowspan="3">外围层</td><td>网络文化服务</td></tr>
<tr><td>文化休闲娱乐服务</td></tr>
<tr><td>其他文化服务</td></tr>
<tr><td rowspan="2">第二部分
相关文化服务</td><td rowspan="2">相关层</td><td>文化用品、设备及相关文化产品的生产</td></tr>
<tr><td>文化用品、设备及相关文化产品的销售</td></tr>
</table>

随着经济和文化的交融发展越来越明显，国家确立了深化文化体制改革、推动社会主义文化大发展大繁荣的发展思路，这就要求建立更为科学可行的文化及

相关产业统计制度，因而调整、补充和修订文化产业分类标准势在必行。2012年7月，国家统计局修订了《文化及相关产业分类(2012)》，将“文化及相关产业”定义为：为社会公众提供文化产品和文化相关产品的生产活动的集合。根据这一定义，“文化及相关产业”的范围包括四个方面：一是以文化为核心内容，为直接满足人们的精神需要而进行的创作、制造、传播、展示等文化产品(包括货物和服务)的生产活动；二是为实现文化产品生产所必需的辅助生产活动；三是作为文化产品实物载体或制作(使用、传播、展示)工具的文化用品的生产活动(包括制造和销售)；四是为实现文化产品生产所需专用设备的生产活动(包括制造和销售)。

在确定2004年文化产业的分类时，文化体制改革刚刚起步，很多文化行业公益性和经营性单位共存，因此公益性和经营性的统计分类标准没有确定。随着文化体制改革的深入推进，多数文化行业的公益性或经营性属性逐渐明晰，因此到了2012年，“文化产业”专指经营性文化行业，“文化事业”专指公益性文化行业。

2012年，文化及相关产业分类标准修订延续了2004年的分类原则和方法，但是对类别结构进行了微调，即增加了与文化生产活动相关的创意、新业态、软件设计服务等内容和部分行业小类，减少了少量不符合文化及相关产业定义的活动类别。增加的内容具体如下：一是文化创意，包括建筑设计服务(指工程勘察设计中的房屋建筑工程设计、室内装饰设计和风景园林工程专项设计)和专业设计服务(指工业设计、时装设计、包装装潢设计、多媒体设计、动漫及衍生产品设计、饰物装饰设计、美术图案设计、展台设计、模型设计和其他专业设计等服务)；二是文化新业态，包括数字内容服务中的数字动漫制作和游戏设计制作，以及其他电信服务中的增值电信服务(文化部分)；三是软件设计服务，包括多媒体软件和动漫游戏软件开发；四是具有文化内涵的特色产品的生产，主要是焰火、鞭炮产品的制造，珠宝首饰及有关物品的制造、销售，陈设艺术陶瓷制品的制造等。减少的内容，主要包括旅行社、休闲健身娱乐活动、教学用模型及教具制造、其他文教办公用品制造、其他文化办公用机械制造和彩票活动等。

表 3-2　文化及相关产业分类表(2012)

部分	类别		
第一部分文化产品的生产	新闻出版发行服务	新闻服务	新闻业
		出版服务	1. 图书出版；2. 报纸出版；3. 期刊出版；4. 音像制品出版；5. 电子出版物出版；6. 其他出版业
		发行服务	1. 图书批发；2. 报刊批发；3. 音像制品及电子出版物批发；4. 图书、报刊零售；5. 音像制品及电子出版物零售
	广播电视电影服务	广播电视服务	1. 广播；2. 电视
		电影和影视录音服务	1. 电影和影视节目制作；2. 电影和影视节目发行；3. 电影放映；4. 录音制作
	文化艺术服务	文艺创作与表演服务	1. 文艺创作与表演；2. 艺术表演场馆
		图书馆与档案馆服务	1. 图书馆；2. 档案馆
		文化遗产保护服务	1. 文物及非物质文化遗产保护；2. 博物馆；3. 烈士陵园、纪念馆
		群众文化服务	群众文化活动
		文化研究和社团服务	1. 社会人文科学研究；2. 专业性团体(的服务)
		文化艺术培训服务	1. 文化艺术培训；2. 其他未列明教育
		其他文化艺术服务	其他文化艺术业
	文化信息传输服务	互联网信息服务	互联网信息服务
		增值电信服务(文化部分)	其他电信服务

续表

部分	类别		
第一部分 文化产品的生产	文化信息传输服务	广播电视传输服务	1. 有线广播电视传输服务；2. 无线广播电视传输服务；3. 卫星传输服务
	文化创意和设计服务	广告服务	广告业
		文化软件服务	1. 软件开发；2. 数字内容服务
		建筑设计服务	工程勘察设计
		专业设计服务	专业化设计服务
	文化休闲娱乐服务	景区游览服务	1. 公园管理；2. 游览景区管理；3. 野生动物保护；4. 野生植物保护
		娱乐休闲服务	1. 歌舞厅娱乐活动；2. 电子游艺厅娱乐活动；3. 网吧活动；4. 其他室内娱乐活动；5. 游乐园；6. 其他娱乐业
		摄影扩印服务	摄影扩印服务
	工艺美术品的生产	工艺美术品制造	1. 雕塑工艺品制造；2. 金属工艺品制造；3. 漆器工艺品制造；4. 花画工艺品制造；5. 天然植物纤维编织工艺品制造；6. 抽纱刺绣工艺品制造；7. 地毯、挂毯制造；8. 珠宝首饰及有关物品制造；9. 其他工艺美术品制造
		园林、陈设艺术及其他陶瓷制品制造	园林、陈设艺术及其他陶瓷制品制造
		工艺美术品销售	1. 首饰、工艺品及收藏品批发；2. 珠宝首饰零售；3. 工艺美术品及收藏品零售
第二部分 文化相关产品的生产	文化产品生产的辅助生产	版权服务	知识产权服务
		印刷复制服务	1. 书、报刊印刷；2. 本册印制；3. 装潢及其他印刷；4. 装订及印刷相关服务；5. 记录媒介复制
		文化经纪代理服务	1. 文化娱乐经纪人；2. 其他文化艺术经纪代理

续表

部分	类　　别		
第二部分文化相关产品的生产	文化产品生产的辅助生产	文化贸易代理与拍卖服务	1. 贸易代理；2. 拍卖
		文化出租服务	1. 娱乐及体育设备出租；2. 图书出租；3. 音像制品出租
		会展服务	会议及展览服务
		其他文化辅助生产	其他未列明商务服务业
	文化用品的生产文化专用设备的生产	办公用品制造	1. 文具制造；2. 笔的制造；3. 墨水、墨汁制造
		乐器制造	1. 中乐器制造；2. 西乐器制造；3. 电子乐器制造；4. 其他乐器及零件制造
		玩具制造	玩具制造
		游艺器材及娱乐用品制造	1. 露天游乐场所游乐设备制造；2. 游艺用品及室内游艺器材制造；3. 其他娱乐用品制造
		视听设备制造	1. 电视机制造；2. 音响设备制造；3. 影视录放设备制造
		焰火、鞭炮产品制造	焰火、鞭炮产品制造
		文化用纸制造	1. 机制纸及纸板制造；2. 手工纸制造
		文化用油墨颜料制造	1. 油墨及类似产品制造；2. 颜料制造
		文化用化学品制造	信息化学品制造
		其他文化用品制造	1. 照明灯具制造；2. 其他电子设备制造

续表

<table>
<tr><th>部分</th><th colspan="3">类　别</th></tr>
<tr><td rowspan="8">第二部分
文化相关
产品的生
产</td><td rowspan="3">文化用品的生产文化专用设备的生产</td><td>文具乐器照相器材销售</td><td>1. 文具用品批发；2. 文具用品零售；3. 乐器零售；4. 照相器材零售</td></tr>
<tr><td>文化用家电销售</td><td>1. 家用电器批发；2. 家用视听设备零售</td></tr>
<tr><td>其他文化用品销售</td><td>1. 其他文化用品批发；2. 其他文化用品零售</td></tr>
<tr><td rowspan="5">文化专用设备的生产</td><td>印刷专用设备制造</td><td>印刷专用设备制造</td></tr>
<tr><td>广播电视电影专用设备制造</td><td>1. 广播电视节目制作及发射设备制造；2. 广播电视接收设备及器材制造；3. 应用电视设备及其他广播电视设备制造；4. 电影机械制造</td></tr>
<tr><td>其他文化专用设备制造</td><td>1. 幻灯及投影设备制造；2. 照相机及器材制造；3. 复印和胶印设备制造</td></tr>
<tr><td>广播电视电影专用设备批发</td><td>通讯及广播电视设备批发</td></tr>
<tr><td>舞台照明设备批发</td><td>电气设备批发</td></tr>
</table>

《文化及相关产业分类(2012)》是根据《国民经济行业分类》(GB/T 4754—2011)并参考联合国教科文组织《文化统计框架—2009》而制定的分类体系，而以此分类为基础开展的统计工作所反映的是我国文化产业发展的实际状况。随着网络时代的来临，以“互联网+”为依托的文化新业态不断涌现并发展成为文化产业新的增长点。为了把以“互联网+”为依托的新业态及时纳入统计范围，国家统计局推出了《文化及相关产业分类(2018)》。

表 3-3 文化及相关产业分类表(2018)

部分	类别名称		
第一部分文化核心领域	一、新闻信息服务	新闻服务	新闻业
		报纸信息服务	报纸出版
		广播电视信息服务	1. 广播；2. 电视；3. 广播电视集成播控
		互联网信息服务	1. 互联网搜索服务；2. 互联网其他信息服务
	二、内容创作生产	出版服务	1. 图书出版；2. 期刊出版；3. 音像制品出版；4. 电子出版物出版；5. 数字出版；6. 其他出版业
		广播影视节目制作	1. 影视节目制作；2. 录音制作
		创作表演服务	1. 文艺创作与表演；2. 群众文体活动；3. 其他文化艺术业
		数字内容服务	1. 动漫、游戏数字内容服务；2. 互联网游戏服务；3. 多媒体、游戏动漫和数字出版软件开发；4. 增值电信文化服务；5. 其他文化数字内容服务
		内容保存服务	1. 图书馆；2. 档案馆；3. 文物及非物质文化遗产保护；4. 博物馆；5. 烈士陵园、纪念馆
		工艺美术品制造	1. 雕塑工艺品制造；2. 金属工艺品制造；3. 漆器工艺品制造；4. 花画工艺品制造；5. 天然植物纤维编织工艺品制造；6. 抽纱刺绣工艺品制造；7. 地毯、挂毯制造；8. 珠宝首饰及有关物品制造；9. 其他工艺美术及礼仪用品制造
		艺术陶瓷制造	1. 陈设艺术陶瓷制造；2. 园艺陶瓷制造

续表

部分	类别名称		
第一部分文化核心领域	三、创意设计服务	广告服务	1. 互联网广告服务；2. 其他广告服务
		设计服务	1. 建筑设计服务；2. 工业设计服务；3. 专业设计服务
	四、文化传播渠道	出版物发行	1. 图书批发；2. 报刊批发；3. 音像制品、电子和数字出版物批发；4. 图书、报刊零售；5. 音像制品、电子和数字出版物零售；6. 图书出租；7. 音像制品出租
		广播电视节目传输	1. 有线广播电视传输服务；2. 无线广播电视传输服务；3. 广播电视卫星传输服务
		广播影视发行放映	1. 电影和广播电视节目发行；2. 电影放映
		艺术表演	艺术表演场馆
		互联网文化娱乐平台	互联网文化娱乐平台
		艺术品拍卖及代理	1. 艺术品、收藏品拍卖；2. 艺术品代理
		工艺美术品销售	1. 首饰、工艺品及收藏品批发；2. 珠宝首饰零售；3. 工艺美术品及收藏品零售
	五、文化投资运营	投资与资产管理	文化投资与资产管理
		运营管理	1. 文化企业总部管理；2. 文化产业园区管理
	六、文化娱乐休闲服务	娱乐服务	1. 歌舞厅娱乐活动；2. 电子游艺厅娱乐活动；3. 网吧活动；4. 其他室内娱乐活动；5. 游乐园；6. 其他娱乐业
		景区游览服务	1. 城市公园管理；2. 名胜风景区管理；3. 森林公园管理；4. 其他游览景区管理；5. 自然遗迹保护管理；6. 动物园、水族馆管理服务；7. 植物园管理服务
		休闲观光游览服务	1. 休闲观光活动；2. 观光游览航空服务

续表

部分	类别名称		
第二部分 文化相关领域	七、文化辅助生产和中介服务	文化辅助用品制造	1. 文化用机制纸及纸板制造；2. 手工纸制造；3. 油墨及类似产品制造；4. 工艺美术颜料制造；5. 文化用信息化学品制造
		印刷复制服务	1. 书、报刊印刷；2. 本册印制；3. 包装装潢及其他印刷；4. 装订及印刷相关服务；5. 记录媒介复制；6. 摄影扩印服务
		版权服务	版权和文化软件服务
		会议展览服务	会议、展览及相关服务
		文化经纪代理服务	1. 文化活动服务；2. 文化娱乐经纪人；3. 其他文化艺术经纪代理；4. 婚庆典礼服务；5. 文化贸易代理服务；6. 票务代理服务
		文化设备（用品）出租服务	1. 休闲娱乐用品设备出租；2. 文化用品设备出租
		文化科研培训服务	1. 社会人文科学研究；2. 学术理论社会（文化）团体；3. 文化艺术培训；4. 文化艺术辅导
	八、文化装备生产	印刷设备制造	1. 印刷专用设备制造；2. 复印和胶印设备制造
		广播电视电影设备制造及销售	1. 广播电视节目制作及发射设备制造；2. 广播电视接收设备制造；3. 广播电视专用配件制造；4. 专业音响设备制造；5. 应用电视设备及其他广播电视设备制造；6. 广播影视设备批发；7. 电影机械制造
		摄录设备制造及销售	1. 影视录放设备制造；2. 娱乐用智能无人飞行器制造；3. 幻灯及投影设备制造；4. 照相机及器材制造；5. 照相器材零售
		演艺设备制造及销售	1. 舞台及场地用灯制造；2. 舞台照明设备批发

续表

部分	类别名称		
第二部分文化相关领域	八、文化装备生产	游乐游艺设备制造	1. 露天游乐场所游乐设备制造；2. 游艺用品及室内游艺器材制造；3. 其他娱乐用品制造
		乐器制造及销售	1. 中乐器制造；2. 西乐器制造；3. 电子乐器制造；4. 其他乐器及零件制造；5. 乐器批发；6. 乐器零售
	九、文化消费终端生产	文具制造及销售	1. 文具制造；2. 文具用品批发；3. 文具用品零售
		笔墨制造	1. 笔的制造；2. 墨水、墨汁制造
		玩具制造	玩具制造
		节庆用品制造	焰火、鞭炮产品制造
		信息服务终端制造及销售	1. 电视机制造；2. 音响设备制造；3. 可穿戴智能文化设备制造；4. 其他智能文化消费设备制造；5. 家用视听设备批发；6. 家用视听设备零售；7. 其他文化用品批发；8. 其他文化用品零售

《文化及相关产业分类(2018)》沿用了原有的相关定义和分类原则，但增加了符合文化及相关产业定义的活动小类，且调整了分类方法和类别结构。其所作的调整主要表现在："新闻信息服务"大类增加"互联网信息服务"；新设立"内容创作生产"大类，涵盖"出版服务"(不含报纸出版)和"广播影视节目制作""创作表演服务""数字内容服务""内容保存服务""工艺美术品制造""艺术陶瓷制造"7个类别；新增"文化投资运营"大类；"文化休闲娱乐服务"大类名称改为"文化娱乐休闲服务""文化产品生产的辅助生产"大类名称改为"文化辅助生产和中介服务"；原"文化用品的生产"和"文化专用设备的生产"两个大类修订为"文化装备

生产”和“文化消费终端生产”两个大类。特别重要的是，2018 年的修订新增加了符合文化及相关产业发展实际情况的 12 个行业小类，即互联网文化娱乐平台、文化投资与资产管理、文化企业总部管理、文化产业园区管理、自然遗迹保护管理、观光游览航空服务、艺术品代理、婚庆典礼服务、文化用品设备出租、娱乐用智能无人飞行器制造、可穿戴智能文化设备制造和其他智能文化消费设备制造。另外，电子快译通、电子记事本、电子词典等行业小类则因为产业发展式微而被删除。

文化及相关产业分类标准的变化，充分反映了文化产业的迅猛发展，以及产业管理的与时俱进。文化产业的内涵，从传统的文化产品的研发、生产及营销，发展到文化产品和文化服务的研发、生产及营销的经济业态，再发展到包括网络直播、手机游戏等数字文化产业。与其他第三产业不同的是，文化产业兼具经济效益和社会效益的属性。对城市而言，与经济硬实力相适应，文化产业是城市形象和软实力的主要驱动力。文化产业不仅是光鲜的城市名片，而且是城市经济发展的新引擎；不仅成为城市经济发展中的重要组成部分，而且成为衡量城市经济发展水平和质量的重要指标；不但能够提升城市居民生活品质，而且能够吸纳就业人口、丰富文化产品与市场。①

不过，作为学术和政策话语，“文化产业”一词具体在中国何时出现和使用，学界仍存异议。1985 年，国务院同意国家统计局《关于建立第三产业统计的报告》，带动了国内研究“第三产业”的热潮，而作为第三产业的文化艺术生产及其商品化、市场化、产业化等问题也逐渐进入学界和政策制定者的视野。在这一过程中，“文化产业”作为一个新的概念陆续被提及，但学界在使用时更多的是从文化经济学的角度进行阐释，强调文化对经济的积极作用。与此同时，法兰克福学派代表人物的著作和文章也在 20 世纪 80 年代末至 90 年代初被译介到中国，不

① 创意农业、企业文化建设的迅速崛起就是得益于文化产业对第一、第二产业的支持和丰富。在科技文明日新月异和物质生活极丰富的当下，科技和文化的融合使得人们在消费时更加注重价值感、情感以及美感的体验和收获，而文化的赋能正是这一体验和收获的基础。

少中国人文学者高度关注其中的“文化工业”理论①，并认为其内涵和外延与“文化产业”几无差异。② 有学者观察到，“从时间上来看，作为批判意义的‘文化工业’和积极意义的‘文化产业’在西方世界本是先后发生的概念，却几乎在同一时间平行出现在了中国本土。这就无怪乎这两个词在国内的翻译和使用常常存在既统一又区别的混乱局面”③。随着“文化产业”一词进入政府工作报告，“文化工业”一词已经渐渐退出主流话语体系。

文化产业观念的接受历程和文化产业的快速发展，是中国新时期文化体制深化改革的高潮和亮点。中华人民共和国成立之初，推行计划性的文化体制是历史的选择，也是一定历史条件下的产物。随着经济体制改革取得突破，文化市场逐渐受到文化管理职能部门的正视，其直接结果是，20 世纪的最后十年密集出台了一系列促进文化产业发展的政策法规，主要有《文化部关于文化事业若干经济政策意见的报告》(1991)、《关于加快发展第三产业的决定》(1992)、《关于进一

① 批判学派认为，本真意义上的艺术创造性主要体现在自由和超越性两个维度。真正的艺术品具有不可重复、不可复制的个性。然而，在现代发达工业社会的背景中，艺术也不可避免地走向异化。异化的、非升华的艺术既失去了创造性，也失去了个性和自由的特征——集中表现为有欺骗性与被操控的大众文化。法兰克福学派在批判大众文化时，常使用“肯定的文化”和“文化工业”这两个范畴。所谓“肯定的文化”，指的是通过为人们提供一个不同于现实世界的幻想的精神世界而平息社会的内在否定性和反叛欲望，使人们在幻想中得到满足而美化和证明现存秩序，从而为现存辩护；“文化工业”指的是凭借现代科学技术手段和大众传媒技术大规模地复制、传播商品化了的、非创造性的文化产品的娱乐工业体系，通过娱乐来欺骗、奴役和统治大众。在批判学派看来，所谓“大众文化”，指的是借助大众传播媒介(电影、电视、广播、报纸、广告、杂志等)而流行于大众中的通俗文化，如通俗小说、流行音乐、艺术广告、批量生产的艺术品等。它在闲暇时间内操纵广大群众的思想与心理，培植支持统治和维护现状的顺从意识，行使社会欺骗的功能。霍克海默和阿多诺在《启蒙的辩证法》中关于文化工业的分析，核心思想是揭示大众文化作为一种异化力量的消极功能。概括起来，大众文化对于人的存在的负面影响，主要表现在商品化(创造性的丧失)、齐一化(个性的虚假)、欺骗性(超越维度的消解)、操控性/统治性四个方面(衣俊卿．西方马克思主义概论[M]. 北京：北京大学出版社，2019：134-143)。

② “文化工业”在不同的国家，有“大众文化”“通俗文化”“媒体文化”“内容产业”“版权产业”等不同称谓，如在英国被称为“创意产业”(CreativeIndustries)，在日本则统称为“娱乐观光业”。虽然表述不一，但是普遍认为文化产业的内涵包括“符号性商品和服务”“凝结知识产权”“传递象征意义”“传统与现代共存”“具备产业体系”等方面。

③ 宗祖盼，李凤亮．论中国文化产业观念的发生[J]. 学术研究，2019(1)：162-168.

步完善文化经济政策的若干规定》(1996)……1998年，文化部机关大精简，但文化产业司成为唯一新成立的部门。首次设立专门的文化产业管理机构，标志着我国文化产业进入“从自发到自觉”的新的历史阶段。2000年10月，党的十五届五中全会首次提出“完善文化产业政策，加强文化市场建设和管理，推动文化产业发展”的要求；2001年3月，《国民经济社会发展“十五”计划纲要》再次明确“深化文化体制改革，完善文化经济政策，推动有关文化产业发展”的要求；2002年11月，党的十六大报告提出“积极发展文化事业和文化产业，深化文化体制改革”，第一次正式把“文化事业”和“文化产业”作为文化领域两个相对应的概念，标志着文化建设理论研究取得明显突破；2010年，在《中共中央关于制定国民经济和社会发展第十二个五年规划的建议》中，首次明确提出“推动化产业成为国民经济支柱性产业”；2011年，党的十七届六中全会明确指出文化产业是国民经济支柱性产业，并提出了“推动文化产业跨越式发展”的战略举措。随着促进和规范文化产业发展的中长期规划和政策法规纷纷出台，文化产业已成为我国国民经济和社会发展战略的重要组成部分，文化产业发展上升为国家战略，文化产业在政策层面的推动下迎来了发展的“黄金期”。

第二节　宁波文化产业的快速发展壮大

文化产业已经成为各国尤其经济发达国家优先发展和备受重视的支柱性产业。从世界范围来看，由于文化产业能够服务公众精神需求，具有高附加值、高外溢效应和较强就业吸附能力等特性，受到越来越多国家的重视。依托改革开放后经济发展优势，在21世纪的前20年，宁波市的文化产业也迅猛发展。

一、文化产业实力显著壮大

2004年之后，随着国家统计局《文化及相关产业分类》通知的发布，文化产业作为一个产业才有了统计学意义上的数据。到2010年，宁波文化产业已粗具规模。从特色产业集群看，有2个国家级文化产业示范基地、4个省级文化产业示范基地、20个市级文化产业示范基地和3家国家文化出口重点企业。宁波市文具制造业、会展业、节庆活动等走在全国前列：以贝发集团、得力集团、广博股份为龙头的宁波文具业，年产量占全国的1/5，出口额占全国的1/3，奠定了宁波“中国文具之都”①的基础；举办的展会数量逐年提高，展出场馆面积不断扩大，参展商和展出产品不断增多。在节庆活动方面，无论是“海外宁波周”和中国国际声乐比赛等对外文化交流活动，还是宁波国际服装节、宁波国际港口文化节、中国开渔节、中国开游节、中华慈孝文化节、中国河姆渡国际文化节等节庆活动品牌，影响力逐年提升。从产业格局看，文化艺术、文具制造、工艺美术、出版印刷等传统产业不断发展，现代传媒、演艺、会展、创意设计、文化旅游、动漫、游戏等新兴产业异军突起。各区县(市)立足自身产业特点和传统优势，形成了特色鲜明、实力不俗的文化产业②，如象山的影视产业和开放性文化休闲产业、慈溪的古旧家具业、鄞州的动漫产业等蜚声海内外。

从2011年到2015年，宁波市的文化产业发展驶入快车道。文化及相关产业增加值年均增速14.6%，比全市国内生产总值(GDP)年均增速高6.3%。2015

① 2005年2月21日，宁波被中国轻工业联合会确认为“中国文具之都”，这是宁波获得的第一个行业国家级荣誉。3月23日下午，宁波市荣获“中国文具之都”称号授牌仪式在宁波金港大酒店举行，时任中国轻工业联合会副会长潘蓓蕾将“中国文具之都”牌匾授予时任宁波市副市长余红艺。有关数据显示，宁波已经成为中国最大的文具产地，共有2767家文具生产企业，从业人员10万余人，2004年全市文具行业实现销售产值172亿元，占全国文具总量的1/4；外贸出口额16亿美元，占全国总量的1/3。文具产品已涵盖纸品、本册、书写工具、五金文具、文件保管用具、美术用品、学生用品、办公设备、办公耗材和化工类文具等10大类上万个品种，形成了数量众多的全国文具产品制造单项冠军集群，而且80%的产品销往海外，并成功打入150多个国家和地区市场。根据相关规定，“中国文具之都”荣誉称号不是终身制，需每三年进行一次复评。2008年9月27日，顺利通过由中国轻工业联合会、中国文教体育用品协会、中国制笔协会的7位专家组成的专家组的首次复评；2011年9月27日，又顺利通过第二次复评验收。2010年，全市文具行业完成工业总产值410亿元，完成销售收入411亿元，同比分别增长12.9%、14.1%。宁波有文具制造企业860余家，销售上规模的文具企业185家，以文具出口为主营的进出口公司300余家，形成了宁海、北仑、鄞州、慈溪和余姚等5个集聚区；贝发、广博、成路、永发、艾谱5家文具企业的6个产品获得“中国名牌”称号，9家文具企业荣膺“中国驰名商标”称号，16家企业获得“浙江省名牌”称号，10家企业荣获“浙江省著名商标”称号，18家企业获得“宁波市名牌”称号。

② 张英．文化产业的跨越性发展[C]//黄志明，等．宁波文化强市建设研究．杭州：浙江大学出版社，2012：90.

年，全市文化及相关产业增加值达到 338.18 亿元，占全市国内生产总值的 4.22%。文化创意产业不断壮大，文化休闲娱乐、文化艺术服务、设计服务和广电影视服务等行业发展不断提速，文化内容产业在文化产业中的占比显著提升，文化用品的产品附加值不断提高。“十二五”期间，宁波市重点打造了月湖历史文化街区、宁波文化广场等 10 个大型文化产业集聚区，区域性特色“文化航母”初步形成；鄞州国家动漫原创产业基地、宁波和丰创意广场、宁波国家广告产业园、宁波市国家大学科技园、宁波市软件与服务外包产业园、宁波影视文化产业区、创意 1956、创新 128 园区、余姚阳明 188 文化创意园、宁波经济技术开发区数字科技园和科技创业园等文化产业园区，已集聚企业近 1500 家，总产值近 50 亿元，成为拉动区域产业发展的重要载体和支撑平台。

“十三五”期间，宁波市的文化产业又有了跨越式发展。文化产业年均增速达 14.1%，已经发展成为国民经济的支柱性产业。2020 年，全市文化产业增加值达到 987.75 亿元，占全市国内生产总值的 8.0%；其中，规模以上文化产业增加值 708.52 亿元，占文化产业增加值的 71.6%；文化制造业发展态势好，全市规模以上文化制造业增加值 215 亿元，占浙江省的 27.9%；20 个文化产业重点功能区和 69 个文化产业园区建设稳步推进，骨干企业培育成效显著，得力集团、宁波演艺集团 2014 年被授予浙江省文化产业示范基地，并同丰创意广场于 2014 年被授予省级文化示范园区。截至 2020 年年底，宁波市规模以上文化及相关产业单位 1038 家，企业营业收入达 1713.5 亿元；2020 年营业收入超 5 亿元达 48 家，超 10 亿元达 21 家，超 50 亿元达 6 家。宁波音王电声股份有限公司、宁波旷世智源工艺设计股份有限公司、宁波康大美术用品有限公司、浙江宣逸网络科技有限公司、宁波卡酷动画制作有限公司、宁波金辉摄影器材有限公司、森鹤乐器股份有限公司、海伦钢琴股份有限公司、浙江大丰实业股份有限公司、得力集团有限公司、浙江首游网络科技有限公司、宁波创源文化发展股份有限公司、宁波飞虹文化用品有限公司和广博集团股份有限公司等企业，先后入选国家级年度文化出口重点企业；宁波市暴风动漫有限公司、宁波和帆毛绒制品有限公司、宁波来和圣诞礼品有限公司、宁波一丁家居用品有限公司、余姚索普电子科技有限公司、宁波创源文化发展股份有限公司、海伦钢琴股份有限公司、贝发集团股份有限公司、广博集团股份有限公司、宁波旷世智源工艺设计有限公司、宁波卡酷动画制作有限公司、宁波康大美术用品集团有限公司、余姚利帅影视器材有限公司、浙江大丰实业股份有限公司、宁波奇邻文化创意有限公司等企业，先后入选省级年度文化出口重点企业；宁波莱彼特文化传媒有限公司等 4 家企业，被认定为国家动漫企业。文具产业再添“轻工业先进产业集群”的国家级殊荣①；2018 年 5 月 10 日，光明日报社和经济日报社联合发布了第十届“全国文化企业 30 强”名单，宁波重点文化企业浙江大丰实业股份有限公司获第十届“全国文化企业 30 强”提名，成为迄今为止获奖企业里唯一一家从事文化装备的企业，也实现了宁波市文化企业在该奖项上零的突破；象山影视城各项经济指标全部跻身全国影视基地前三甲，国家 5A 级景区省级资源评审通过，进入 2018 宁波品牌百强榜前十名，位列文旅类品牌第一名。综上可知，宁波市文化产业向高端化、智能化和品牌化发展的趋势非常明显。

表 3-4 宁波市文化产业(文创产业)增加值(2004—2022)

年 份	年增加值(亿元)	年增长速度	占 GDP 比重
2004	73. 85	14. 1%	3. 5%

① 2021 年 9 月 25 日，全国轻工业科技创新与产业发展大会公布了全国“轻工业先进产业集群”名单，宁波文具产业集群成功入选，成为全国轻工行业 30 个先进制造业集群之一，这是宁波文具行业继获得“中国文具之都”后荣获的又一项国家级殊荣。文具龙头企业发展势头强劲。贝发集团于入选 2021 年浙江省先进制造业和现代服务业融合发展试点名单，生产的圆珠笔入选第三批制造业单项冠军产品名单(2021)，企业技术中心获国家发展改革委等部门新认定的第 28 批国家级企业技术中心资格(2022)。广博集团拥有广博股份和广博投资控股两大企业，有两家上市企业，在全球设有宁波、江苏、越南、柬埔寨四大生产基地，在美国、欧洲、日本等地设有六家海外分公司；有博士后研究院、企业技术中心、工业设计中心、企业研究院等 5 家省级研发中心参与制定了 50 余项国家和行业标准，拥有 600 余项自主专利。得力集团成立 40 年来，获得的荣誉有国家级企业技术中心(2022)、国家级工业设计中心(2019)、国家级绿色工厂(2018)、国家制造业单项冠军示范企业(2022)、浙江省政府质量奖提名奖(2013)等，企业入选中国民企 500 强和中国制造业 500 强。2018 年年底，宁波市文体用品制造规模以上企业已达 478 家，完成工业总产值 740. 04 亿元。龙头企业和规模以上企业的良好发展，支撑了产业的高质量发展。2019 年 5 月，文体用品产业被宁波市列为重点培育的千亿级产业，近期目标是到 2025 年，力争实现工业总产值超 1100 亿元。

续表

年 份	年增加值(亿元)	年增长速度	占 GDP 比重
2005	90.8	22.9%	3.9%
2006	113.94	25.5%	4%
2007	133.0	16.7%	3.9%
2008	136.3	2.5%	3.4%
2009	141.63	3.9%	3.4%
2010	175.47	23.7%	3.4%
2012	275.5	16.2%	4.22%
2013	314.35	14.74%	4.41%
2014	339.39	10.11%	4.19%
2015	565.14	13.5%	7.1%
2016	585.9	13.7%	6.86%
2017	515.26	24.5%	5.24
2018	793.7	54.3%	7.4%
2019	916	15.4%	7.6%
2020	987.75	14.1%	8%
2021	1252.6	26.8%	8.6%
2022	1514.9	20.9%	9.6%

二、文化产业发展特色显现

宁波文化产业立足自身产业基础，抓住特色资源和开放优势，把握文化产业发展趋势，从提升完善文化产业链、价值链出发，打造了高端文化用品制造业、创意设计业、影视制作业、文化休闲旅游业、工艺美术业、现代传媒业、会展业和信息传输服务业八大产业体系。

(1)高端文化用品制造业。通过推进办公用品制造、中高档新型文具制造、乐器与视听设备制造、玩具制造、舞台设备、场馆设施和文化休闲旅游产品制造等行业的升级改造，文化用品制造业骨干企业实现了装备智能化、设计数字化、生产自动化、管理现代化、营销服务网络化，传统文化用品制造业已经脱胎换骨，成为国际上有相当知名度的文化用品智造基地。与此同时，促进文化用品制造业与动漫游戏、设计服务等深度融合发展，引导宁波制造企业与国内外著名文化企业、主题乐园、文化景区等开展合作，通过形象授权、限量复制、加盟制造、委托代理等形式开发文化衍生产品，高端文化用品制造业使宁波成为长三角乃至国家文化衍生品研发制造基地。

(2)创意设计业。以"创意设计+"理念为先导，逐步形成创意领先、人才集聚、产业链完整、集聚效益显现的创意设计产业集群，宁波已经成为国内知名的创意设计高地。在工业设计业领域，依托和丰创意广场等园区载体，大力发展高端制造装备设计、包装设计、模型设计、家电轻工产品设计、信息产品设计、运动休闲器械设计等工业设计业，引领"宁波制造"向"宁波智造"转变；在时尚设计业领域，立足宁波服装服饰、家居家纺等产业基础，重点发展服装服饰、家居家纺、裘皮、珠宝等时尚设计业；依托镇海文化创意产业园、文山创意广场、智巢．慈溪文化创意园、创意 1956 等宁波创意设计园区与平台，引进知名创意设计企业，组织建立创意设计企业联盟，带动上下游关联企业集聚，打造创意设计全产业链。

(3)影视制作业。整合资源，组建了包括影视创作、摄制、发行、放映、衍生品开发在内的影视全产业链。依托国际版权交易中心宁波分中心，吸引影视文学版权创作和孵化机构落户，打造国内最具影响力的影视文学版权交易集散地和服务场；以象山影视城、中青创文化广场、民和惠风和畅文化产业园、启运 86 微电影产业园等基地为依托，引进与培养影视产品制作经营主体和影视制作专业技术人才，建立了全市影视剧组接待服务中心，把宁波打造成为最受欢迎的影视拍摄制作城市，影视拍摄制作能力和服务能力明显提升；吸引国内外著名出品、发行机构来宁波设立影视运营机构，加大宁波影视作品出品、发行力度；优化宁波大市影院布局，培育特色影院，推进影院与商业、文化设施综合设置，进一步扩大影视消费。

(4)文化休闲旅游业。依托宁波丰富多彩的自然、人文资源，加大资源跨区域整合力度，创新旅游业态，打造丰富的文化休闲产品和服务；依托宁波文创港与音乐港建设，结合环月湖历史文化休闲功能区的保护与开发，打造融旅游、休闲、民俗、美食、文化体验于一体，能全面反映宁波历史文化风貌和现代都市风情的综合性休闲旅游特色区域；依托象山港、梅山岛、三门湾等资源，发展帆船、游艇等休闲体验活动，打造国内知名的高端海洋休闲度假基地；依托四明山、天台山的山水资源，发展登山健康运动、高端疗养度假、乡村慢生活体验等业态，打造山区度假休闲游基地；整合提升慈城、前童等古镇村落资源，打造拥有浓郁历史生活气息、优质旅游品位的休闲文化古镇村落。

(5)工艺美术业。推进非物质文化遗产产业化发展，加大对非遗文化传承人和民间文化艺术团体的扶持力度，重点振兴泥金彩漆、青瓷、木雕、石刻、根雕等历史经典行业；引导企业创新商业模式，推进跨界融合，发展非物质文化遗产旅游和创作培训教学等业态，引入资本运作与平台型龙头企业，推动非物质文化遗产产业化进程；拓展工艺美术品展示渠道，吸引国内外艺术创作机构和个人创作具有宁波特色的工艺美术精品；以北仑文化艺术品保税区建设为契机，推动工艺美术品保税展示与交易，推动宁波文化广场、慈溪艺术品功能区、宁波美术馆与鼓楼等场所搭建工艺美术品展示与交易平台。

(6)现代传媒业。促进传统媒体与新兴媒体融合，推动传媒业融资方式、传播方式、营销运作、发展模式等创新，构建了从内容、应用到终端的现代传媒产业体系。促进报刊、广电集团化发展，推进报网、台网融合工程，增强媒体实力和品质竞争力；依托本地报、台资源，发展专业化、特色化、细分化的新媒体。

(7)会展业。基于服务宁波传统工业经济、进出口贸易，带动相关行业发展的方向，完善了会展产业链条。中国-中东欧国家博览会等特色品牌会展，有声有色；中国国际文具礼品博览会、消博会、宁波国际服装节、中东欧艺术周等特色文化产业博览会，声誉渐广；甬港经济合作论坛、中国-中东欧国家合作发展论坛等平台的影响力，与日俱增。策划设计、广告服务、城市配送、通勤服务和星级酒店、交通枢纽、金融机构等会展配套服务能力，明显提升。

(8)信息传输服务业。文化和科技的深度融合，促进了信息传输服务向产业链前后端延伸，也推动系统集成、测试、数据处理等业务向高端化、智能化发展。以宁波创建全国电子商务示范城市为契机，充分发挥跨境电子商务和行业网站总部基地的优势，引育了一批平台型互联网信息服务企业；在线支付、软件开发、网店设计、网络推广等电子商务服务业态迅猛发展，电子商务互联网信息服务体系日渐完善；以宁波软件和服务外包产业园等园区平台为载体，推动软件技术与传统产业相结合，助力宁波智能经济发展提供支撑。

三、文化产业支撑体系不断完善

完备的产业发展政策，是文化产业健康、有序发展的前提和保障。宁波市一直很重视文化产业管理制度和激励配套政策的制定，也很重视政策和制度的实施过程管理与实施效果跟踪，因此其文化产业的发展较为稳健。

2013 年 4 月，宁波市颁布了《宁波市文化精品工程扶持奖励办法》，各县(市)区委宣传部、市级宣传文化部门、市级各有关单位、市内文化企业以及个人都可申报宁波市文化精品工程扶持项目；扶持方式包括立项扶持、以奖代补，对于不在扶持范围内但对宁波文化强市建设具有重要意义的作品，可采取一例一议形式进行扶持；对于重大题材、重大主题项目予以重点扶持，扶持额度最高可达 300 万元。与此同时，对获得全国常设性文艺奖项作品、在央视播出的电视剧和动画片、演出场次超过百场的舞台剧、达到一定销售数量的文艺类图书和达到一定票房收入的电影，均给予奖励。10 月，中共宁波市委、市政府召开了加快推进文化产业工作会议，出台《关于进一步加快发展文化产业的若干意见》。该意见把文化产业发展情况纳入对县(市)区政府和市直有关部门的考核，有效地调动了全市上下发展文化产业的积极性，从而对提升城市的文化产业综合竞争力和加快文化强市建设，起到了非常明显的指挥棒作用。11 月，宁波市文化广电新闻出版局联合宁波市文化体制改革和发展工作领导小组办公室、宁波市财政局，出台了《宁波市文化广电新闻出版产业扶持引导资金管理办法(试行)》。根据该管理办法，宁波市每年从文化产业发展专项资金中，安排部分资金用于扶持引导文化广电新闻出版产业的发展。扶持资金的使用坚持“扶大、扶优、扶强、扶新”和“公开、公平、公正”的原则，实行“企业申报、专家评审、综合会审、绩效评价”的管理模式。扶持的重点是文化演艺、影视传媒和新闻出版产业，以促进文化广电新闻出版产业又好又快发展，从而加快文化强市建设。

2015 年 6 月 29 日，中共宁波市委、宁波市人民政府联合发布《关于推进文化产业加快发展的若干意见》，要求各级党委、政府要充分认识到文化产业发展面临的新情况和新机会，即“文化产业发展呈现新的格局，文化产业作用地位日益提升已成为国家重大战略；文化影响力渗透到社会生活的各个领域，与其他产业融合发展的趋势日益明显；文化产业区域竞争日趋激烈，加快我市文化产业发展，已成为推动宁波经济社会转型发展的必然要求和形势所趋”。在此基础上，加强领导、强化统筹、形成合力，着力从机制和制度上推进文化产业加快发展，通过五年的培育发展，实现文化产业成为全市经济发展中的重要支柱产业，产业规模在全国同类城市位居前列，文化引领支持经济社会发展的作用更加明显的目标。

2016 年 9 月 8 日，宁波市文化精品工程领导小组办公室发布了新修订的《宁波市文化精品工程扶持奖励办法》。该办法为了适应文化精品创作生产工作面临的新形势、新要求和进一步健全完善文化精品的创作生产管理机制，提升文化精品创作社会化、市场化程度，推动创作生产出更多思想性、艺术性、观赏性有机统一和思想精深、艺术精湛、制作精良的原创优秀文化作品，对获得全国、浙江省、宁波市精神文明建设“五个一工程”奖的作品，央视综合频道、电视剧频道和电影频道黄金时间播出的电视剧、电影、纪录片和动画片，有较高文学艺术和学术价值、较大社会影响力的图书等，提高了奖励额度。具体内容包括：获全国、浙江省精神文明建设“五个一工程”奖的作品，按全国奖金、省奖金的 4 倍、2 倍配套奖励；央视综合频道、电视剧频道和主要卫视黄金时间播出的电视剧，本土现当代题材、重大革命历史题材、本土历史题材、其他题材分别按集给予奖励(宁波市域范围取景拍摄超过 50%的奖励金额上浮 10%)；央视电影频道黄金时间播出的电影、央视综合频道和少儿频道黄金时间播出的动画片、央视纪录片频道黄金时间播出的纪录片，按每部进行奖励；有较高文学艺术和学术价值、较大社会影响力的图书，按销售量进行奖励。此外，根据经费投入额度、创作主体性质、作品规模、奖项等次等情况，对全国常设性文艺(新闻、出版)奖获奖作品的奖励额度作了明确的规定。

表 3-5 宁波市文化精品工程扶持奖励办法具体扶持力度

<table>
<tr><th>颁奖单位</th><th colspan="2">奖项(个数)</th><th colspan="2">金额(万元)</th></tr>
<tr><td rowspan="4">文化部</td><td rowspan="4">中国文化艺术政府奖</td><td rowspan="2">文华奖(10)</td><td>剧目</td><td>300</td></tr>
<tr><td>个人</td><td>50</td></tr>
<tr><td>群星奖(20)</td><td colspan="2">20</td></tr>
<tr><td>动漫奖(20)</td><td colspan="2">20</td></tr>
<tr><td rowspan="8">新闻出版广电总局</td><td rowspan="6">中国广播影视大奖</td><td rowspan="2">电影华表奖(20)</td><td>影片</td><td>300</td></tr>
<tr><td>个人</td><td>20</td></tr>
<tr><td rowspan="2">电视剧飞天奖(20)</td><td>剧目</td><td>300</td></tr>
<tr><td>个人</td><td>20</td></tr>
<tr><td rowspan="2">广播电视节目奖(20)</td><td>栏目</td><td>60</td></tr>
<tr><td>节目</td><td>50</td></tr>
<tr><td rowspan="2">中国出版政府奖</td><td>国家出版奖</td><td colspan="2">15</td></tr>
<tr><td>全国优秀出版人物奖</td><td colspan="2">15</td></tr>
<tr><td rowspan="14">中国文联</td><td rowspan="2">中国戏剧奖</td><td>梅花表演奖(15)</td><td colspan="2">50</td></tr>
<tr><td>曹禺剧本奖(5)</td><td colspan="2">50</td></tr>
<tr><td colspan="2" rowspan="2">大众电影百花奖(9)</td><td>影片</td><td>300</td></tr>
<tr><td>个人</td><td>20</td></tr>
<tr><td colspan="2" rowspan="2">电影金鸡奖(19)</td><td>影片</td><td>300</td></tr>
<tr><td>个人</td><td>20</td></tr>
<tr><td colspan="2" rowspan="2">中国音乐金钟奖(20)</td><td colspan="2">50</td></tr>
<tr><td colspan="2">50、30、10</td></tr>
<tr><td colspan="2">中国美术奖(金 10 银 14 铜 16)</td><td>节目</td><td>20</td></tr>
<tr><td colspan="2">中国曲艺牡丹奖(20)</td><td>个人</td><td>10</td></tr>
<tr><td colspan="2">中国书法兰亭奖(金 5 银 7 铜 8)</td><td colspan="2">50、30、10</td></tr>
<tr><td colspan="2">中国杂技金菊奖(20)</td><td colspan="2">50</td></tr>
<tr><td colspan="2">中国摄影金像奖(20)</td><td colspan="2">20</td></tr>
<tr><td colspan="2">中国民间文艺山花奖(20)</td><td colspan="2">20</td></tr>
</table>

续表

颁奖单位	奖项(个数)		金额(万元)	
中国文联	中国戏剧奖	梅花表演奖(15)	剧目	200~300
		曹禺剧本奖(5)	主创	20
	中国电视金鹰奖(最佳电视剧 1 优秀电视剧 10 主创 9)		舞蹈	30
	中国舞蹈荷花奖(舞蹈 14 舞剧 6)		舞剧	100
中国作协	茅盾文学奖(5)		200	
	鲁迅文学奖(35)		50	
	全国优秀儿童文学奖(18)		30	
	全国少数民族文学创作骏马奖(30)		30	
中国记协	长江韬奋奖		20	
	中国新闻奖		5~15	
中国版协	中华优秀出版物奖		15	
	韬奋出版奖		15	

相比之前版本，新修订的扶持办法强化绩效考核、突出以奖代补，扩大了扶持对象，加大了奖励力度，强化了文艺精品对宣传城市形象的作用。

2016 年，宁波市制定了一系列制度，加大对文化产业园区和动漫游戏等产业的奖励力度。7 月，宁波市文化体制改革和发展工作领导小组办公室印发了《宁波市级文化创意产业园区认定及管理办法》的通知，对经过认定的文化创意产业园授牌颁证，并给予园区运营管理机构一次性资金扶持；对园区招商引资、管理服务、产业促进及发展总部经济等各项指标进行综合业绩考核，考核优秀的给予一定奖励；被认定为国家、省级文化产业示范基地的，再给予一定的配套奖励。8 月，为了加快推进宁波动漫游戏产业发展、提高动漫游戏企业及产品竞争力、规范和加强动漫游戏产业发展专项资金使用效益，宁波市财政局和宁波市文广新闻出版局印发了《宁波市动漫游戏产业发展专项资金管理办法》。该管理办法明确了专项资金使用原则，即："坚持以政府引导、市场主导、产品引领、企业主体为原则，坚持扶优、扶强、扶原创精品，重点支持优秀动漫游戏企业、原创动漫游戏产品、动漫创意团队建设以及动漫游戏平台建设，进一步完善动漫游戏产业链，推进动漫游戏产业健康快速发展。"动漫游戏产业专项资金采用奖励、补助等方式，对获得原创动漫奖、企业销售奖、出口贡献奖、最佳创意团队建设奖和对填补动漫游戏产业业态空白且具有良好成长性的企业，给予现金补助。其中，设立的奖项及其奖励额度主要有：根据年度动漫企业的发行许可、播出时间、收入情况、获奖等次等情况评选出 5 个原创动漫奖，分别给予 10 万~50 万元的奖励；根据动漫游戏企业的年收入、纳税等情况评选出 5 个企业销售奖，分别给予 10 万~50 元的奖励；根据年度动漫游戏企业的出口额高低评选出 3 个出口贡献奖，分别给予 10 万~30 万元的奖励；根据企业人才引进、培训、技术研发、创新业绩等情况评选出 3 个最佳创意团队建设奖，分别给予 10 万元的奖励；对填补该市动漫游戏产业业态空白(如艺术形态，艺术授权等领域)，且具有良好成长性的企业，给予最高不超过 30 万元的补助。12 月，为了改变成长型文艺人才短缺和鼓励文艺人才服务地方文化建设的积极性，宁波出台《宁波市文艺人才培养扶持办法(试行)》。该办法鼓励本土文艺人才成立文艺家工作室和文艺工作者申报、加入各类文艺家协会，并给予力度不小的支持和扶持；在国家级和省级艺术馆举办个人专场书法、美术、摄影作品展览的，在国家大剧院上演舞台剧或参加由文化部、中国文联牵头组织的艺术院团进京展演、会演和赴境外中等以上发达国家展演的，可申请 50 万~80 万元的扶持资金；参加国家级、省级作品展演的，可申请 10 万~50 万元的资助等。

2018 年 3 月 21 日，宁波市文化广电新闻出版局和宁波市财政局为规范文化消费专项资金的使用管理和充分发挥专项资金的使用效益，联合印发了《宁波市引导和扩大文化消费专项资金管理办法》。该办法明确规定专项资金主要用于分期分批面向城乡居民发放惠民电子消费券以引导和扩大文化消费、支持举办大型文化消费节庆活动，以及支持传承历史文脉、彰显宁波城市魅力和地域特色、社会效益和经济效益突出的惠民文化消费项目等方面，所有在宁波市依法登记注册、具有独立法人资格、近两年内无违法违规失信等不良记录，积极开展引导和扩大文化消费工作的企事业单位和社会组织，均可提出申请。

2022 年 5 月，宁波市文化体制改革和发展工作领导小组办公室、宁波市财政局联合发布《宁波市加快数字文化产业发展的实施意见(暂行)》。该实施意见要求实施文化产业数字化战略，加快发展新型文化企业、文化业态、文化消费模式，改造提升传统业态，推动文化产业能级跃升；以内容产业创新突破为重点，抓住新技术、新业态、新消费带来的重大机遇，加快向高层次、全链条、数字化迈进，系统性重塑和提升宁波文化产业。同时，实施文化产业“新势力”成长计划，做强做优传媒、影视、音乐、演艺等业态，提出到 2025 年，“规模以上数字文化产业总产值实现比 2020 年翻一番，达到 500 亿元；形成 3～5 个数字文化产业集聚区，打造 10 个以数字文化产业为主要业态的重点文化产业园区，引育新增 100 家以上规上数字文化企业，10 家以上领军企业，推动 1～2 家数字文化企业上市”，实现打造全国数字文化产业新兴集聚区的目标，加快“港产城文”融合发展，助力“六个之都”现代化滨海大都市建设。

表 3-6　新世纪以来文化产业发展相关文件汇总

	文件名称	颁布单位	时间
1	关于支持国有文化单位改革试点的若干政策意见	宁波市人民政府办公厅	20041123
2	关于进一步加快服务业发展的若干意见	中共宁波市委办公厅、宁波市人民政府办公厅	20071119
3	宁波市文化产业示范基地评选命名管理办法(试行)	宁波市人民政府办公厅	20080305
4	关于加快宁波市服务外包产业发展的若干意见	宁波市人民政府办公厅	20080603
5	大力推进文化创新的若干意见	宁波市人民政府办公厅	20081014
6	关于推动文化大发展大繁荣的若干意见	中共宁波市委办公厅、宁波市人民政府办公厅	20080916
7	文化产品和服务出口指导目录	宁波市人民政府办公厅	20090101

续表

	文件名称	颁布单位	时间
8	关于加快工业设计产业发展的若干意见	宁波市人民政府办公厅	20091230
9	宁波市文化产业示范基地评选命名管理办法(试行)	中共宁波市委宣传部、宁波市发改委、宁波市文化广电新闻出版局	20100211
10	关于建立宁波市文艺家工作室制度的实施意见	中共宁波市委宣传部、宁波市文学艺术界联合会	20100722
11	关于加快推进文化创新团队建设的实施意见	中共宁波市委组织部、中共宁波市委宣传部、宁波市财政局	20110603
12	金融支持文化产业发展繁荣的实施意见	中共宁波市委宣传部、宁波市政府金融工作办公室、中国人民银行宁波市中心支行、宁波市财政局、宁波市文化广电新闻出版局、宁波银监局、宁波证监局宁波保监局	20110705
13	建立文化强县考核评价体系的实施意见(试行)	宁波市文化体制改革和发展工作领导小组办公室	20110711
14	宁波市人民政府关于进一步加快发展服务业的若干政策意见	宁波市人民政府办公厅	20110920
15	鼓励和引导民间资本投资发展文化产业的若干意见	宁波市文化体制改革和发展工作领导小组办公室	20111013
16	文化市场综合行政执法管理办法	宁波市文化体制改革和发展工作领导小组办公室	20111209
17	贯彻党的十七届六中全会精神加快文化强市建设的决定	中共宁波市委办公厅	201112/6
18	宁波市中小文化企业担保风险补偿资金管理办法(试行)	宁波市文化体制改革和发展工作领导小组办公室	20120222

续表

	文件名称	颁布单位	时间
19	宁波市文化广电新闻出版产业扶持引导资金管理办法(试行)	宁波市文化体制改革和发展工作领导小组办公室、宁波市财政局、宁波市文化广电新闻出版局	20131107
20	关于加快文化产业发展的若干意见	宁波市人民政府办公厅	20141119
21	宁波市文化产业发展三年行动计划(2015~2017年)	宁波市人民政府办公厅	20150525
22	宁波市级文化创意产业园区认定及管理办法	宁波市文化体制改革和发展工作领导办公室	20160715
23	宁波市文艺人才 培养扶持办法(试行)	中共宁波市委宣传部、宁波市财政局	20160825
24	宁波市引导和扩大文化消费 专项资金管理办法	宁波市文化广电新闻出版局、宁波市财政局	20180904
25	宁波市文化精品工程扶持奖励办法	宁波市文化精品工程领导小组办公室	20180908
26	“书香宁波 2020”建设计划、“影视宁波 2020”建设计划、“音乐宁波 2020”建设计划、“创意宁波 2020”建设计划	中共宁波市委办公厅、宁波市人民政府办公厅	20190413
27	宁波市文化产业发展专项资金管理办法(修订)	宁波市文化体制改革和发展工作领导小组、宁波市财政局	20191115
28	宁波市加快数字文化产业发展的实施意见(暂行)	宁波市文化体制改革和发展工作领导小组办公室、宁波市财政局	20220530
29	宁波市级文化产业园区认定及管理办法	宁波市文化体制改革和发展工作领导小组	20221030

上述有关文化产业发展的政策和制度，有四个明显的特点。一是积极配合国家和浙江省产业发展的政策和措施，引导宁波市文化产业跟上国家的发展节奏，在满足人民多样化、高品位的文化需求的同时，助力文化强市、文化强省和文化强国建设；二是积极顺应文化产业高质量发展要求，助力现代文化产业体系和市场体系建设，为各类文化市场主体发展壮大、新型文化业态和文化消费模式培育保驾护航；三是在考评、认定的基础上，加大对文化产业园区管理、文化产业发展的扶持和奖励；四是注重对文化人才的培育和奖补，制定有利于优秀文化人才脱颖而出的机制。

四、文化金融服务为产业保驾护航

金融助力文化产业，是我国自文化体制改革以后的重要文化经济化现象。2009 年 7 月 22 日，我国第一部文化产业发展专项规划——《文化产业振兴规划》由国务院常务会议审议通过。《文化产业振兴规划》是继钢铁、汽车、纺织等十大产业振兴规划出台后的又一产业振兴规划，标志着文化产业已经上升为国家战略性产业。《文化产业振兴规划》强调坚持以结构调整为主线，加快推进重大工程项目和扩大产业规模，实现增强文化产业整体实力和竞争力的目标。它明确了“当前和今后一个时期”要着力做好八个方面工作，一是以文化创意、影视制作、出版发行、印刷复制、广告、演艺娱乐、文化会展、数字内容和动漫等产业为重点加大扶持力度，完善产业政策体系，实现跨越式发展；二是以文化企业为主体，加大政策扶持力度，充分调动社会各方面的力量，加快建设一批具有重大示范效应和产业拉动作用的重大文化产业项目；三是着力培育一批有实力、有竞争力的骨干文化企业，增强文化产业的整体实力和国际竞争力；四是加强对文化产业园区和基地布局的统筹规划，坚持标准、突出特色、提高水平，促进各种资源合理配置和产业分工；五是不断适应当前城乡居民消费结构的新变化和审美的新需求，创新文化产品和服务，提高文化消费意识，培育新的消费热点；六是建立健全门类齐全的文化产品市场和文化要素市场，促进文化产品和生产要素的合理流动；七是采用数字、网络等高新技术，发展新兴文化业态，大力推动文化产业升级；八是落实国家鼓励和支持文化产品和服务出口的优惠政策，在市场开拓、技术创新、海关通关等方面给予支持。作为中华人民共和国成立 60 年来首部全国性的文化产业专项规划，该规划对我国应对 2008 年金融危机、加快文化产业发展、推动经济结构调整有着重要意义，也意味着我国文化产业在多年的探索性发展之后需要在体制机制上做出较大的调整才能进入高速发展周期。①

文化建设肩负着提高公众的幸福感和获得感，因此需要有稳健的、充裕的投入。虽然具有市场和经营的属性，但文化产业的发展同样需要解决经费投入的问题。《文化产业振兴规划》在“政策措施”部分，重点阐释了文化产业发展的经费投入问题。

> (一)降低准入门槛。落实国家关于非公有资本、外资进入文化产业的有关规定，根据文化产业不同类别，通过独资、合资、合作等多种途径，积极吸收社会资本和外资进入政策允许的文化产业领域，参与国有文化企业的股份制改造，形成以公有制为主体、多种所有制共同发展的文化产业格局。
>
> (二)加大政府投入。中央和地方各级人民政府要加大对文化产业的投入，通过贷款贴息、项目补贴、补充资本金等方式，支持国家级文化产业基地建设，支持文化产业重点项目及跨区域整合，支持国有控股文化企业股份制改造，支持文化领域新产品、新技术的研发。支持大宗文化产品和服务的出口。大幅增加中央财政“扶持文化产业发展专项资金”和文化体制改革专项资金规模，不断加大对文化产业发展和文化体制改革的支持力度。
>
> (三)落实税收政策。贯彻落实《国务院办公厅关于印发文化体制改革中经营性文化事业单位转制为企业和支持文化企业发展两个规定的通知》中的相关税收优惠政策，研究确定文化产业支撑技术的具体范围，加大税收扶持力度，支持文化产业发展。
>
> (四)加大金融支持。鼓励银行业金融机构加大对文化企业的金融支持力度。积极倡导鼓励担保和再担保机构大力开发支持文化产业发展、文化企

① 黄逸秋. 聚焦《文化产业振兴规划》：文化产业迎来超常规发展机遇——访中国传媒大学文化产业研究院研究员齐勇锋[J]. 传媒，2009(8)：24-28.

业“走出去”的贷款担保业务品种。支持有条件的文化企业进入主板、创业板上市融资，鼓励已上市文化企业通过公开增发、定向增发等再融资方式进行并购和重组，迅速做大做强。支持符合条件的文化企业发行企业债券。

(五)设立中国文化产业投资基金。按照有关管理办法，由中央财政注资引导，吸收国有骨干文化企业、大型国有企业和金融机构认购。基金由专门机构进行管理，实行市场化运作，通过股权投资等方式，推动资源重组和结构调整，促进国家文化发展战略目标的实现。

上述五条，均涉及文化产业发展急需资金的筹措渠道、方式和使用管理等问题，因而更有意义。其中，第一条“降低准入门槛”，鼓励社会资本和外资进入文化产业，拓展了文化产业发展的资金来源渠道，文化产业发展的活力因此得以激发；第四条“加大金融支持”，要求银行业金融机构加大对文化企业的支持力度，支持有条件的文化企业上市融资和通过公开增发、定向增发等再融资方式进行并购和重组，为头部、重点文化企业迅速做大做强奠定了坚实的基础，从而开创了文化金融发展的新起点。

随后，一系列文化金融专门政策出台，推动了文化金融创新，加上财政投入和社会投入，极大地促进了文化产业的发展。宁波市高度重视文化与金融合作，积极探索文化金融服务，相关实践在全国具有引导价值和典型意义。

2011 年以来，宁波先后出台了《关于金融支持文化产业发展繁荣的实施意见》《关于加大政策力度深化科技金融融合和文化融合合作的意见》《关于推进文化产业加速发展的若干意见》等 10 余份政策文件，构建了比较完备的文化金融服务政策保障体系，引导金融全方位支持文化产业发展。

在金融服务文化产业的实践方面，宁波颇多探索和创新，几乎每年都有创新举措推出。2013 年，宁波市与中国银行、中国建设银行等 8 家银行就扶持重点和新兴文化企业工作，达成了深化战略合作关系的协议。2014 年 6 月，浙江省和中国农业银行系统第一家金融支持文化产业的专营金融机构农行宁波文创支行投入运行，标志着传统银行业务与宁波本地文化产业有了更深层次的合作。农行宁波分行以服务新产业、专注新企业、构建新金融、研发新产品为经营定位，通过传统信贷产品升级、知识产权质押贷款、股东信用贷款、引进第三方担保和融资等方式，为处于初创期或成长期的文化创意企业，提供金融支持，助其发展，促其做大做强，助推宁波文化产业的发展。① 截至 2016 年 3 月底，该行已与新闻媒体、影视动漫、旅游景点、文化专业市场等多个行业的 20 余家文化企业建立信贷合作关系，授信总额 7.5 亿元，贷款余额近 4 亿元②；至 2018 年年底，该行累计与上百家文创企业建立业务合作，贷款余额达 10.2 亿元，同比增长 18.6%。③

2015 年，为了深化文化金融合作，宁波市召开文化金融合作会议，启动“文化金融合作试验区”创建工作。会议决定，在现有农行文创支行的基础上，进一步推动银行、保险机构组建文化金融特色支行或文化金融专业团队；推动文化金融服务中心建设，设立文化产业投资引导资金和中小微文化企业信贷风险资金池；实施文化金融扶持计划，建立文化金融合作信贷项目库。2018 年，推动文化产业信贷风险池等文化金融供应链项目，开设宁波股交中心“文化创意板”，推进文化产业对接资本市场，探索文化产业与保险业合作模式创新；搭建文化与金融合作平台，建立文化金融合作研究中心，举办文化与金融合作对接会、文化金融服务进基层、文化企业投融资培训等活动。

2019 年宁波成功获批创建首批国家文化与金融合作示范区，开启了宁波市文化金融服务创新发展的新阶段。2019 年，宁波市重点深化了产业投融资体系和平台建设。通过举办精品文创项目对接交流会，推动重点项目参与中国文化和旅游投融资促进大会；通过举办文化金融业务培训班，开展文化金融服务基层服务企业活动，加强文化金融政策的指导、宣传与服务；继续推进“凤凰行动”宁波计划实施，有效增加宁波股权交易中心“文创板”挂牌企业数量；深化政府、金融机构与第三方金融服务机构平台合作，搭建文化和旅游产业公共服务平台，完善文化金融供应链项目，推动金融政策在文化和旅游产业领域有效落地。

---

① 农行宁波分行助力宁波文化产业发展[EB/OL].[2023-08-21]. http://jrb.ningbo.gov.cn/art/2014/6/10/art_1229024326_44860418.html.

② 农行宁波文化创意支行成立创新驱动支持文化产业[N]. 平顶山晚报，2016-04-26(C2).

③ 推进文化与金融合作助力文旅产业高质量发展——浙江省宁波市争创国家文化与金融合作示范区见实效[N]. 中国旅游报，2020-01-27(3).

2020年，扎实推进国家文化与金融合作示范区建设工作。8月21日，成立宁波文旅产业基金，基金总募集规模20亿元；深化文旅金融服务中心建设，构建"投、融、担、贷"等多维度文旅金融服务体系；实施文旅企业上市培育工程，组织举办文化和旅游产业项目投融资对接会和文化金融业务培训班，创建文旅金融服务中心；实施财政贴息补助政策，支持文旅企业战"疫"重振发展；开展文旅企业上市培育工程，推动资本市场主动对接支持文旅产业，做好"甬易办"平台政策上线工作；成立宁波创建国家文化和金融合作示范区协同创新研究基地，建设宁波文旅小微企业数据库、文化金融典型案例库、文化金融课程资源库。

2022年11月21日发布的《宁波市文化金融白皮书(2019—2021)》，总结了新阶段宁波市文化金融服务的做法，主要有：以政策促进为支点，大力支持区域文化产业发展，如宁波市文化金融间接融资市场、直接融资市场和保险市场均取得了长足发展，文化金融市场规模稳步提升，市场活力逐步增强，企业融资成本显著降低，2021年文旅产业贷款余额达到1158.6亿元，成为国内为数不多文化产业贷款连续两年超千亿元的城市；金融产品创新活跃，区域银行机构推出"甬知E贷""文创快捷贷""影视通宝"等4大类、40多款文旅特色产品，形成"文旅信贷""文旅直接融资""文旅担保""文旅保险"等文旅金融创新链，满足各类文化企业的不同需求；设立全域保险服务专营机构，推出全国首单非遗保险即越窑青瓷溯源保险，积极为影视企业提供完片担保，推出"创客保""产品研发责任保险""软件首版次保险"等保险产品满足人才创业创新需要，提高了文化企业抗风险能力和文化产业创业风险防范能力。① 文化金融服务的创新实践，成效显著。《宁波市文化金融白皮书(2019—2021)》显示，三年间，宁波市文化产业规模与业绩双提升，2021年文化产业增加值为1252.6亿元，同比增长26.8%，占地区生产总值比重提高至8.6%，成为区域经济发展的支柱性产业；文化服务业发展迅速，产业集聚效应逐步显现，形成了象山星光影视小镇、北仑博地影秀城等产业集聚区；共培育69家市级文化产业园区，集聚1.2万余家文化企业，吸纳11.5万余人次的文创类就业；文化出口稳步增长，文化产品出口年均复合增长

① 文化和金融协力助推文旅产业高质量发展[N]. 宁波日报，20123-01-12(05).

率为9%，文化服务出口复合增长率为18.3%。国家文化与金融合作示范区的创建，针对新阶段文化产业发展的重点与难点问题，从政策端、市场端、消费端创新机制、办法和手段，典型经验与示范成果不断显现。2022年4月，宁波市人民政府办公厅印发了《宁波市创建国家文化与金融合作示范区实施方案》，以进一步推进创新文化与金融合作机制和推动文旅产业和金融业高质量发展，更加充分地发挥文化与金融合作示范区的作用和效能。

表3-7 2019—2021年宁波市文化和旅游企业银行贷款情况

	2019年	2020年	2021年
企业贷款余额(亿元)	933.4	1037.4	1158.6
企业贷款新增额(亿元)	134.7	104.0	121.2
企业贷款发生数量(次)	995	1146	1224

表3-8 2019—2021年宁波市文化产业私募股权融资次数及同比增速

	2019年	2020年	2021年
融资次数(次)	1	1	3
同比增长(%)	-80.0	0	200.0

宁波充分发挥金融生态好、民营资本活、产业发展快的优势，大力推动文化和金融深度融合，先后成立组建的农行文化创意支行、文化产业基金、文化产业信贷风险池、文创小贷公司、宁波股交中心"文创板"等金融平台，形成了良好的文化与金融合作发展的宁波模式，有力地支撑了宁波文化产业的健康发展。

五、文化产业发展空间广阔

在政府支持和政策保障下，宁波的文化产业发展迅猛。但是，与"北上广深"以及杭州等城市的文化产业相比较，无论是企业尤其是龙头企业数量，还是经营实力和经济效益，都有一定的距离，然而这也给了宁波文化产业发展的空间。

(一)文化产业发展规模还不够大

受新冠疫情影响，2020—2022 年文化产业发展受到大环境的冲击，起伏很大。因此本节以 2018 年数据作为分析对象，根据《浙江省文化及相关特色产业行业类别(试行)》的统计口径，2018 年宁波文化产业总量为 539.08 亿元，仅占全省总量的比重为 12.65%，明显低于地区 GDP 占全省 19.12%的比重；增加值占地区 GDP 的比重仅为 4.8%(杭州为 8.2%，全省平均水平为 7.3%，省内排名第 7)。在 15 个副省级城市中，2018 年宁波文化及相关产业法人单位营业收入和规模以上文化及相关产业营业收入均排名第 8，处于中等偏下位置。

表 3-9　2018 年副省级城市文化及相关产业法人单位基本情况

指标 区域	法人单位数(个)	营业收入		户均营业收入	
		数量(万元)	排名	数量(万元/户)	排名
沈阳	15950	4762806	13	298.61	13
大连	13759	5120242	12	372.14	11
长春	6471	1661331	15	256.73	14
哈尔滨	8936	2230696	14	249.63	15
南京	33924	37794554	4	1114.09	2
杭州	40049	64418656	2	1608.5	1
宁波	25106	17490440	8	696.66	5
厦门	17629	9803355	10	556.09	9
济南	24774	9137161	11	368.82	12
青岛	35011	28801960	5	822.65	4
武汉	36460	24684232	6	677.02	6
广州	74414	48200505	3	647.73	7
深圳	102264	94884031	1	927.83	3
成都	34671	19336628	7	557.72	8
西安	27043	10255148	9	379.22	10

资料来源：根据《2019 年中国文化及相关产业统计年鉴》整理。

（二）文化产业结构有待优化

文化产业结构存在的问题，突出表现为数字文化产业不强和龙头文化企业偏少。一方面，宁波文化制造业实现的增加值占总量的比例保持在60%以上，远超全国29.1%的平均水平，但创意设计、影视制作、互联网服务等文化内容服务业比重偏小。2018年，宁波文化内容产业增加值占文化及相关特色产业增加值的比重仅为4.15%，比全省6.87%的平均水平低2.72%；2019年，宁波市数字经济核心产业实现增加值675.99亿元，仅为杭州3795亿元的17.8%。另外，宁波尚没有数字文化企业能够入围“2020中国独角兽榜单TOP100”榜单，而杭州有8家互联网信息服务文化企业上榜。另一方面，龙头文化企业特别是龙头文化服务企业数量偏少。还没有一家企业能够入选全国“文化企业30强”；规(限)上文化产业法人单位数915家，仅占法人单位总数的3.78%；户均营业收入1.42亿元，只有杭州的1/3，在副省级城市中职能排名第11。文化产业园区入园企业平均规模约200万元，与杭州的800万元相比，差距较明显。

第三节 新时期宁波文化产业创新发展路径

诚如党的二十大报告对国际政治变化趋势的判断，世界正处于“百年未有之大变局”中：“当前，世界之变、时代之变、历史之变正以前所未有的方式展开。一方面，和平、发展、合作、共赢的历史潮流不可阻挡，人心所向、大势所趋决定了人类前途终归光明。另一方面，恃强凌弱、巧取豪夺、零和博弈等霸权霸道霸凌行径危害深重，和平赤字、发展赤字、安全赤字、治理赤字加重，人类社会面临前所未有的挑战。”虽然全球新冠疫情严重威胁已过，但是经济逆全球化的趋势越来越明显，美国对华“脱钩”的策略日益显现。在这样的背景下，中国的外贸面临全新的格局，以出口贸易见长的宁波文化产业发展也需要厘清思路，为新时代的创新发展锚定目标和方向。2021年12月发布的《宁波市文化产业发展“十四五”规划》，以提升产业竞争力和实力为前提，以内容产业创新突破和文化金融服务扩面提质为重点，以数字创新和产业融合为手段，为文化产业可持续创新发展提供了路径选择。

一、“文化+”引领新发展

(一)文旅融合：打造可休闲可体验的文化新产业

文旅融合指的是文化、旅游产业及相关要素之间相互渗透和交叉汇合重组，突破原有产业边界或要素界限，交融而形成新的共生体的现象与过程。“读万卷书行万里路”，文化和旅游有着天然内在的联系，文旅融合发展因此前景广阔。

文旅融合发展在本质上要求“以文塑旅”和“以旅彰文”。新时代宁波文旅融合发展的特质，集中表现为：加快数字赋能格局下的文旅融合提质，培育文旅融合的新业态和新空间；推进全市旅游设施数字化和国际化改造升级，打造一批文旅消费集聚区、高能级旅游景区和度假区等文旅综合体。

(1)做强“大运河-丝路”文旅品牌。依托“大运河-海丝之路”文化遗产保护开发，积极推进“河姆渡国家考古遗址公园”、河海博物馆等项目建设，进一步擦亮大运河国家文化公园建设金名片；深挖海丝文化内涵，依托青瓷文化、商帮文化等特色文化资源，打造特色鲜明的文旅融合项目，实现文化产品的可参与和可体验。

(2)做大“诗画之路”文旅品牌。普查四明山、翠屏山和东钱湖区域沿线的历史文化资源，梳理浙东片区与浙中、浙西片区文化资源的关联，挖掘“诗画之路”本来面目；建设一批诗画景点和专题展馆，讲好“诗画文旅”好故事。依托历史遗存、名人活动遗迹等载体，建设一批特色名人馆、研学基地和文化展厅，打造名人文旅产品。

(3)做深红色文旅品牌。挖掘红色文化资源，推进红色旅游与文博旅游、乡村旅游和研学旅游融合发展，打造一批有特色、可体验的红色旅游融合发展示范区；增强红色旅游经典景区、红色旅游精品线路和红色旅游教育基地的感染力和引导力，凸显红色文旅的教育意义。

(4)做美乡村文旅品牌。宁波的乡村，大多文旅资源丰富，既有自然资源、人文资源等物质景观，也有文化、精神、习俗等无形资源。进一步挖掘乡村的文化和精神内涵，在乡村振兴的大背景下，积极推广艺术点亮乡村，培育乡村文旅新场景，建设创意设计气息浓厚的新型农村社区；建设一批乡村全域旅游示范区，引导以景点、民宿为主体的文旅资源进一步提升设施品质和增加文化内涵，使之成为展示新时代农村文化和精神内涵的窗口。

（二）文化消费：促进生活品质提档升级

1. 促进文化消费提档升级

加快建设国家文化和旅游消费试点城市，促进文化消费高质量发展。一是培育文化消费新热点。促进文化、旅游与现代技术相互融合，创新文化消费新场景，发展基于5G、超高清、虚拟现实人工智能等技术的新一代沉浸式文化消费内容，推动定制消费体验消费、智能消费等新型消费发展。推进数字技术赋能夜间文旅产品，开辟“夜游宁波”专线、特色文化夜市等，提升“三江夜游”多样化服务，谋划建设5个省级夜间文旅消费集聚区。二是创新文化消费新模式。引导文化企业开发数字化产品和服务，通过直播电商、社交营销等手段，开启“文化云逛街”等新消费模式。创新无接触消费模式，提高文化消费便捷程度，结合线上文化消费卡，推广电子票、云排队等消费新手段，打造一批文化智慧商圈、文化智慧集市和文化智慧商店。三是丰富文化消费新载体。打造宁波文化消费新地标，高标准建设老外滩国家级步行街，提升月湖西区、南塘河、鼓楼等历史文化街区，打造一批文化消费网红打卡地。深化沉浸式演出、艺术展览展示等文化消费的导入，迭代升级建设一批文化旅游消费综合体。强化文化消费设施建设，高水平建设天一阁博物馆新馆、非物质文化遗产馆、河海博物馆文化馆新馆、新音乐厅，加大对旅游景区、影剧院和实体书店的设施投入，提高文化设施数字化建设水平。

2. 强化文化金融合作示范

(1)加大文化金融支持。高质量完成国家文化与金融合作示范区创建，加快形成一批文化与金融合作的“宁波经验”，充分发挥宁波示范引领作用。建立稳定的财政投入机制，争取中央预算内投资、国家专项建设基金等资金支持，健全政府引导、市场主导的文化资金长效投入机制。

（2）强化文化产业金融投资。充分发挥宁波文旅集团引领作用，持续推进宁波文旅产业基金运作。发挥保险资金融通和投资功能，开发影视、艺术品、演艺类文化产业责任险等产品。稳步推进文化资产证券化，推进重大文化产业项目投资和文化资本运作。

（3）优化文化产业金融服务。深化文化金融服务中心建设，持续运作好“文化产业风险池”，举办文化金融论坛等活动，搭建内容生产企业、供应链运营企业、金融资本机构三方对接合作平台。鼓励金融机构创新文化金融产品，支持建立针对文化产业各门类的差别化授信政策。支持发展文化金融特色支行或文化金融事业部，加快发展文化担保公司等服务机构，推动文化信托、文化保险、文化融资租赁等新业态。

（三）创意设计：赋能文化制造

创意设计产业是战略性新兴产业和国民经济先导性产业，也是推进供给侧结构性改革和加快新旧动能转换的重要支撑，已经成为21世纪世界经济中最具前景、最具活力的产业之一。提升创意设计产业服务城市品位跃升、经济结构和产业结构优化，是宁波创意之城建设的基本思路。

（1）推进城市设计创新发展。加快旧城创意设施更新步伐，加大工业遗存创意再利用，促进文化创意理念融入城市规划和建筑设计，加大现代设计在市政、交通、休闲设施和艺术景观等城市建设中的表现力度，为创意产业发展、创意群体集聚、创意资源汇聚打造新空间。

（2）深化工业设计融合发展。推动工业设计赋能文化制造行动，引进或培育一批国家级、省级工业设计中心，优先培育先进装备制造设计业、包装与模型设计业、家电轻工产品设计业和运动器材设计业等行业；推动工业设计成果转化，以“和丰奖”工业设计大赛等设计赛事活动为载体，畅通设计成果企业转化应用渠道。

（3）促进专业设计特色发展。促进服装服饰、皮革制品、家居用品等传统优势产业产品设计时尚化转型，提升专业设计服务和发展创意农业、体验消费、体育文创等新兴业态的能力，推进新媒体和体验交互设计在现代传媒、移动终端、城市展示展览等领域的创新应用。全方位支持“中华设计奖”“海上丝绸之路”等设计赛事，打造具有影响力的专业设计活动品牌。

(4)加快设计促进传统文化资源转化。提升“非遗”文化资源转化能力，深化传统文化的创造性转化和创新性发展；建立社会资本有效进入机制，以非物质文化遗产博物馆、展示馆、体验馆等场馆建设为载体，通过商业表演、云上展览等形式，实现传统工艺的观赏、体验、互动等多种功能的有机融合。

二、“数字+”赋能创新发展

(一)文化制造业：智能制造

充分利用新科技，提升传统文化产业的科技水平进而提升文化产业的能级。将高端“文化智造”作为发展千亿产业集群的重要组成部分，推进文化制造业更加广泛、更深层次地应用科学技术尤其是数字技术，进一步畅通文化科技成果转化通道，最终实现从“文化制造”到“文化智造”的转型提升，使“文化智造”成为宁波文化产业的标签之一。

(1)保持优势文化制造行业的优势。推动文化用品等传统优势制造行业的转型发展，提高产品的文化内涵和附加值，加快玩具婴童用品制造与教育、动漫游戏的融合，发展智能可穿戴和智能健身器材等智能体育产品。在余姚、北仑、镇海和鄞州等区县市培育一批高端文化装备制造基地，发展高品质舞台机械设备、钢琴整琴和音响设备等优势文化装备，鼓励向数字多媒体娱乐设备、多功能集成化音响、游戏游艺设备、数字印刷设备等领域转型，进一步巩固文化装备制造先发优势。谋划文化装备应用示范平台，推动龙头企业率先制定行业技术标准。

(2)提升数字文化装备创新水平。着力攻克数字文化装备领域关键核心技术，加快开发引领新型文化消费的智能硬件、沉浸式设施、可穿戴设备、智能终端等具有自主知识产权的装备技术；加强人工智能、工业互联网物联网等新一代信息技术在智能文化装备生产各环节的集成应用。

(3)实施全产业链数字化赋能。项目化推进有实力的文化制造企业从生产制造数字化向设计研发、物流仓储、营销管理等全环节数字化转型，建设一批标杆性“未来工厂”；推动龙头文化制造企业研发和提供一站式整体解决方案，拓展网络化协同、个性化定制、服务化延伸、系统化方案解决等文化智造新模式，打造一批文化制造与互联网创新融合的标志性成果。

(二)数字文化产业：补齐短板

自2017年浙江启动实施数字经济“一号工程”以来，数字经济已经成为浙江发展的重要支柱，也为数字文化产业奠定了基础。2021年2月，浙江省委召开了全省数字化改革大会；2022年12月，中共中央、国务院印发《数字中国建设整体布局规划》，对数字中国建设进行了系统性谋划和体系化布局。2023年1月28日即春节假期后首个工作日，浙江省委召开会议，提出更大力度实施数字经济创新提质“一号发展工程”，推动以数字经济引领现代化产业体系建设取得新的重大进展，要求在数字化全面贯通、综合集成、建章立制上下更大功夫。因此，加快数字化建设，充分释放数字化发展红利赋能文化建设，是宁波新时期文化高质量发展的破题之要。其具体举措为：依托宁波国家文化与科技融合示范区，推进新一代信息技术的融合应用；加快数字内容创新，补齐数字文化新业态短板，布局文化科技前沿产业，打造全国数字文化产业新兴集聚区；建设数字文化强市，为浙江打造数字文化产业集群提供强有力的支撑。

(1)加快数字内容产业创新发展。培育一批具有鲜明宁波特色的原创IP，推进动漫游戏、电子竞技、网络文学、数字创意等数字内容产业的布局与发展；加快国家动漫基地升级，创新表现形式、拓展传播渠道，发展基于互联网和移动智能终端的动漫传播运营，积极开拓动漫新业态，促进动漫游戏产业升级；推动游戏产业健康发展，支持应用游戏、功能性游戏的开发和产业化推广；深化文化软件融合发展，发展与文化科技孵化、文化创意相关的软件支撑技术和应用服务，催生一批面向数字视听、数字出版、数字教育等领域的应用软件、技术装备和公共技术平台，培育一批数字文化软件头部企业、软件集成制造商和整体解决方案供应商。

(2)加紧培育数字文化新业态。深化数字赋能文化产业创新，发展数字影视、数字音乐、数字演艺、数字艺术展示、数字新媒体、线上演播、短视频、沉浸式体验等数字文化新业态，打造一批云演艺品牌，培育一批沉浸式剧场和云上剧场，推进一批“互联网+展陈”的展馆数字化示范项目。发展文化平台经济，支持互联网企业打造数字精品内容创作和文化资源传播平台，推出文化“短视频+电商”“自由视角+直播”等业态，打造新媒体电商平台和基地。利用5G、工业互联网、虚拟现实等新一代信息技术，深化数字赋能文化制造和文旅产业。推进文化新基建，推动图书馆、文化馆、博物馆和美术馆等文化设施数字化建设，构建文化数字场馆。

(3)创新布局文化科技前沿产业。创新大数据赋能文化产业，在宁波城市大脑平台上建立宁波文化大数据应用模块，加快大数据、云计算在文化产业领域的应用。推进人工智能赋能文化产业，加快开发文化产业领域智能制造嵌入式系统、工业互联网操作系统等智能工业软件。推动区块链赋能文化产业，推进区块链应用延伸到文化产品和服务溯源版权保护与交易、电子证据存证、文化大数据交易等领域。推进新技术、新设备、新材料、新模式等先进、成熟、适用技术在文化领域的应用，开拓文化领域科研和未来艺术的新路径和石浦渔港古城文化旅游资源，加快打造宁波影视休闲体验功能区。

三、培育与壮大文化企业

文化企业指的是以营利为目的，运用各种生产要素(土地、劳动力、资本和技术等)，向市场提供文化产品或文化服务，实行自主经营、自负盈亏、独立核算的具有法人资格的社会经济组织。进入新世纪，虽然各个国家经济发展状况时有起伏，但文化产业却总体上扬且成为国家的支柱产业和全球经济的重要组成部分，不少国家的年均增长速度保持在10%或以上。全球文化企业的总体发展趋势，呈现出数字化和网络化、集约化和规模化、全球化和一体化、资本化和证券化的显著特点。经过多年的培育和发展，宁波的文化企业积累了一定的优势，主要表现在：企业集聚发展，市场竞争优势显现；国有文化企业发展势头强劲，龙头效应显现；特色产业企业集群形成，竞争优势更突出；文化平台建设力度不断加大，支撑作用不断增强。但是，也存在企业规模还不够大、科技含量还不够高等问题。

(一)加快文化企业方阵建设

坚持把社会效益放在首位，坚持社会效益和经济效益相统一，逐步构建并形成“潜力企业-骨干企业-龙头企业”的方阵。

(1)实施文化领军企业“凤凰”引培计划。引进国内外大型文化企业总部及其研发基地、生产基地、交易中心等，形成一批大中型文化产业战略投资者。融入省百家文化名企创优工程，引导文化企业对接资本市场，加大其在股份制改革和国内证券市场上市关键成长期的支持力度，争取新增3家上市企业，实现文化内容企业上市零的突破，扶持壮大一批主业突出、核心竞争力强、市场占有率高的“文化航母”。

(2)实施文化骨干企业“单项冠军”小巨人计划。研究制定文化领域专精特新企业认定办法，建立“宁波文化企业30强”发布制度，建设文化产业“小巨人”企业库，着力打造一批专注于细分市场、创新能力强、市场竞争优势突出的单项冠军、隐形冠军企业。

(3)实施文化潜力企业“新势力”成长计划。加快个人工作室、独立策划机构、“文化创客”等文化“双创”企业成长，支持掌握核心技术、拥有原创品牌、具有市场竞争力的小微文化企业上规上限，建立挂点联系服务企业工作机制，培育一批文化领域“瞪羚企业”。

(4)实施“数字内容”优质企业发现计划。充分利用资本发现、地方培育等方式，加快发现数字内容领域的优质企业，提升数字文化企业对产业发展引领作用，不断提高数字文化新业态和内容企业数量质量。

(5)实施文化企业“创新发展”计划。加快文化科技企业成长为高新技术企业，加强对文化领域独角兽、准独角兽、潜在独角兽企业的发掘和支持，鼓励文化科技企业建设省级重点实验室、工程技术研究中心，鼓励建设文化产业技术创新联盟。

(二)提升文化产业平台能级

打造“国家级文化产业示范园区-省级重点文化产业园区-市级文化产业示范园-市级文化产业园区”平台梯队，培育建设一批具有先导性、基础性、战略性的文化产业功能平台。(1)规范文化产业园区认定、遴选、管理和考核。制定《宁波市级文化产业园区认定及管理办法》，加强对市级文化产业园区的分类认定和管理，对园区引进文化产业新兴业态、提升数字化水平等进行考核，鼓励园区引进和培育高质量企业和头部企业，引导园区提高服务质量和发展水平。(2)推动文化产业园区做大做强。强化文化产业园区数字赋能，加强园区数字化改造，依托园区产业大脑，建设一批数字化示范产业园区。强化文化消费、新型营销、智能产业的集聚发展，建设一批具有前瞻性、标杆性、带动性的新兴文化产业园区(街区)。推进园区平台专业化运作，支持园区加强规划指导，开展亩均效益评估，提高园区产业特色化、集约化水平。(3)建设文化产业融合创新载体。依托宁波各类高校、研究机构和宁波文创港、国家大学科技园区等平台，推进数字文化产业园区(基地)建设。(4)整合全市文化企业数据资源，建立文化企业大数据服务平台。加强文化产业企业服务，鼓励文化领域孵化器、加速器、创业空间、共享空间等各类服务平台和载体优化，打造文创孵化交易展示专业平台，扩大文旅产品供给，加快研学基地建设。

(三)壮大“轻资产”文化企业竞争力

以文具为代表的宁波传统文化产业，在规模发展、创新发展和智能制造等方面已有比较明显的优势。影视产业、音乐演艺等“轻资产”文化产业，需要进一步厘清思路和加大扶持力度，促进产业规模的快速发展。

1. 构建全产业链协同发展的影视产业

宁波影视底蕴和外景资源丰厚、影视产业发展良好、影视精品不断涌现，具有建设“影视之城”的良好基础条件。① 进一步提升影视产业的竞争力，关键在于

---

① 在百年中国电影史上，宁波创造了30多个“全国第一”，如第一部国际获奖的有声电影《渔光曲》等。包括邵逸夫在内的130多位宁波籍电影文化名人，引领着不同时期中国电影的风潮，可以说，“一部电影史，半部在宁波”。宁波外景资源禀赋多样，既有河姆渡遗址、天一阁、保国寺、四明山、老外滩等多元化的历史文化遗存，又有山、海、湖、港、桥等秀美的自然风光，也有南部商务区等现代都市剧的热门取景地，可以为影视剧制作提供多样化的拍摄场景。影视摄制基地已经实现品牌化发展。重点打造的影视拍摄基地象山影视城，以影视拍摄为龙头，逐步形成了场景制作、服装道具加工、吃住服务、购物消费等产业链条，能满足全天候、多场景、数字化拍摄需求，每年接待的摄制组和摄制的影视剧时长在全国名列前茅。

做大做强影视创作、拍摄制作、发行传播、资源交易等产业关键链条，打造全国一流影视产业基地和具有国际影响力的影视文化创新中心。首先，要优化产业结构，提升影视价值创造力。做好顶层设计，布局全产业链思维，做强做大影视产业。以影视摄制为重点，用平台经济思维和逻辑，做大规模，做强品牌；布局产业链上的剧本创作、后期制作、版权交易与开发、互联网影视产业、衍生品开发等环节，挖掘形成新的亮点和增值点。成立影视旅游场景基地联盟，升级建设融影视展示、影视服务、体验消费于一体的主题式综合公园，实现影视旅游一体化发展。其次，升级影视产品创作水平。深入挖掘宁波特色文化题材和有宁波特点的音视频资源，建立宁波影视创作题材库，打造服务能力强的“宁波影视”品牌。加大影视产品原创扶持力度，重点支持本市企业主导出品、拍摄的宁波题材作品。加快网络 IP 影视化进程，建设网络作品影视化基地。再次，打造影视摄制全国示范区。做强象山影视城，加快建设象山星光影视小镇和中国海影城，依托数字拍摄基地建设提升影视城数字化、智能化水平。做大宁波民和文化产业园和博地(宁波)现代影视基地等影视产业园区，加快奉化溪口民国风情街影视拍摄基地建设。实现影视信息发布、影视数据搜集和影视产品交易线上线下一体化等功能，完善影视拍摄一站式服务体系建设。复次，提升影视制作和出品实力。做强宁波国家广告产业园区的影视后期制作基地，打造国家影视云制作服务技术平台，引进扶持一批科技含量高、有发展潜力的影视后期制作企业和团队。支持影视产业园区建设影视出品公共服务平台，吸引国内外著名编剧、出品方、发行机构来甬设立影视营运机构。整合全市优质资源，组建集拍摄、投资、制作、发行、院线管理于一体的综合性影视集团。最后，延伸影视产业链条。布局影视装备产销基地，加快在前湾新区等区域布局影视装备产销基地，谋划建设宁波影视装备产业园区，探索搭建影视装备展、影视装备展销平台、LED 影厅和影视装备特效体验基地。支持象山影视城建设影视产权交易服务平台、宁波保税区建设宁波影视版权贸易基地和余姚梁弄建设中国电影（音乐）版权服务基地，促进影视版权和衍生品交易与服务。

2. 繁荣音乐演艺产业市场

音乐文化已成为城市建设不可缺少的元素。① 近年来，宁波市致力于提升音乐演艺产业的核心竞争力和品牌影响力，打造在国内乃至国际上具有较高知名度的音乐之城。首先，完善音乐产业链条。以高端乐器、音乐设备、数字音乐产品等为核心，布局一批各具特色的宁波音乐装备产业园。推进“音乐+休闲”“音乐+会展”等衍生产品和服务，谋划建设一批音乐培训交流和体验基地。其次，繁荣演艺市场。构建区域性演艺市场，打造覆盖剧本创意演出策划、剧场经营、市场营销、演艺产品开发等演艺全产业链条。实施宁波作品锻造工程，强化本土演艺资源和特色IP开发，打造一批叫响全国的精品力作和经典剧目。引进国内外音乐品牌节庆和高端演出，支持宁波演艺集团提供高品质文化供给，助力宁波交响乐团建成国内一流品牌乐团，打造老外滩演艺一条街文化广场音乐舞台、宁波爱珂演艺广场等音乐演艺特色街区。再次，搭建产业高能级载体。建设融合音乐总部基地、高端演艺、众创空间和产学研基地等于一体的宁波音乐港核心区。以老外滩大剧院、奥体中心、新音乐厅等为载体，发展音乐演出、大型音乐会和演唱会等，打造城市音乐产业发展联动区。最后，促进城市音乐消费。管好用好各大剧院，以交响乐、戏曲、现代剧等区分城区各大剧场艺术特色，通过票价平价化、盈利多元化，扩大剧院社会效应、经济效益和品牌效应。结合宁波国家文化消费试点城市建设，打造特色音乐街区，以“音乐+旅游”的文化融合发展模式助推宁波成为特色旅游目的地。

在文化产业发展的新阶段，需要贯彻新发展理念，全面开启“文化宁波”建设新征程。例如：以推动文化产业高质量发展为主题，以深化供给侧结构性改革为主线，以提升产业竞争力和实力为核心，以内容产业创新突破为重点，以数字创新和产业融合为手段，促进满足人民文化需求和增强人民精神力量相统一，构

① 宁波音乐文化资源丰富。宁波为城市市民音乐戏曲的起源地之一，余姚腔为中国最古老的声腔之一。宁海平调、甬剧、姚剧等地方剧种，四明南词、宁波走书等民间曲艺仍然活跃。雅乐与民乐并行发展，以古琴为代表的传统士大夫高雅音乐，名家代出；以十番班、抬搁等民间音乐组织为代表的浙东吹打，独具特色。近代音乐名人众多，涌现出近60位具有影响力的宁波籍音乐家。

建特色鲜明、优势突出、富有创意竞争力强的文化产业高质量发展体系，锻造硬核力量，着力推动“港产城文”融合发展，为构建与宁波打造现代化滨海大都市、争创社会主义现代化先行市、建设高质量发展共同富裕示范区先行市相适应的新时代文化高地，提供强有力的产业支撑。

第四章　推进"港产城文"融合发展

依山临海的宁波，三江贯流，港城韵味浓郁。港口是宁波发展的生命线，也是宁波最大的资源。宁波舟山港在一系列国家战略中具有重要地位，是"硬核力量"，宁波的港口建设不仅直接影响宁波市的现代化建设进程，而且事关浙江省甚至国家发展的大局。改革开放以来，宁波依托港口优势，全面深化对外开放，从区域内河小港发展成为国际深水远洋大港，从浙东商埠小城发展成为国际港口名城。进一步发挥港口资源优势在宁波经济社会发展中的牵引作用，是新时代港城文化建设的关键举措。

第一节　宁波港城的发展演进

宁波不仅人文昌盛，而且因为地理位置重要而商贸发达。由于浙东运河与京杭大运河在宁波交汇，且宁波处于中国海岸线的中段，因此宁波自古以来就是著名的港口贸易城市和中外交往的枢纽。在宁波，港口的发展变迁与城市的发展相得益彰：一方面，港口的发展为城市的发展提供了动力；另一方面，城市的发展也为港口的兴盛提供了支撑。

一、句章城与句章港

六七千年前的河姆渡人"以棹为马"，在江河湖海中如履平地。越王勾践在灭吴之后的公元前 473 年，于今之宁波市江北区慈城镇王家坝村与乍山翻水站一带筑城，命名"句章"——这是宁波全域第一座"城市"。在今城南的余姚江滨，也建有甬江流域最早的港口——句章港。①

秦始皇二十五年(前222)，正式设置鄮(即贸易之城)、鄞和句章三县。三国两晋时期，句章港到其他港口的海上航路已经开辟，对此，西晋陆云曾用文学语言描述："东临巨海，往往无涯，泛船长驱，一举千里。北接青、徐，东洞交、广"②；从句章港运输外销的最重要物资，是浙东特产越窑青瓷。汉晋时期，宁波的北线航路可达京口(镇江)、广陵(扬州)和郁洲(连云港)③，南向航线已经延伸至福建沿海。东汉末年，浙江、福建海道成为北方士民南下避乱的捷径。差不多同一时间，"越窑青瓷就通过甬江、沿着海岸线北上，经渤海湾输往朝鲜半岛西南部，从而开启了东亚的'海上陶瓷之路'"④。东晋末年，句章县治迁到宁波西南、四明山东麓的奉化江支流鄞江之滨的小溪镇(今海曙区鄞江镇)，原句

① 2004—2012年，宁波曾多次开展对句章故城的考古调查工作，发现了一处东吴至两晋时期的木结构台阶式码头遗存，保存完好。关于句章故城的最早文献记载，见于北魏阚骃的《十三州志》中记载，"周元王三年(前474年)，越王勾践城勾余"。句章故城属于海疆前沿，港城相依、以港兴城的沿海城市特征明显。当时，随着宁波平原的开发水平和生产力不断提升，促使宁波口岸东移靠近大海寻找新的水上交通枢纽。句章港作为"甬江流域出现最早的港口"由此产生，成为当时"越国的通海门户"，也是"中国最古老的海港之一"。句章港最初主要用于军事目的，春秋时期，勾践灭吴，句章港就发挥着重要的作用，"越灭吴，国都自会稽迁琅琊，死士八千，戈船三百艘"。另据《汉书·闽粤传》记载，汉武帝元封元年(前110年)"发兵击东越事"，元鼎六年"遣横海将军韩说出句章，浮海从东方往"……历史上有多次军事行动从句章港出发并以句章港作为海上进军的基地。句章港的军港地位从战国以来一直延续至五代时期。

② (晋)陆云．答车茂安书[C]//陆云集．北京：中华书局，1988：74.

③ 东晋末年，五斗米道道士和起义军首领孙恩除攻略浙东沿海诸地之外，还一度取海路北上至京口(镇江)、广陵(扬州)和郁洲(连云港)。

④ 戴光中．句章港：被遗忘的越窑青瓷始发港[N]．宁波日报，2023-02-21(B4)．我国原始瓷向瓷器转变的过程完成于东汉中晚期，宁波慈溪上林湖西岸的周家岙、桃园山等地发现了我国最早的一批真正意义上的瓷窑，可以说是中国陶瓷诞生的摇篮之一。三国两晋南北朝时期，慈溪、余姚与上虞、绍兴成为越窑瓷业的核心区域。入唐以后，越窑瓷器的烧制中心从上虞曹娥江西岸转移到慈溪上林湖周边。两晋时期，越窑青瓷开始向朝鲜半岛输出，这也可以被视为"海上陶瓷之路"的发端，而位于朝鲜半岛西南的百济政权统治区是越窑陶瓷的主要输出地。此后，越窑陶瓷的外输区域扩大到日本、东南亚以及印度洋沿岸各地，并在晚唐和五代达到巅峰。在"海上陶瓷之路"的开辟过程中，宁波港扮演着举足轻重的角色，这也正是越窑中心产地移至慈溪和鄞州东钱湖的主要原因。

章城池因此日渐残破，但句章港的功能并没有完全丧失。① 在秦汉至东晋的600余年中，句章港作为海上交通和军事行动的出入港口屡见于史册。到唐宋时期，随着明州港、明州城的逐步崛起，宁波港口的发展由单水道位正式进入交叉水道位的新阶段，句章古港最终步句章故城之后尘，消失在历史的长河中。大量的遗址、遗迹印证，句章港是宁波港口的源头，也是我国海上丝绸之路的始发港之一。

二、明州城与明州港

自五代至元朝，浙东地区相对安定，北方望族举族南迁者甚多。终唐一代，明州城经历了从迁址筑城到扩容巩固的发展过程。唐开元二十六年(738)，从越州分出浙东片区，设明州，州治设在鄞江之滨的小溪镇。长庆元年(821)和乾宁年间(894—898)，时任明州刺史韩察和黄晟分别在三江口今鼓楼一带修筑子城和罗城，宁波内、外双城的格局由此形成，也标志着浙东地区中心城市的确立。② 中国城市规划学家董鉴泓教授认为，一个文明发源地能不能称得上城市，要看它是否具有固定居民点、防御性设施、手工业作坊和商业集市四大要素。③ 罗城内的居民点和城墙、“护城河”等“防御性设施”的建立，表明宁波已进入城市发展阶段。从县级行政建制确立的公元前222年到中心城市的初步建成的898年，宁波花了1120年的时间。而它山堰水利工程，一举解决了城市的淡水供应问题，为宁波的繁荣奠定了物质基础。

通过隋代开凿的运河，宁波城内的越窑青瓷、粮盐美物等可以直达长安(今西安)、洛阳等政治中心；而长安、洛阳、南京、扬州等地的货物通过运河，可从宁波出口海外，所以宁波在古代有“东南之要会”和“海道辐辏之地”之称。以

① 隋文帝灭陈之后，将余姚、鄞和鄮三县并入句章。唐武德四年(621)，又从句章县中分出鄞州，但四年后又废鄞州，再设鄮县。鄮县的县治所在地，一直在三江口。

② 明州州治迁往三江口以后，对原鄮县县治进行了改建。唐代州级地方城市的建设形态，多采用“子城制度”模式。所谓“子城制度”即“子城-罗城”制度，衙署等权力机关集中于子城(内城)城墙围绕的空间内，外建罗城(外城)以容纳学校、庙宇等公共机关和供市民居住。其中，三江口姚江南沿(今和义路附近)成为唐代明州外海航运港区的核心区域。

③ 转引自章建．考古安徽[M]．合肥：合肥工业大学出版社，2016：37.

上林湖为中心的越窑青瓷高度发展①，推动了区域经济的日趋繁荣；海上丝绸之路最终形成与发展，带动了宁波港城经济、文化的进一步提高与扩散，明州商团的活跃，在其中起到了推波助澜的作用；作为日本遣唐使的登陆地②，明州成为唐朝我国对外特别是与朝鲜半岛诸国和日本进行经济、文化交流的门户……所有的一切，促使明州成为海上丝绸之路的核心港口和重要的世界港城。

两宋时期，宁波城市和宁波港获得了长足的发展。北宋时，城市中的“坊”“市”分区即居民区与商业区分开的城市设计被彻底打破，城市的功能因此发生了巨大的转变。简而言之，就是城市逐渐由政治中心和军事中心演变为经济中心和商业中心。尤其是南宋建都临安，宁波成为“京畿重地”，空间位置上的优势进一步提升了宁波在国家行政版图中的地位。几经营造升级，宁波成为城墙坚固、造船业和手工业发达、水道畅通、贸易繁荣、思想和文化厚重的浙东中心城市。与此同时，由于中华文明尤其是物质文明和技术文明居于世界的领先位置，在东北亚、东南亚有很大的影响力。因为有浙东运河与京杭大运河相通，宁波因而成为中外交往的枢纽，不仅与日本和朝鲜半岛的商贸和人文交流密切，而且与东南亚各地、印度洋周边地区的商贸往来不断。

宋元两朝，都在宁波三江口附近设有管理海上对外贸易的机关——市舶司。③ 位于三江口的宁波港(北宋名为明州港，南宋宁宗元年即1195年后改名为

---

① 宁波是唐、五代“海上陶瓷之路”的核心港口和贸易的关键节点。唐末至五代是越窑发展史上最令人瞩目的时期，也是越窑青瓷外销史上的鼎盛时期。当时还属于越州的上林湖与明州的东钱湖(今慈溪上林湖与鄞州东钱湖)是吴越国青瓷外销的两大生产基地。五代越窑青瓷外销港口，仍沿袭晚唐航线，就近取港，明州港因此成为吴越国越窑青瓷外销的重要港口。东亚、东南亚、南亚、西亚乃至北非、东非等国家和地区的中世纪都城、枢纽港口、贸易集散地、宗教寺院和祭祀场所、宫殿建筑以及贵族墓葬等遗址，出土了大量来自上林湖窑场与东钱湖窑场生产的唐、五代越窑青瓷。

② 宁波是唐朝中晚期日本遣唐使的主要登陆地。中国和日本的来往有着悠久的历史。早在先秦时期，中国的部分物品就已经传到了日本。隋唐时期，为了向中国学习，日本政府派遣了遣隋使、遣唐使。从公元630年到894年，日本派出的遣唐使有13次成功抵达，其中有4次直接横渡东海或转经琉球列岛，在宁波登陆。公元9世纪遣唐使被废之后，由于浙东海商集团的活跃，宁波仍是对日交往的主要据点。

③ 唐开元年间，随着海外贸易的发展，开始在广州设立专门管理海外商舶贸易的市舶司，主要职责为登记外国商船运载的货物，收纳关税，查禁唐朝不许进口的货物。

庆元港），逐渐成为朝廷对外交往的大埠和国际性港口。宋朝时期，前往朝鲜半岛和日本的商船，只能在明州市舶司签发公凭。北宋神宗熙宁年间，高丽恢复向宋朝派遣使节，并请求由山东登州入境改为明州入境。南宋宁宗庆元元年（1195），禁止中外商船停靠江阴、温州和秀州（今嘉兴和上海松江一带），两浙市舶务仅存庆元府一处。自此之后，“凡中国之贾，高丽与日本诸蕃之至中国者，惟庆元得受而遣焉”（罗濬《宝庆四明志》卷六），宁波因此掌控了对日本和高丽的贸易往来。三江口附近的波斯巷、来远亭、来安门、高丽使馆等地名，显示了宁波与海上丝绸之路的密切关系。港口地位的提升和贸易的繁忙，又促使城市的城池、水网、路网不断升级，宁波的城市品质逐渐成形。

唐宋时期确定的宁波港的外商港区，主要集中在和义门—渔浦门区和东渡门—灵桥区一带。这两个滨江区域，是古代宁波海运港区的核心空间。① 外国船只入关后，官府在这一区域有条不紊地完成查验、管控、征税等职守程序；舶商的通关、卸货、入仓以及贩售等环节，也在这一区域迅速高效地展开。有资料显示，宁波对外国船只和外商的管理比较开明，外国船舶可以在舟中出售部分货物，市民也可以自由进入外国船中求购所需物品甚至可以应外商邀请留宿船中。

三、宁波城与宁波港

宁波城市的名称，从明初的明州更名为宁波之后不再变更；而城市的格局和布局，则自唐宋后一直变化不大，直到被迫开埠。究其原因，主要是城市地位的停滞不前。虽然对外贸易没有因为明清实行的海禁政策而完全中止，但无论是规模还是影响力均与唐宋时期有明显的差距。

元末明初，长江下游地区的暴动和骚乱中断了大运河的航线，使得依赖这条航线进行中外贸易的宁波备受影响。雪上加霜的是，明朝政府自明初起即实行严厉的海禁政策，其直接结果，一是中外海上贸易普遍衰落，二是走私和海盗劫掠的猖獗。前者，使得往来的中外船只和客商远不及唐宋鼎盛时期；后者，使得宁波成为倭寇攻击的目标和沿海非法贸易的中心之一。稍微有利的条件，是明朝政

① 刘恒武．宁波古代对外文化交流——以历史文化遗存为中心［M］．北京：海洋出版社，2009：62-74.

府采取“堪合”①的形式继续与东北亚进行贸易。为了尽可能减少中外交往，明朝政府对进行“勘合”贸易的国家限制极严，只开放了浙江宁波、福建泉州和广东广州3个港口城市与“洋人”通商。其中，“宁波通日本”，宁波港被指定为专通日本勘合贸易的唯一法定港口，宁波市舶司承担着中日“勘合”贸易的管理职责。明代以宁波为出入门户的中日“勘合”贸易持续了143年，大体可分为两期。第一期为“永乐条约”期(1404—1421)，17年间日本遣使6次，共有38艘船抵达，而明使赴日7次；第二期为“宣德条约”期(1432—1547)，115年间日本遣使前来11次，计51艘船，而明使去日本仅一次。

大运河恢复通航之后，宁波经济的发展和国内贸易活跃等因素，宁波港逐渐从中外贸易的枢纽转型为沟通南北漕运的天然中转站和转口贸易港，因而宁波城市和宁波港的发展继续保持上升的趋势。

康熙二十四年(1685)，随着台湾的收复和东南沿海局势趋于稳定，为了加强对海外贸易的掌控和增加财政收入，清政府在宁波设立浙海关，以监管船只、货物和征收关税。浙海关辖宁波、温州和嘉兴乍浦三大口岸，南北相距800余千米。乾隆初年，宁波港船舶云集，一派繁荣景象。但乾隆二十二年(1757)，清政府又下令关闭宁波等海关，仅准广州一口通商。

鸦片战争后，宁波被列为“五口通商”口岸之一，并在道光二十四年(1844)正式开埠。开埠之初，英、法、美三国把领事馆设在三江口北岸。咸丰九年(1859)春，英国人李泰国根据《通商章程善后条约》，向清政府提出建立宁波、镇江等新关的书面建议，并要求由外国人管理税务。两年后，经清政府总理衙门批准，成立浙海新关，在三江口北岸外滩设立税务司公署，征收对外贸易税，俗称“新关”或“洋关”。浙海关的关税自主权、海关行政权和税款收支权，自此控

① 明初沿袭宋、元制度，在沿海口岸设立市舶司，主管对外贸易。永乐二年(1404)，明成祖为区分贸易与倭寇船只，“发放一种被称为‘勘合符’的渡航证明书。“勘合”类似于今天公文中所盖的骑缝公章、公文存根，其功能旨在对其印识、字号进行比较、勘验，以辨别真伪，防止欺诈。明朝将“勘合”用于朝贡制度，所以朝贡贸易又称“勘合”贸易。嘉靖二年(1523年，日本大永三年)，日本派出的两个朝贡贸易商团因为“勘合”真伪之辨而在宁波府城内大打出手，波及宁波百姓安危，也造成了官员死伤。此次“争贡”事件的直接后果，是市舶司的罢废和更严厉的海禁以及随之而来的倭寇大乱。倭寇是明朝在中国东南沿海武装走私的强盗。由于“堪合”贸易的规模和频次不能满足其他国家对中国商品的巨大需求，私人海外贸易因此趋于活跃，一些不法商人与海盗、倭寇合作，编织了庞大的走私网络。

制在洋人手里。这一局面，延续到1941年4月宁波被日军占领。其间，宁波港发展迅速，其中比较重要的标志是1874年招商局建造的靠泊能力达3000吨级的栈桥式铁木结构趸船码头的投入使用，自此宁波港初步完成了由帆船码头向轮船码头的转变。

抗日战争爆发后，为阻挡侵华日军从海上攻入宁波，先后有21艘船舶被沉入甬江，用以封锁航道，宁波的航运业也因此遭受重创，港口由此衰落。1943年，日本人在原浙海关旧址成立了“海关转口税宁波征收所”，并在镇海成立分所。抗战胜利后，浙海关的税务司、代理税务司和副税务司，全由中国人担任。然而，由于经济奄奄一息和外贸基本停滞，港口的税费收入不及关务费支出，浙海关因此衰落不振。1948年9月1日，浙海关划归上海江海关管辖，更名为江海关宁波分关。

1949年之后，宁波城和宁波港迎来了新生。1949年5月25日，宁波解放；5月28日，宁波市军事管制委员会成立并宣布接管浙海关；6月13日，宁波市军事管制委员会接管招商局宁波分公司；6月26日，宁波市军事管制委员会接管上海航政局宁波办事处，清理航务管理工作。1952年初，镇海生产打捞组完成了抗日战争时期封锁宁波港时凿沉的21艘船只和解放初被国民党军队炸沉的11艘船只的打捞任务，基本上清除了主航道的障碍物。1954年4月1日，宁波港启动历史上第一次大规模挖泥工程，并于1955年完成。1953年1月，统一管理宁波港一切港务事宜的上海区港务局宁波分局成立；1954年9月客运站正式成立。到1956年，私营轮船业的改造完成，95%以上的民船走上集体化道路，使港口生产面貌发生了深刻变化，为宁波港进一步发展打下了坚实的物质、思想、组织基础。不过，由于西方主要国家对我国的经济封锁和我国海防战略的决策，也制约了宁波的发展。与很多同类城市相比，宁波发展的速度不够快，质量也不够高，“总的来说，改革开放之前宁波仍然是普通的江南小城、区域性的内河小港”①。港口的卸货方式，仍是传统的人力滚装式，一包包货物放在斜立在船舷的木板上滑动下来，地面上的码头工人再肩扛手提货物运送出去。直到1960年，

① 中共宁波市委党史研究室．宁波建设现代化国际港口城市的历史经验与启示[C]//中共宁波市委党史研究室．宁波辉煌六十年：纪念新中国六十周年暨中国特色社会主义理论在宁波的实践研讨会优秀论文集．北京：国家图书馆出版社，2009：2.

宁波港仅有两个3000吨级的浮码头、1个木平台码头和1个吊台木码头，最大的起重机械是1台1吨的吊机，港口年吞吐量只有七八十万吨。改革开放之后，宁波港成了国家改革开放的前沿阵地，宁波的城市建设和港口建设由此获得了长足的发展。

“宁波港”历经多次迁移，从句章港到三江口江厦一带，经过约1200年，港址东进了19千米；而从三江口的江厦到江北岸，推进相对缓慢，历时1100年，仅仅前进了0.5千米；再从江北岸到镇海新港区，只用了不到110年的时间，就前进了19千米；而后，港口进入空前高速的发展时期，从镇海口到北仑港区，仅用5年时间，推前了14千米。

第二节　改革开放后的宁波港城发展和文化建设

在经济领域，改革开放的内涵主要包括推行市场化经济、开放对外贸易、扩大对外投资等。引入外资和技术、充分利用全球市场和资源、推进了经济国际化等措施，对中国经济的发展起到了重要的推动作用。作为改革开放的前沿阵地之一，宁波也得到了迅猛的发展。改革开放后宁波的城市发展和宁波港的建设历程，大体上可以分为如下四个阶段。

一、“现代化的港口城市”和“以港兴市，以市促港”(1978—1992)

党的十一届三中全会开启了具有深远意义的伟大转折，中国共产党开始探索建设中国特色社会主义，中国从此进入改革开放和社会主义现代化建设的新时期。1992年1月18日至2月21日，邓小平到武昌、深圳、珠海、上海等地视察并发表了一系列重要讲话。这些讲话明确回答了长期以来困扰和束缚人们思想的许多重大认识问题，重申了深化改革、加快发展的必要性和重要性。在总结党的十一届三中全会以来实践探索和基本经验的基础上，邓小平对一系列重大理论问题和实践问题提出了新观点和新思路，将建设中国特色社会主义的理论向前推进了一大步，也把改革开放和现代化建设推向了新阶段，对中国社会主义现代化建设事业具有重大而深远的意义。这两个时间节点之间的14年，是中国改革开放的萌芽和启动时期。其间，中共中央确立了改革开放的基本国策，作出了把全党、全国工作重点转移到现代化建设上来的重大决策和部署。宁波也在这一时期正式开启了改革开放的历程，确定了“现代化国际港口城市”的发展目标。

中华人民共和国成立前，宁波港虽然有1200多年的对外开放历史，但是作为内河港口，最大靠泊能力仅为1000吨，年最大货物吞吐量还不到200万吨。1949年，宁波港口年货物吞吐量只有4万吨。中华人民共和国成立后，宁波积极为3000吨级客货轮复航准备条件，旧码头陆续被修复。到1956年，客运量达到79万人次，货运量达到58万吨；1958年新建2座3000吨级码头，1959年港口货物吞吐量即突破100万吨，达到137.4万吨。但是受国际经济封锁、国家海防战略等影响，宁波港口发展较慢。

20世纪70年代初，随着我国对外关系的发展，对外贸易海运量迅猛增长，我国港口规模和能力无法满足海运日益增长的需要，经常出现压船、压货和港口堵塞现象。① 1973年2月27日，周恩来总理发出“三年改变港口面貌”的号召。国务院随即成立由粟裕和谷牧担任组长的港口建设领导小组，组织全国港口建设大会战，迅速掀起港口、航道建设的高潮。7月，国务院港口建设领导小组组长粟裕率队到宁波考察海港选址，开启了宁波持续30余年的建港大潮。原国家计划委员会在1974年1月批准建设镇海港区，标志着宁波港口开启了千年来的第一次历史性跨越，宁波港也因此完成了由传统式的河岸港向大吨位、大流通的综合性河口港的转折。1978年1月，北仑港区建设小组正式成立；12月，镇海港区万吨级煤炭专用码头竣工，这是宁波港第一座万吨级码头，货物吞吐量也一举

① 1973年，与中国建立贸易关系的国家和地区已有140多个，全世界有550多个港口与中国有海运往来，靠泊在中国港口的外轮每天有190多艘，加上国内远洋轮20～30艘，较1970年增加3倍以上，而中国港口的泊位没有相应地增长，港航矛盾日益突出，港口货物积压严重。由于中国港口吞吐能力严重不足，外国货轮经常停泊待卸，常遭到罚款。宁波港的实际情况是：1951年，进港船舶为17530艘，计852000总吨；到1973年进港船增至45202艘次计5114000总吨；1973年货运吞吐量达到138万吨。但是，同期泊位总长增加不到1倍，靠泊能力及航道水深仍然局限于3000吨级的水平（见朝泽江．四项工程建设及其在宁波发展中的作用[C]//中共宁波市委党史研究室．宁波辉煌六十年：纪念新中国六十周年暨中国特色社会主义理论在宁波的实践研讨会优秀论文集．北京：国家图书馆出版社，2009：76）。

突破 200 万吨。

随着现代化港口码头的建立，宁波港进入历史上发展最快的时期，迅速成长为我国四大国际性深水枢纽港之一，并迈着坚实的步伐朝着世界一流国际大港阔步前进。在设施建设方面，1979 年 1 月，为上海宝钢配套的北仑 10 万吨级进口铁矿中转码头主体工程开工，揭开了全国第一座 10 万吨级现代化码头北仑港区建设的序幕，北仑港区也被确立为国家重点开发的国际深水中转港。1979 年 6 月，北仑港区获准对外开放，从而使宁波港完成了由河口港到海港的第二次历史性跨越。这一跨越，不仅使宁波港在单船靠泊能力上提高了一个数量级，而且将宁波港带入深水海峡大港的新时代。为充分发挥港口优势和加快推进宁波经济社会发展，宁波开工建设了浙江炼油厂、镇海发电厂、北仑发电厂、杭甬高速公路、栎社机场等一大批重大基础设施，城市面貌因此发生了显著的变化。镇海港区和北仑港区的建设，让宁波港完成了由内河港到河口港再到海港的两次历史性跨越，也为宁波在国家发展中战略地位的提升奠定了基础。在进出口业务方面，宁波港的表现可圈可点，主要表现在港口货物吞吐量高速增长。1985 年货物吞吐量迅速从 1979 年的 236 万吨增长到 1040 万吨，首次超过 1000 万吨；1990 年，年货物吞吐量达 2554 万吨、集装箱吞吐量 2.2 万标箱；2000 年又突破 1 亿吨，达到 11547 亿吨。

表 4-1　1978—2015 年宁波港货物吞吐量

年份	货物吞吐量		外贸货物		集装箱吞吐量	
	万吨	年均增长率	万吨	年均增长率	万吨	年均增长率
1980	293	/	22	/	/	/
1985	1040	28.9%	317	70.5%	/	/
1990	2554	19.7%	812	20.7%	2.2	/
1995	6853	21.8%	2812	28.2%	16.0	48.7%
2000	11547	11.0%	5193	13.1%	90.2	41.3%
2001	12852	11.3%	5475	5.4%	121.3	13.4%
2002	15398	19.8%	6242	14.0%	185.9	53.3%

续表

年份	货物吞吐量		外贸货物		集装箱吞吐量	
	万吨	年均增长率	万吨	年均增长率	万吨	年均增长率
2003	18543	20.4%	8213	31.6%	277.2	49.1%
2004	22586	21.8%	10233	24.6%	400.5	44.5%
2005	26881	19.0%	12845	25.5%	520.8	30.0%
2006	30969	15.2%	13860	7.9%	706.8	35.7%
2007	34519	11.5%	15794	14.0%	935.0	32.3%
2008	36185	4.8%	16800	6.4%	1084.6	16.0%
2009	38385	6.1%	18179	8.2%	1042.3	-3.9%
2010	41217	7.4%	20337	11.9%	1300.4	24.8%
2011	43339	5.1%	23034	13.3%	1451.2	11.6%
2012	45303	4.5%	24533	6.5%	1567.1	8.0%
2013	49592	9.5%	27628	12.6%	1677.4	7.0%
2014	52646	6.2%	29723	23.6%	1870	11.5%
2015	51004.5	-3.1%	30203.6	22.9%	1982.4	6.01%

宁波港的进出口在改革开放进程中进展顺利。1978 年 9 月 23 日，国务院批准宁波海关恢复建关；同年 12 月，国务院批准成立宁波港务管理局，统一建设、管理宁波、镇海、北仑三个港区。1979 年 6 月，国务院正式批准宁波港对外开放，宁波口岸恢复进出口货物；同年 9 月，宁波海关首次监管外籍船舶——日本籍装载 3000 吨化肥的“湖山轮”入关。不过，由于进出口额有限，宁波港的服务能力也不强，宁波口岸 1978 年国际航行船舶仅有 12 艘次，进出境货物仅为 3.35 万吨。

港口的发展，开启了宁波的现代化国际港口城市建设。1980 年 7 月召开的宁波市第五次党代会，首次把“建设现代化的港口城市”作为宁波改革开放的奋斗目标。宁波的对外开放经历了一个从起步到快速拓展的过程。1980 年，宁波第一家外资企业——宁波东方眼镜制造有限公司成立；1984 年，宁波获准设立经济技术开发区；1988 年，宁波获得自营进出口经营权，当年自营进出口便突破 1 亿美元，外贸实现了由单纯货源收购向以自营进出口为主的综合经营转变。更为重要的是，宁波所属的余姚、慈溪、奉化、鄞县、宁海、象山六县(市)在 1988 年 3 月均成为沿海经济开放区，从而使宁波实现了全区域开放。

城市经济社会的发展尤其是港口的快速发展，不仅使宁波的城市地位快速上升，而且让宁波初步显现经济大市的形象。1984 年 8 月 1 日，邓小平发出“把全世界的‘宁波帮’都动员起来建设宁波”的号召，激发了海外“宁波帮”建设家乡的积极性和责任感，一批海外“宁波帮”投资的项目开工建设并很快投产；1985 年 12 月，国务院专门为还是地级市的宁波成立了宁波经济开发协调小组。宁波经济开发协调小组由时任中共中央书记处书记、国务委员的谷牧担任组长，国家计委副主任陈先任副组长，12 个部委和浙江省、宁波市共 18 人为协调小组成员，协调解决了实行计划单列、港口建设、栎社机场建设、城市总体规划等事关当时宁波发展的重大问题，成为推动宁波经济社会发展的超强功率“发动机”；1987 年，国务院批准宁波为计划单列市，赋予其相当于省一级的经济管理权限；1988 年，国务院又批准宁波市为“较大的市”①，赋予其地方立法权。宁波城市地位的快速上升，促进了宁波经济社会的繁荣发展。到 1992 年，宁波的国内生产总值达到 232.94 亿元，比 1980 年的 29.53 亿元增长了 6 倍多，提前完成了国内生产总值翻两番的目标，经济大市的地位也因此开始确立。

“以港兴市，以市促港”是港口城市发展演变的普遍规律。港口是宁波市最重要的自然资源，决定着宁波的前途命运和发展兴衰。可以说，没有宁波港，就不会有宁波的率先对外开放，就不会有宁波今天的繁荣。早在改革开放初期，宁波市就酝酿出“以港兴市，以市促港”的战略思想。宁波市第五次党代会提出了“尽快把宁波市建成现代化的港口城市”的建设目标，正式开启了宁波依托港口

① 1988 年 3 月 5 日，国务院批复宁波市正式成为“较大的市”。按照地方政府组织法的规定，“较大的市”是指经国务院批准可以制定地方性法规与规章的城市，其核心就是拥有“地方立法权”。国家和浙江省所制定的法律法规对经济快速发展、改革开放程度明显高的宁波来说，可能存在针对性不够、操作性不强等现象。通过地方立法为深化改革保驾护航，夯实了宁波可持续发展的基础。

优势加快现代化建设、促进港城一体发展的历史，宁波的港口战略、港城协同发展战略由此起步。随着改革开放的深入，宁波的港口战略思想在实践中不断得到深化和完善。1984 年 7 月，宁波市第六次党代会进一步丰富了现代化港口城市的内涵，提出“努力把宁波建设成为浙江的重要工业基地和以出口加工工业、国际转口贸易为中心的综合性的现代化港口城市”，强调凸显港口对出口、转口贸易的带动作用，把出口加工工业、国际转口贸易作为城市建设的中心。1988 年通过的《宁波市发展外向型经济总体规划(1988—2000)》，明确把港口确立为全局性的战略支点，强调以港口促工业，以港口促内外贸，以港口带动全市国民经济和社会的发展，加快工业化进程成为宁波实施战略目标的先导性战略取向。1989 年 8 月召开的宁波市第七次党代会完全吸收这一战略思想，明确要求“抓紧抓好以港口为中心的重点工程建设”，认为港口建设“对宁波今后的发展至关重要，是宁波经济起飞的希望所在”，通过发挥港口优势带动城市经济和社会的协调发展的思路由此形成。在此基础上，1992 年 5 月召开的中共宁波市七届六次全会(扩大)，正式提出“以港兴市，以市促港”的发展战略。

二、“社会主义现代化国际港口城市”成为核心战略(1992—2002)

以邓小平“南方谈话”的发表和党的十四大确立市场经济体制改革的目标为标志，我国改革开放进入全方位纵深发展时期。立足于前一时期的基础，宁波正式提出建设“社会主义现代化国际港口城市”的奋斗目标，并逐步稳固了长江三角洲南翼经济中心的地位。

在经济体制改革方面，市场化改革的活力得到进一步激发。1993 年，宁波市率先成为社会主义市场经济体制综合配套改革试点城市，开始新一轮体制改革。到 2000 年左右，基本完成了国有企业产权制度和劳动关系制度改革，国有企业因此重新焕发活力；基本完成乡镇企业产权制度改革，一大批产权明晰的民营企业迅速崛起；非公有制经济活力进一步得到彰显，所有制结构从以国有、集体为主逐步向国有、集体、民营、外资协调发展的方向转变，混合经济模式基本定型；三大产业结构进一步优化，三大产业的比例从 1991 年的 19.3 : 57.9 : 22.8，调整为 2002 年的 7.0 : 55.2 : 37.8，与处于世界工业化中期的国外城市的水平大致相当；产业集群发展迅速，在镇海、北仑滨海区域建成能源、原材料临港产业带，14440家企业汇聚在114个工业园区内；其他区域形成了与滨海区域相配套的145个产业集群，年产值达786亿元，占全市工业总产值60%以上。

在扩大对外开放方面，外向型经济向开放型经济的跨越初步实现。经济技术开发区面积不断扩展。1992年10月，宁波经济技术开发区与北仑港工业区合并，开发区面积由3.9平方千米扩大到29.6平方千米；宁波保税区的成立(1992年11月)和大榭岛获准成片开发(1993年3月)，享受经济技术开发区政策的区域进一步扩大；对外贸易高速增长，进出口年均增速达47%，确立了华东重要对外贸易口岸的地位；外资投资的领域从加工工业拓展到交通、城建、商贸、农业等民生领域，全方位、宽领域利用外资的新格局初步形成；国际工程承包快速发展，海外实业投资、境外经贸办事处明显增多，开放型经济的特征显现。

伴随国民经济的快速发展和港口的现代化，宁波提出“以港兴市，以市促港”的发展战略，明确了把宁波市建设成为华东地区重要工业城市、对外贸易口岸、浙江省经济中心，把宁波港建成全国国际深水中转枢纽港的目标。为了适应新目标，提高港口服务效率，宁波海关也在不断改革监管制度和业务流程，助推口岸升级发展和服务效率提升。到1995年，宁波口岸国际航行船舶达到2945艘次，10年间增长了6倍多。1994年6月召开的宁波市第八次党代会，把“以港兴市，以市促港”确立为建设社会主义现代化国际港口城市的核心战略。1999年5月召开的宁波市第九次党代会，围绕建设社会主义现代化国际港口城市的既定目标，进一步提出了“港口建设、科教发展、对外开放、城市化”四个“新突破”。把港口建设确定为新世纪宁波发展的“四个新突破”之首，反映了优先加快港口建设及其功能培育是实施战略目标的基本战略取向。随后，宁波市委、市政府又先后提出了建设大港口、港桥海联动等港口发展思想，进一步强调港口在宁波发展中的战略地位。可见，在世纪之交，举全市之力加快建设枢纽型国际港口成为港城发展的主基调，“以市促港”在港城互动关系中处于主导地位。而港口与城市的有机互动，临港型工业和以港口为中心的集疏运网络的发展，有力地推动了港口国际化发展，以及城市的工业化、现代化和城乡一体化进程。

三、“现代化国际港口城市”和“港口圈建设”(2002—2017)

历经15年三个阶段艰苦卓绝的谈判，中国于2001年12月11日正式加入世界贸易组织(WTO)。加入世界贸易组织后，中国不仅可以分享经济全球化发展带来的成果，而且能够参加制定有关游戏规则，在建立国际经济新秩序中把握主动权，我国改革开放因此步入制度性开放和深层次改革的新时期。加入世界贸易组织后，宁波的现代化国际港城建设进入工业化、城市化快速推进和现代化、国际化全面提升的新阶段。2002年12月，时任浙江省委书记习近平首次调研宁波时指出，“如果说港口是宁波最大的资源，那么，开放应当是宁波最大的优势，只有把最大资源和最大优势这两个作用都发挥到极致，才能实现效益的最大化”①；要全力推动国际大港向国际强港转变，全面提升港口辐射带动能力和国际市场开发能力，打造辐射长三角、影响华东片的“港口经济圈”。2002年2月召开的宁波市第十次党代会和2007年3月召开的宁波市第十一次党代会，以“六大联动”“六大提升”战略部署②，来“加快现代化国际港口城市建设步伐，基本建成华东地区重要的先进制造业基地和东北亚国际航运中心的重要组成部分，进一步确立长江三角洲南翼经济中心的战略地位”。2012年2月召开的宁波市第十二次党代会提出了全面实施“六个加快”战略③，以及“基本建成现代化国际港口城市，努力成为发展质量好、民生服务好、城乡环境好、社会和谐好的中国特色

① 习近平. 干在实处 走在前列——推进浙江新发展的思考与实践[M]. 北京：中共中央党校出版社，2006：487.

② 宁波市第十次党代会作出了推进“六大联动”、实现宁波现代化建设新跨越的战略决策，即城乡联动、产业联动、港桥海联动、内外联动、生产生活生态联动、经济社会发展联动。第十一次党代会提出推进“六大提升”，推动宁波现代化建设向更高水平迈进，即着力提升城乡区域协调发展水平，着力提升产业综合竞争力，着力提升港口大桥带动效应，着力提升经济国际化程度，着力提升可持续发展能力，着力提升人民群众生活品质。

③ “十二五”开局的2011年初，宁波提出“六个加快”战略决策：加快打造国际强港、加快构筑现代都市、加快推进产业升级、加快创建智慧城市、加快建设生态文明、加快提升生活品质。重点通过港口、城市、产业的融合互动，加快推进转型发展，为浙江乃至长三角地区发展作出新贡献。具体举措包括：以国际强港建设提升城市国际竞争力投资45亿元用于港口建设；以现代都市建设促进产业错位发展，全面建设26个城市综合体；以重大产业集聚区建设构筑新城区，至2015年杭州湾新区规划常住人口20万等。

社会主义示范区”的发展目标。这一阶段，宁波港城发展的基本战略取向，主要以国际化水平为导向，进而提升产业、港口、城市的综合服务功能并加快“港、产、城”的融合发展。“中心”“基地”“平台”等词语，频频出现在党委政府的工作报告和工作总结中，成为区域发展的关键词。到“十二五”末期，宁波总体实现了“基本建成现代化国际港口城市”的目标。

进入新世纪，宁波各级政府着力加快政府职能转变，深化行政审批制度改革，改革公共财政体制，优化行政资源配置，加强效能政府和廉洁政府建设；基本完成了国有、城镇集体企业产权制度改革，新一轮综合配套改革和排污权交易改革开始试点，投资、财政、规划、国土等职能部门的体制改革不断深化；现代化服务业迅猛发展，国际贸易展览中心、国际航运服务中心等一批服务业功能区开工建设，引进了一大批服务外包机构，基本形成了以国际贸易为龙头、现代物流为支撑的现代服务业体系；产业集群竞争优势日益明显，获得了“中国文具之都”“中国模具之都”“中国注塑机之都”等一系列特色经济区域的荣誉称号。体制改革的全面深化，推动了经济发展方式从数量增长向质量提升和结构优化的转变，经济运行质量因此不断提升。

(1)以港口为龙头的综合交通体系基本形成。杭州湾跨海大桥全线贯通，甬台温铁路、杭甬客运专线、绕城高速公路东段、舟山大陆连岛工程、“五路四桥”项目快速推进，“一环六射”公路交通主骨架基本建成，开通了集装箱班列。宁波港已基本建成高速公路、铁路、航空和江海联运、水水中转等全方位、立体型的集运疏网络。与此同时，随着大碶疏港高速公路顺利通车和象山港大桥等工程的完工，城乡基础设施网络化体系也逐步形成。

(2)港口开放程度稳步提升。宁波出口加工区(2002)、宁波保税区南区(2003)、宁波保税物流园区(2004)、浙江慈溪出口加工区(2005)、宁波国家高新技术产业园区(2007)、宁波梅山岛保税港区(2008)、宁波栎社保税物流中心(2009)等相继获准设立和启用，使得宁波成为拥有中国所有类型的特殊经济区，成为中国开放度最高的区域之一。2003 年 4 月，宁波成为境外投资审批制度试点城市。2007 年，宁波正式获得自办领事认证工作权，成为全国副省级城市中享有此权的三座城市之一。2008 年，全市对外贸易经营备案登记企业达 10758 家，直接与 211 个国家和地区开展国际贸易；全市自营进出口总额从 2001 年的 88.9 亿美元增长到 678.4 亿美元，年均增速高达 31%；实际利用外资 25.4 亿美元，完成对外承包工程和劳务合作营业额 15.7 亿美元，分别是 2001 年的 2.9 倍、6.5 倍。

(3)港口综合实力显著提高。“入世”给宁波港的发展带来了极大的推动力，“入世”之初，宁波港平均每年以 2 个万吨级泊位速度增加，成为中国大陆大型和特大型深水泊位最多的港口。自 2006 年元旦起，“宁波—舟山港”名称正式启用，宁波、舟山港一体化序幕由此拉开，迎来了宁波开港以来集装箱码头基本建设投入力度最大、港口综合实力提高最显著、国际国内地位提升最明显的时期。宁波港货物吞吐量从 2001 年的 1.28 亿吨增加到 2008 年的 3.6 亿吨，位据全国第二位、世界第四位。集装箱吞吐量增幅持续保持在 15%以上，在较短的时间内完成了从无到有、从小到大、从弱到强的蜕变。1990 年宁波港集装箱运输开始起步，吞吐量仅有 2.2 万标准箱，但此后进入快速发展时期，2001 年便超过 100 万标准箱，2008 年突破 1000 万标准箱，达到 1084.6 万标准箱，成为中国第四大、全球第八大集装箱运输港。

(4)港口国际地位快速提升。1978—2008 年，宁波港共建成生产性泊位 311 座，其中万吨级以上泊位 64 个，开辟集装箱航线 210 条，其中远洋干线 118 条，月均航班近 900 班，最高达 917 班，与世界 100 多个国家和地区的 600 多个港口通航，世界知名船舶公司纷纷进驻宁波港。自此，港口发展实现新跨越，跻身世界级大港。

进出口贸易的繁荣，促使港口成为带动区域经济发展的核心战略资源，港口经济也成为宁波经济的重要支柱和增长引擎。众所周知，港口经济是由港口运输业及依托港口发展起来的相关产业有机组合而成的一种区域经济，具有极强的综合性和关联性。港口的发展既需要仓储、运输、物流、加工、贸易、金融、保险、代理、信息、口岸相关服务的支持，也会极大带动这些产业的发展。“乘数效应”显示，投资的增加将会引起更大的乃至数倍的 GDP 的增加，例如，“一只标准集装箱重箱的港口包干费，即港口企业直接收益部分，为 800~1200 元，而由此带来的拖轮、引航、口岸以及港口配套服务，包括修箱、堆存、船舶代理、航运、金融结算、拖车运输等，其经济收益则是港口直接收益的 6 倍，也就是 4800~7200 元。有数据显示，港口生产经营与其他相关产业及间接诱发的经济贡献为 1∶5，提供就业比值为 1∶9。如德国汉堡港每 10 万吨吞吐量(件杂货)所创造的就业岗位为 428.8 个，天津港每万吨吞吐量创造 GDP 的贡献约为 120 万元，对地区就业的贡献为 26 人，宁波港每增加 1 元产值，就能为宁波市带来 89.6 元的社会效益"①。港口的辐射与集聚效应，直接推动宁波建立起以石化、钢铁等为主体的临港工业体系和以现代物流、国际贸易等为中心的现代服务业体系。此外，宁波港承担了周边地区所需的大量能源、原材料和外贸物资的运输任务，腹地也延伸到内地 31 个省、自治区、直辖市，成为国内最大的铁矿石中转基地、华东地区最重要的煤炭供应基地，原油接卸量占全国总量的三分之一以上。宁波港的跨越发展将宁波变为长三角区域国际化的重要国际"门户"。

宁波城市发展的现代化进程，也在不断加快。2002 年鄞县撤县设区后，南部商务区、东部新城等重点城市功能区块建设相继启动。"十五"期间，中心城区建成区面积从 134.7 平方千米扩展到 224 平方千米，城市化率从 45%提高到 63%。随着宁波城市框架的拉开，城市功能不断完善，协调发展的格局已经形成。同时，宁波大力推进港口、城市和产业融合发展，依托强大的港口物流，着力建设国际贸易中心、国际金融服务中心、国际航运服务中心等平台。2006 年 9 月，在浙江工作的习近平明确指出：宁波要充分利用好开放和港口优势，打造辐射长三角、影响华东片的"港口经济圈"。"港口经济圈"的建设，带动了宁波新一轮的城市发展。

表 4-2　宁波城主要发展指标

	1949	1978	2022
市区建成区面积(平方千米)	不过 10		395
年末户籍人口(万人)	252.04	457.7	621.1
年末常住人口(万人)	252.04		961.8

① 孙吉亭，等．海洋经济理论与实务研究[M]．北京：海洋出版社，2008：172.

续表

	1949	1978	2022
城镇化率(%)		不到14	78.9
市区道路总长(千米)	146.8		
轨道交通运营里程(千米)	/	/	186
城镇人均住房建筑面积(平方米)		6.93	49.64

表4-3　宁波港主要发展指标

	2015	2016	2017	2018	2019	2020	2021
自营进出口总额(亿元)	6238.4	6262.1	7600.1	8576.3	9170.3	9186.9	11926.1
出口总额(亿元)	4436.4	4359.4	4984.1	5550.6	5969.6	6407.0	7624.3
出口总额占全国比重(%)	3.14	3.15	3.25	3.38	3.46	3.57	3.51
港口货物吞吐量(亿吨)	8.9	9.2	10.1	10.8	11.2	11.7	12.2
集装箱吞吐量(万标箱)	2062.6	2156.1	2460.7	2635.1	2753.5	2872.2	3107.9

四、“国际港口名城”和“现代化滨海大都市”(2017年至今)

2013年9月和10月，习近平分别提出建设“新丝绸之路经济带”和“21世纪海上丝绸之路”的合作倡议。依靠与有关国家既有的双多边机制，借助既有的、行之有效的区域合作平台，积极发展与合作伙伴的经济合作关系，共同打造政治互信、经济融合、文化包容的利益共同体、命运共同体和责任共同体。2014年9月，国务院印发《国务院关于依托黄金水道推动长江经济带发展的指导意见》，部署将长江经济带建设成为具有全球影响力的内河经济带、东中西互动合作的协调发展带、沿海沿江沿边全面推进的对内对外开放带和生态文明建设的先行示范带。宁波主动对接“一带一路”倡议和长江经济带等国家战略实施机遇，谋求城市和港口的新发展。

2017年2月召开的宁波第十三次党代会，提出加快建设国际港口名城、努力打造东方文明之都和高水平全面建成小康社会的奋斗目标。“国际港口名城”建设的内涵，一是世界强港地位确立，创新发展动能强、城市极核功能强、高端要素配置能力强的港口名城；二是“港口经济圈”①与“宁波都市圈”②互动融合发展，打造制造业创新中心、经贸合作交流中心、港航物流服务中心地位凸显的港口名城；三是综合实力进入全国大城市第一方队，发展水平比肩国际同类城市，具有较高国际知名度和影响力的港口名城。“东方文明之都”建设的内涵，一是社会主义物质文明、精神文明、政治文明和生态文明高水平协同发展，现代文明与传统文化和谐共生，城市文明与乡村文明交相辉映，民族优秀传统文化与国外先进文明成果相互交融的文明之都；二是经济发展品质、城市人文品质、公共服务品质、生态环境品质整体提升，人民群众共沐文明之光、共享文明成果的文明之都；三是社会主义核心价值观深入人心，市民素质全面提升，物质富裕与精神富有互促共进的文明之都。

建设“国际港口名城”和打造“东方文明之都”，推进宁波创新发展、协调发展、优质发展、跨越发展的总方略和总抓手，是实施产业高新化、城市国际化、发展均衡化、建设品质化、生态绿色化、治理现代化的“六化协同”战略。产业高新化的关键是把创新作为引领发展的第一动力，以供给侧结构性改革为主线，以发展智能经济为主攻方向，推进创新大平台、创新大项目、创新大团队、创新大企业、创新大环境建设，打造国内一流的创新生态链；城市国际化的关键是发挥“一带一路”支点作用，推动更高水平的双向开放，推进海港、空港、陆港、信息港等多港联动，打造国际开放合作平台，创设一流的国际营商环境，提高城

① 宁波市第十三次党代会报告提出，着力加快港口经济圈建设，打造一流的开放强市。加快港口发展，需要全力推动国际大港向国际强港转变，全面提升港口辐射带动能力和国际市场开发能力，打造辐射长三角、影响华东片的“港口经济圈”。

② 宁波市第十三次党代会报告提出，着力加快宁波都市圈建设，打造一流的城市品质。推动“东集聚、南提质、西延伸、北开发”，增强中心城区极核功能。2016 年 6 月初，国家发改委与住建部联合发布《长江三角洲城市群规划》，对宁波城市的未来发展有着浓墨重彩的表述。作为长三角南翼经济重镇，宁波被定位为推进都市圈同城化发展的重要城市之一。规划明确宁波都市圈的具体范围包括宁波、舟山、台州三市，并把宁波作为与南京、合肥、杭州三大省会城市并列的长三角中心城市。改革开放以来，港口和开放是宁波快速发展的“一对有力翅膀”，是宁波社会经济的发展的主要推动力。但也要看到，国内外发展环境正在发生深刻而剧烈的变化，“都市圈”是烘托中心城市魅力和实力的新动力源。在经济全球化和区域一体化深入演进的大背景下，宁波一方面要处理好与上海、杭州等都市圈内城市的关系，构建都市圈城际协同发展机制；另一方面，要加强自身都市圈的发展，努力成为圈域极核城市，强化城市服务、产业创新、科技创新等功能建设，增强对周边城市的辐射能力。

市发展与国际接轨程度，努力成为具有全球影响力的国际化城市；发展均衡化的关键是把优化资源要素配置作为统筹生产力布局的重中之重，促进经济社会均衡、城乡区域均衡、公共服务均衡和人口发展均衡，推进新型工业化、信息化、城镇化、农业现代化融合发展，完善现代公共文化服务体系，加快建成文化强市；建设品质化着眼于优质发展的要求，大力提升城市发展品质，坚持高起点规划、高标准建设、高水平管理，加快推进信息化、网格化、精细化，打造现代时尚、独具特色的活力之城、魅力之城、智慧之城；生态绿色化着眼于促进生产空间集约有效、生活空间宜居适度、生态空间山清水秀，努力把宁波打造成为独具魅力的生态宜居、山海宜游、现代宜业之城；治理现代化着眼于创新社会治理体制，实现政府治理和社会自我调节、居民自治的良性互动，完善公共安全体系，加快基层治理“四个平台”建设，使宁波成为全国最具安全感的城市之一。

2017 年 9 月 14 日，浙江省批复同意设立宁波“一带一路”建设综合试验区。批复要求，以宁波梅山新区为核心载体，以港口互联互通、投资贸易便利化、产业科技合作、金融保险服务、人文交流为重点，积极打造“一带一路”港航物流中心、投资贸易便利化先行区、产业科技合作引领区、金融保险服务示范区、人文交流门户区，勇当“一带一路”建设排头兵，努力建成“一带一路”枢纽城市。宁波市举全市之力创建梅山新区，将其打造成“一带一路”和长江经济带国家战略重要功能承载区、港口经济圈核心功能区、高水平对外开放新门户、智能经济发展示范区和高端港航物流服务集聚区；把港口资源和开放优势发挥到极致，增强港口经济圈辐射力，在更高层次上推动港产城融合发展；构筑对外综合运输大通道，建成金甬铁路、三门湾大桥及接线工程、栎社国际机场三期，以及宁海、杭州湾通用航空机场，开工建设沪嘉甬高铁、甬舟铁路和都市圈城际铁路；扩大国际合作交流，办好中国-中东欧国家投资贸易博览会，争创中国-中东欧国家投资贸易综合试验区。与此同时，推动媒体融合发展，开展王阳明思想①等传统文

① 文化是一个城市的灵魂，也是城市软实力的重要组成部分，因此需要着力打造，提升城市文化尤其是特色文化的魅力和竞争力。宁波市第十三次党代会报告，是历届党代会第一次明确提出“开展王阳明思想等传统文化的研究传承”，将其作为“加快文化强市建设，打造一流的城市软实力”的重要举措，并把“知行合一”的阳明精神熔铸到宁波城市精神内核里。这对宁波的文化建设有着举足轻重的意义。

化的研究传承，建设书香之城、音乐之城和影视之城，壮大“文艺甬军”实力，加强历史文化名城名镇名村和非物质文化遗产保护，以“文化+”①为抓手，打造一流的城市软实力。

2022年2月召开的宁波市第十四次党代会，把“加快‘港产城文’融合发展，推进‘六大变革’，打造‘六个之都’，奋力开创现代化滨海大都市建设新局面”作为港城发展的指导思想之一。“现代化滨海大都市”建设，一方面是回应了中央、浙江省对宁波的期许和要求，另一方面是对历届市委提出的“以港兴市、以市促港”以及建设现代化国际港口城市、国际港口名城等目标举措的传承、深化和拓展。“现代化滨海大都市”建设的内涵，是率先探索中国式现代化建设路径和全面展现共同富裕美好图景，全面提升城市的综合竞争力、创新驱动力和文化软实力。其具体目标是，一是打造全球智造创新之都。宁波传统优势产业生机勃发，制造业高质量发展且在全国领先，新兴产业强势崛起，高创新性、强渗透性、广覆盖性的数字经济形成裂变效应，现代服务业对先进制造业的支撑作用显著增强，科技创新实力大幅提升。二是打造国际开放枢纽之都。建成国家重要的初级产品配置中心和储运基地，国内国际双循环枢纽地位基本形成。中国-中东欧国家经贸合作示范区建成“一带一路”的“金名片”，浙江自贸试验区宁波片区引领高水平开放的作用进一步凸显，生产端、贸易端、消费端和科技侧大贯通、大循环的格局全面形成。现代化港区、空铁一体的西枢纽工程建成并投入使用，全面提升服务国家战略的硬核力量。三是打造东方滨海时尚之都。“一体两翼多组团、三江三湾大花园”的空间格局基本成形，“滨海产业大平台、沿湾活力大动脉、四明生态大屏障、甬江科创大走廊”经纬有序，翠屏山—东钱湖—象山港错落有致，枕山滨海、拥江揽湖的大都市魅力充分彰显。四是打造全国文明典范之都。公民思想道德素质、科学文化素质、身心健康素质全面提升，公序良俗大力践

① 宁波的文化产业和同类城市差距明显，其中最大的差距是缺乏科技含量高、社会美誉度高、竞争力强的文化产品。实施“文化+”行动计划，本质上是促进文化与制造、金融、科技、信息、旅游深度融合，扶持一批具有较强竞争力的文化龙头企业，利用好优秀的文化资源并将积极推动传统文化的创新性发展和创造性转换，让文化赋能特色产业、优势产业，创造更大的经济价值和社会价值。

行，社会文明达到新高度。国际传播能力显著增强，多层次对外交流体系更加健全，“书藏古今、港通天下”的城市名片更加闪亮。文化事业和文化产业繁荣发展，港城文化独树一帜，百里三江文化长廊、千里滨海生态走廊成为文化地标、靓丽风景。五是打造城乡幸福共富之都。富裕富足、和美和睦、宜居宜业的共同富裕美好社会初步构建，橄榄型社会结构持续优化，基本形成全域一体、城乡融合的协同共富格局。六是打造一流智慧善治之都。党建统领、一网统管、“四治融合”、整体智治的格局全面形成，上下贯通、高效协同的五级治理体系全面建立，市域治理的社会化、法治化、精细化、智能化、专业化水平全面提升，成为大都市治理的典范。建设现代化滨海大都市，既需要以系统性思维更新观念和创新理念，又需要积极推进功能布局变革、发展动能变革、要素配置变革、城乡品质变革、治理模式变革和干部能力变革，以创造性的张力争先进位，加快打造标志性的建设成果。

从20世纪90年代国务院将宁波定位为“华东地区重要的能源、原材料基地和重要的对外贸易口岸”，到2015年将宁波定位为“我国东南沿海重要的港口城市、长江三角洲南翼经济中心、国家历史文化名城”，从国家战略层面来看，宁波城市定位不断调整优化、地位不断提升、内涵不断丰富。历届市委、市政府锚定宁波在国家战略全局中的目标定位，力求创造性地推动党中央、国务院和省委、省政府决策部署在区域内落地落实。综观改革开放以来的40多年，尽管宁波的现代化国际港口城市建设先后经历了工业化先导、枢纽型大港口奠基、国际化水平导向、城市化功能导向等发展阶段，对“现代化国际港口城市”的目标和要求各有表述、战略取向各有侧重，但始终没有离开“现代化国际港口城市”这一基本的战略定位。

第三节　宁波“港产城文”协调发展的路径

宁波港城特色显著，港城文化建设近年也在积极推进。新世纪之初，时任省委书记习近平考察宁波时提出了包括高标准推进百里三江文化长廊、东钱湖建设等要求。之后，围绕着现代化港口城市建设，宁波的港城文化提升一直是港城发展的主要抓手，也取得了显著成效。2022 年召开的市第十四次党代会和市委文化工作会议，将“彰显港城文化新气象”“推动港城文化大发展大繁荣”作为文化建设重要主题，港城文化再次迎来重要发展机遇。

一、宁波港城发展面临的问题

但是，对照世界著名港城和国内同类城市，当前宁波港城文化建设仍存在短板，主要表现在投入不足和个性特质不明显两个方面。

（一）文化建设投入不足，烟火气息不浓郁

宁波当前港城文化建设还存在相当的短板之处，尤其是港城文化建设成果呈现不明显，关键因素是投入不足。财政持续投入、专项文化建设投入等投入不足，港城文化建设经费投入与城市经济社会发展水平不相称；行动投入不足，宁波关于文化建设的规划不少，但缺乏职能部门负责组织实施和有序推进。城市形象、城市标识和城市口号“尚未有定论”，既有文化规划没到位、缺乏“一张蓝图绘到底”的坚韧和毅力；文化从业人员及储备不足，跨界型、领军型文化人才稀缺，人才结构不理想。在推进港城文化建设方面，偏好于规划、新建博物馆、美术馆、图书馆、音乐厅、剧院、纪念馆、文化中心、文化馆、非遗馆等场所。文化的“烟火气”也相对不足，市民公园、遗址公园、市井街巷等“烟火气”浓郁的文化设施，不仅数量较少，而且缺少“文化味”。一方面，城市主题人文景观特色不够鲜明，港城文化空间构建缺少统筹规划；另一方面，港城特色文化活动不够丰富，港口与城市、居民没有形成强关联，港城特色文旅产业发展偏弱，与经济社会发展融合不够紧密。这些不足，制约了宁波港城文化建设的高水平发展。

（二）港城基础设施差强人意，文化地标特质模糊

基础设施是城市的骨架，文化设施是城市的肌理。在“港城”基础设施方面，作为港城的宁波主要的标识分布在东部沿海一带，目前主要作为远洋港区和石化基地，无论是市民还是游客，均很难一览其港口、海岸线的风采；而作为历史上的港区和码头的三江口，虽历史遗存遗迹很多、市民游客如织，但却很难体现港

城的特质。此外，由于各种原因，历史上的黄金水道如今已优势不再。2023 年 2 月，杭甬运河全线通航；4 月，京杭大运河再次全线贯通，通江达海指日可待。作为京杭大运河的出海口，宁波本应发挥重要作用，但受限于现有通航条件，历史上曾经的船舶繁忙景象难以再现。2020 年 3 月，浙东运河博物馆项目正式启动建设。2023 年 9 月底建成对外开放，成为与聊城的中国运河文化博物馆、淮北的隋唐大运河博物馆、扬州的大运河博物馆、杭州的京杭大运河博物馆和北京的中国大运河博物馆等齐名的主题博物馆。不到 1 个月，来自全国各地的参观者已近 6 万人次。① 宁波现有与“港”相关联的地标性文化设施虽然也有中国港口博物馆等，但是无论是知名度还是市民、游客的参观人数，都与“地标”的要求相去甚远，展示港城文化形象的能力也因此较弱。这些情况说明，基础文化设施的不足，不仅不能满足市民的需要，而且不能充分满足高水平展示港城魅力的需求。

二、世界主要港城文化建设的基本模式

在历史上，国际著名港城在城市发展和文化建设等方面，已经积累了不少可以借鉴的典型实践和经验。

（一）以个性化的文化空间打造特色港城文化

文化空间是文化和文化形象赖以生存的物质基础。纽约、汉堡、横滨、鹿特丹、新加坡、釜山等许多国际知名港城建设，往往是规划先行，数十年如一日地营造和拓展港城的文化空间，不断展现港城特色文化的“能见度”和“感知度”。日本横滨港早在 1979 年就确立了城市功能中心建设要突出“港城主题”，并将这一主题体现到日本丸纪念公园、横滨博物馆、横滨美术馆等大型文化设施的规划建设中。通过主题文化的塑造快速形成了区域吸引力，树立了横滨的港城形象。在“购物中心公园”的建设中，“港”“船”“海”三个主题区各自凸显特色，以营造不同的文化氛围。经过数十年的建设，“横滨港未来 21”不仅是三菱重工、富士通、索尼影像、日产汽车的总部所在地，而且是富士、LG、京瓷、村田制作所、

① 浙东运河博物馆开放便成网红地[N]. 绍兴日报，2023-10-28(5).

苹果、联想等企业的研发中心聚集地，更是横滨最热门的旅游胜地，成为日本新城建设与TOD结合的范例和城市更新、产业更新领域的典范。

（二）以独特的文化地标提升港城的辨识度

文化地标是城市个性特质的浓缩。世界著名港城的吸引力，主要取决于历史文化的厚度及其现代阐释与表达。具体而言，首先是凝炼和彰显城市的特质。在对累积的城市文化进行概括的基础上，提炼出城市的本质属性和个性特征，并通过合适的方式予以表现并形成城市的标识。如迪拜的“奢华”、悉尼的“典雅”等。其次是营造融自然景观与人文传统于一体的特色景致，为文旅融合奠定基础。如悉尼借2000年悉尼奥运会之机更新达令港，一举确立了达令港世界级滨水休闲区的地位；通过串联悉尼的文化场所和环境，推出了悉尼港文化丝带线路等多条围绕特定文化主题、整合相应文旅资源的文化旅游线路，凸显了城市的定位和身份认同。最后是直接规划和打造现象级地标，如悉尼的歌剧院、迪拜的金帆船酒店、汉堡的国际航海博物馆、新加坡的鱼尾狮身像和鹿特丹的瞭望塔等。这些文化地标不仅成为世界级的文化象征，有些甚至还引领了城市形象的升级。

（三）以有特色的文化活动提升港城吸引力

大型特色文化活动是塑造城市个性和城市形象的重要手段，世界很多著名港城有基于城市历史人文与港口特征的大型文化节庆和会展活动。“汉堡港口节”将城市和市民、游客紧密联系在一起，早在1911年就已经成为公众节日，每年5月份举办的为期三天的盛大集会能够吸引逾百万游客前来共同感受汉堡港热情洋溢的海洋文化。大型帆船游行、龙舟赛、“港口之光”庆典焰火等活动，使汉堡港变得可亲可感；汉堡国际海事展已经成为世界上规模最大、专业水平最高的船舶造船领域展览会，每年所接待的参展商、采购商和观众人数，以及成交金额持续上升。鹿特丹的大型年度海上盛事“世界港口日”，开发了包括船舶之旅、海军活动、演示、讲座、游览展览、音乐等系列活动，各种水上运动和娱乐活动每年能够吸引30余万游客前来参观。以大型活动或高规格展会为内驱力，不仅能助推港口相关产业的跃升，而且能极大地提升城市吸引力。

（四）以紧密的文旅融合促进港城可持续发展

港口的自然风光与依托港口的文化活动是港城最重要的旅游资源，也是港城文化最直观的展示窗口。诸多港城围绕港口产业和港口风景区，设计了经典旅游路线。如鹿特丹港轮流开放一些码头供游客参观，打造了一批以参观码头设施、船舶景观、装卸工艺和产业生产线等主要内容的港口旅游项目；汉堡的游客可乘坐汽艇穿梭整个港区，如微缩景观世界、易北爱乐厅、汉堡国际海事博物馆、汉堡美术馆、仓库城等景点，将这些景点与汉堡港城的历史串联起来；东京港也充分利用城市的建筑垃圾围海造地，建设了港口博物馆和海洋博物馆，将港区打造成为一个热门观光旅游点。港口历史人文、自然资源等旅游资源和文化创意产业相结合，延伸了港口的功能，通过跨界合作和融合创新，在实现港口资源的最大化利用的同时，促进了港城形象的展示和传播。

三、新时代宁波港城文化建设的路径

（一）新定位：“港产城文”融合发展的“现代化滨海大都市”

港口是宁波发展的生命线，也是宁波最大的资源。现代港口，已经不再仅仅是一个运输的名词，而是一个经济与文化有机协作、融合发展的概念。宁波港在从运输港向工业港，再向商贸港迈进的过程中，运输、工业和商贸相互促进，临港工业和临港服务业比翼齐飞，从而带动宁波整个产业结构的优化调整，也促进了港城的发展。宁波港将集内河港、河口港和海港于一体的多功能、综合性的现代化深水大港的优势，转化为运输优势、工业优势和进出口贸易优势，进而发展为综合的经济优势和城市的综合优势。

宁波市第十四次党代会，把“加快‘港产城文’融合发展”、建设“现代化滨海大都市”作为当前宁波城市建设和文化发展的新定位。如果说“现代化滨海大都市”是“以港兴市、以市促港”视域下现代化国际港口城市、国际港口名城等建设目标的升级版，那么，“‘港产城文’融合发展”也是“港城”“港产城”发展的升级版。“‘港产城文’融合发展”既是硬核力量、极核功能、滨海形态、优良生态、文明典范、国际风范的大都市的基础，也是城市综合竞争力、创新驱动力、文化软实力、环境舒适度、人民富裕度和城市美誉度的主要支撑。而其具体的路线图和施工图，是打造全球智造创新之都、国际开放枢纽之都、东方滨海时尚之都、全国文明典范之都、城乡幸福共富之都、一流智慧善治之都“六个之都”，以及推进功能布局、发展动能、要素配置、城乡品质、治理模式、干部能力“六大变革”。

促进“‘港产城文’协调发展”，其基础和核心是依托现代化港口，推进临港特色的先进制造业集群转型。因此，宁波市通过优化临港产业空间布局，建设集研究和成果转化的创新载体，推进临港先进制造业集群向高端化、数字化、智能化、绿色化转型；重点发展绿色石化、新材料、新能源及新能源汽车、高端装备和节能环保产业，打造绿色石化、高端装备、新能源汽车等临港先进制造业集群，从而有效应对全球产业链的回迁，形成高端产业和低端产业互补的格局。而且，宁波也注重做好国际航运产业大文章。现代港口不能只是货物运输港，航运贸易及相关衍生产业应该优先布局和重点发展。通过加快发展综合性、多功能的航运贸易产业，做大大宗商品的期货和现货交易，聚集更多的贸易公司、保险金融公司落户宁波，依靠航运贸易带动更多相关企业和机构汇聚宁波，把港口对物流、资金流、信息流的辐射带动作用发挥到极致。宁波要以港口发展带动城市服务业发展，关键是形成国内国际双循环的生态。2020 年 4 月 10 日，习近平总书记强调要构建以国内大循环为主体、国内国际双循环相互促进的新发展格局；5 月 14 日，中共中央政治局常委会会议首次提出“深化供给侧结构性改革，充分发挥我国超大规模市场优势和内需潜力，构建国内国际双循环相互促进的新发展格局”。面对国内国际双循环的生态，宁波需要统筹规划区域港口发展和集疏运体系。港口的发展机会来自城市本身，需要更广阔的经济腹地支撑。腹地对港口货源的贡献越大，港口的集装箱吞吐、航班航线、船舶停靠量就越多，港城的发展也就越具有可持续性。构建发达的集疏运体系和海陆空综合交通体系，加强港口与城市、腹地的交通与经济合作，提升港城的辐射范围，就成为实现“‘港产城文’融合发展”的关键支撑。

（二）新空间：积极拓展港城文化辐射面

唐代明州子城的建立和它山堰的兴建，促进了城市的发展与繁荣。百里三江和历代水利建设最终形成“三江六塘河，一湖居城中”的格局，形成了宁波独一无二的“港城”底蕴。“走遍天下，不如宁波江厦。”因航运发达而繁荣的三江口，是港城空间上的核心，也历来是城市建设和文化建设的重中之重。

宁波市发展和改革委员会、宁波市委宣传部2021年12月13日印发的《宁波市文化产业发展“十四五”规划》，明确提出了“一核、两带、十区”的文化产业发展空间布局。具体而言，是“充分依托宁波城市总体规划确定的城市空间结构，紧扣宁波文化产业发展重点领域，对接杭甬‘双城记’、省诗路文化带和长三角一体化等区域战略部署，融入宁波前湾新区、甬江科创大走廊、大运河(宁波段)等重大功能区块布局”，最终形成“一核、两带、十区”的文化产业发展空间，引导文化产业特色化、差异化、集群化发展。该规划提出，在泛三江片核心区，加快历史文化资源内涵的挖掘，推进创意设计、数字内容和文旅融合的产业布局，加快人才、创意和资本融合集聚，打造文化创意引领辐射的“三江都市文化(产业带动)核”；依托大运河(宁波段) 沿岸余姚古城、慈城古镇、宁波老城镇海县城和其他运河城镇和文化节点，提升大运河(宁波段)和海丝文化遗产保护传承、文旅融合等功能，谋划建设宁波国家大遗址保护利用示范区，打造一批宁波文化遗产重大标识，构建大运河海丝文化主动脉；推进河姆渡国家遗址公园、井头山遗址、田螺山遗址、阳明古镇、天一阁・月湖景区、庆安会馆等运河沿线文旅项目建设提升，深化翠屏山生态文化核心片区保护和开发，构建“浙东大运河-丝路文化产业带”；主动融入宁波甬江科创大走廊的数字大走廊建设步伐，北起镇海，串联三江口，南至州南部商务区，辐射延伸至东钱湖区域，涵盖宁波数字文化科创要素集聚核心平台，形成高端功能复合集聚、创新要素自由流动、适应新技术新业态新消费发展的“数字文化产业带”。在此基础上，宁波市按照空间整合、产业集聚、功能拓展的原则，布局“十大文化产业发展功能区”，打造带动产业转型、展示文化活力的文化产业特色集群。

优化“港产城文”空间布局，需要按照功能上相对集中、有机融合，空间上相对独立、有序分离的要求，抓住新一轮国土空间规划契机，重塑临港区域“港产城文”空间格局，打造生产、生活、生态“三生融合”的现代化滨海空间。因此，宁波市着力推动港口岸线和产业岸线的集中高效使用，合理布局一定生活岸线；拓展城市滨海生活空间，推动建设现代化滨海特色小城镇，打造“港产城文”融合发展示范区；谋划建设邮轮港口和游艇码头，推进海洋旅游产品开发，促进港口与文旅产业的深度融合。

以前港城发展空间布局的工作重点，大多放在“临港区域”。在新一轮的国土空间规划中，我国海港城市可以参照世界著名港城的做法，在城市功能、城市结构、城市空间、城市形态等部分中增加港城文化的主题内容，凸显港城文化建设的地位和格局。具体到操作层面，重点做好城市特色地标形态的设计、城市色彩和建筑风格的策划和有辨识度的城市道路景观营造等工作，凸显港城的特色和魅力；在非濒海区域打造“港城元素”的空间与景观建筑，让市民和游客感知港口气息和港城文化。

(三)新阐释：有效彰显历史底蕴和现代气质

2500年来，宁波港完成了从河运港到远洋海运港的发展。在1843年开埠之前的850年时间里，宁波一直是中国文化和商品对日韩交往的唯一枢纽，这也是日本学界认为宁波是东亚海域交流的“焦点”并对日本传统文化的形成起过决定性的作用的主要原因。①

阐释“港城”文化，需要紧密结合当下“现代化滨海大都市”的建设目标，精准把握“从中国文化对外交往的千年大港转变为吞吐量居世界首位的远洋大港”

---

①　2005年7月，“东亚海域交流与日本传统文化的形成——以宁波为焦点开创跨学科研究”项目正式启动。该项目以东京大学小岛毅为项目总负责人，60余所日本国立大学的134位知名中青年学者参加，日本文部科学省资助特定研究领域科研补助金11亿日元(折合人民币约7000万元)，预计历时5年完成。这一庞大研究计划涉及历史学、考古学、人类学、思想史、文学史、美术史、艺术史、佛教史、建筑学、船舶工学、数学等多学科领域，课题组欲通过跨学科综合研究，力图对日本文化的形成过程进行综合性反思，因而被称作“蕴含着改写日本数百年来国学式思维之可能性的划时代尝试”。该项目经历了5年的筹备时间，最早始于日本宋代史研究会研究报告集第6集《宋代社会之网络》和第7集《宋人之认识：相互性与日常空间》(皆由汲古书院出版)的编辑工作。在编辑过程中，不少学者认识到有必要突破狭义的宋代史研究框架，通过与海外学者的密切联络与合作，来推进此项研究。于是，1999年3月，在东京大学召开“宋代史学者对中国史研究课题的看法”学术研讨会，明清史学者和研究日本、西洋、西亚的人文学者、社会学家应邀在会上发言，大家活跃地交换了看法，会议内容载于《亚洲游学》(勉诚出版社)第7号专辑“宋代知识人诸方面”，后又以《知识人的诸方面》(伊原弘、小岛毅主编)为题，于2001年5月出版。

这一特征，在掇清城市发展脉络和历史文化的基础上，阐释港城文化的本质特征及其时代价值。

港城文化地标是彰显历史底蕴和现代气质的重要载体。世界名城之所以让人流连忘返和难以忘怀，关键是其独特的人文景观、自然景观和市民精神融为一体的城市个性气质。宁波的“书藏古今、港通天下”已经深入人心，四明山、东钱湖、三江口、天一阁的景观也颇有人气，海曙和江北历史文化街区的底蕴仍在。结合这些“面”或“点”，进一步打造港城文化地标进而凝练、升华宁波的港城气质，是当下对外阐释宁波进而让人读懂宁波的必由之路。因而宁波可在充分评估当前港城文化资源的基础上，选择有基础和有潜力的文化区块或文化设施并予以重点发掘和提升，进而形成更具影响力的港城文化地标。具体实施的路径，一是立足宁波城市自身特色，谋划新建河海博物馆、音乐厅、它山堰水利博物馆、塘河纪念馆等一批港城文化地标；二是提升天一阁、中国港口博物馆、宁波帮博物馆、白云庄、南宋石刻公园等文化地标品质，丰富“大运河出海口”“海上丝绸之路活化石”的文化标志的内涵。同样的思路，可以扩大视域，凝炼“港城十景”并开展相关宣传推广活动，获得更为广泛的认知和认同。在城市建设差异性不明显的背景下，城市愈发需要一些地标给每日往来于此且匆匆而过的原住民和异乡人留下鲜明而深刻的印象。

宁波的水资源丰富，水的表现形态也非常多样——几乎所有水的呈现形态，在宁波都能找到。宁波应以其丰富的水资源为基础，着重梳理宁波水利文化演进的历史，展现与苏杭不一样的江南水乡的文化特质，进而展示港城文化。一方面要以原生态或高科技展现洋、江、河、湖、海、泊、湾、潮、汐、浪、波、溪、沟、滩、潭、沙、渠等多形态的水资源呈现形态；另一方面要融知识性和趣味性为一体，全方位展现漕、渡、库、坝、塘、碶、堰等水资源利用的智慧和魅力，在此基础上再深入挖掘水利文化、运河文化、海丝文化、海防文化等水文化内涵，拓展外延，文旅融合，整体开发，重点开发，智慧开发。一声汽笛，胜过千言万语；千帆竞渡，就是“活的、流动的”文化地标。把“港城”重新阐释好，是做好港城文化的必要前提。

（四）新演绎：不断提升港城形象软实力

创新是文化演绎和文化传播生命力的源泉，可以结合新时代文化建设新要求，围绕“现代化滨海大都市”新定位，立足区域历史文化和时代面貌，精心提炼传播新主题，进一步提升国家历史文化名城、国家环保模范城市、中国最具安全感城市、国家园林城市、国家卫生城市、国家森林城市、国家食品安全示范城市、中国创业先进城市、中国物流节点城市等称号的成色；进一步擦亮中国大运河南端出海口、“海上丝绸之路”东方始发港、“中国制造2025”首个试点示范城市、中国品牌之都、中国紧固件之都、中国模具之都、中国文具之都、单项冠军之城、奥运冠军之城的底色，让“六个之都”建设持续成为媒体关注的焦点和更加深入人心。还可以针对传播平台特点，调动一切可以调动的内容生产力量，形成传播内容不断推陈出新的机制，推出走红网络的爆款产品；立足年轻人的信息接触偏好和消费习性，结合新技术，创造新形式，推出满足他们需求的多媒体产品；在保留传统剧种特色的前提下，创新甬剧剧目与表演形式，培育潜在观众，擦亮甬剧新成色；拓宽作品载体，让传统文化走出舞台，走下荧屏，走进学校、社区、街道乃至村镇，生动演绎新时代宁波港城文化。

宁波市还制定港城文化研究工程中长期规划和近期规划，以有组织的科学研究，保障宁波港城文化的体系化建构；借鉴杭州南宋史研究路径，集合全国相关专家学者智慧，全面展示宁波港城历史文化的整体面貌；以大运河杭甬段、明州市舶司、三江口、老外滩、华花圣经书房、永丰库、来远亭、日本阳明园、王治本、了庵桂悟、最澄、明州之乱等关键地点、重要事件和重点人物为切入点，讲好宁波港城历史好故事；以宁波港、三江口、甬江科创大走廊等话题为中心，讲好宁波港城现实好故事；借鉴横滨、新加坡、汉堡、鹿特丹、纽约、马赛、上海、釜山等国际知名港城文化建设经验，全力破解宁波港城文化建设的顽疾和难题；以《圣地宁波：日本佛教1300年的源流》①和“东亚海域交流与日本传统文化

① 日本奈良博物馆出版了《圣地宁波：日本佛教1300年的源流》一书。该书记录了唐宋以来，以宁波为中心的佛教文化、书法、匠造、建筑、礼仪、饮食等传入日本的历史，是宁波“海丝文化”“东亚文化之都”以及宋韵文化国际传播的重要见证。

的形成——以宁波为焦点开创跨学科研究”科研项目等日本研究宁波学术成果和本土成果为基础，借鉴“上海学”①的经验，搭建“宁波学”学科框架和体系。

(五)新表达：努力提升港城文化参与度

2008年11月，宁波市举办了第一届中国(宁波)国际港口节。中国(宁波)国际港口节由中国交通运输协会、中国港口协会和宁波市人民政府主办，北仑区人民政府和宁波港集团公司承办。第一届中国(宁波)国际港口节开幕日的大型文艺晚会，与中央电视台国际频道《同乐五洲》栏目合作，紧扣国际港口文化节主题，邀请世界著名港口和所在城市文艺团体、国内外艺人、东方歌舞团与会，着力于展示宁波的港口文化和城市魅力，取得了群众广泛参与、港口特色浓郁和开放性、国际性彰显的效果；在“2008国际港口与城市发展论坛”举办期间，国内外著名经济专家和文化专家、驻华使节或总领事代表、国内外著名港口的总裁、船运企业代表和各级有关领导，以“港口时代与港口城市的战略机遇”为主题，围绕着港口文化对港口及港口城市发展的战略意义、港口与城市联动发展、港口与港口联盟服务、港口与物流企业合作共赢等议题开展交流和探讨；“港口风情”国际民间艺术展演，邀请了国际优秀民间文艺团队和宁波本土的优秀民间文艺团队，采取巡游和集中展演相结合的形式，举办包括外国风情、音乐、民间舞蹈等群众参与度高的系列活动，进一步加强了宁波的港口文化与世界各国文化的交流；在宁波港四期集装箱码头举行的“集装箱吞吐量突破1000万庆典仪式”，邀请了世界著名港口、宁波港友好港口、国内著名港口、世界著名船公司的高层管理者以及国家有关部门领导、省市领导、驻华使节或总领事代表，一起见证了

① 在世界上最早也是规模最大的博硕论文数据库(ProQuest Dissertations & Theses)进行检索，结果显示新世纪以来海外以上海为研究对象的博士论文达176篇，而2000年之前则总共是85篇。176篇博士论文，来自80所高校，排在前十位的分别是：太平洋大学、哈佛大学、加州大学伯克利分校、加州大学洛杉矶分校、夏威夷大学马诺阿分校、明尼苏达大学、斯坦福大学、华盛顿大学、纽约市立大学、芝加哥大学；作者是西方本土学人的博士论文共为67篇，其中有24篇关注19世纪末至中华人民共和国成立前的上海文化史与革命史，其他则分布在海派文学、城市规划、公共卫生等具有专业性的领域。另外109篇博士论文的作者，根据其姓名显然系中国学者或是海外华裔学者，他们的博士论文则更偏重于当代上海的研究。

宁波港集装箱吞吐量突破1000万标箱的光辉时刻。2010年7月举办的第二届中国(宁波)国际港口文化节，有“宁波·中国港口博物馆项目奠基仪式”“‘向世界说明’主题活动”“宁波帮省亲之旅·一封家书朗诵晚会”等活动，至2016年，共举办五届。以国际港口文化节为平台，宁波港与世界著名港口、企业家的联系更加密切，市民和游客的参与也有了载体。

(1)特色文化活动是港城文化塑造和形象推广的重要手段。宁波市基于港口优势和自身特征，世界著名港城大多打造了特色浓郁的、有国际影响力的品牌活动；基于宁波港口历史文化尤其是现代化大海港的现实，重启中国(宁波)国际港口节并提升规格的时机已经成熟。宁波市还强化市级统筹，扩大规模，切实提升游客和市民的深度参与，进一步提升国际化水平，使其成为展示与升华宁波港城文化的大平台。在此基础上，以汉堡国际海事展为样板，打造有国际影响力的品牌展会；参照“汉堡港口节”“鹿特丹世界港口日”的做法，设立全民活动日，将活动时间安排在公休假期，增强活动的黏性；举办“海丝港口国际合作论坛”、宁波国际海洋经济博览会等国际性活动，继续主办亚洲海洋旅游发展大会，积极争取国际海运(中国)年会的永久落户；大力挖掘中外交往文化过程中发挥过重要作用的码头、渡口等文化遗存遗迹，重塑码头文化和渡口文化的现代价值，在宁波轮船码头原址建设主题公园，大力打造亲水亲民、烟火气十足的渡口文化带。

(2)建立市和区(县市)有机协同的港城文化表达机制。在协同机制方面，宁波市在市和区(县市)分工协作、有机协调的局面仍未形成，因此应切实推动做好宁波市港城文化建设的顶层设计和顶层规划，明确建设思路、建设目标和建设举措，为整体推进港城文化建设描绘蓝图和制定路线图；确定市和区(县市)两级港城文化建设的职责和任务，畅谈协商、协调、协调机制；设立港城文化建设专项资金，保障建设项目如期推进。

改革开放40多年来，尽管不同阶段的表述和侧重有所不同，但建设“现代化国际港口城市”基本贯穿宁波区域发展战略的总体过程。这一战略目标的基本内涵是通过现代化城市、国际性城市、特大港口城市、生态型城市“四位一体”的融合发展，不断壮大宁波区域的综合实力、国际竞争力和可持续发展力。推进这一目标的基本策略是实现产业、港口、城市互动协调的发展。这一基本策略，在现代化国际港口城市战略目标实施的各个阶段，又因具体阶段环境的不同，而形成不同的战略取向和发展主线，其实质是对工业化、城市化、国际化、市场化等发展动力之间相互关系的把握和侧重。

第五章　宁波味道：历史文化资源的保护与利用

基于特色文化资源的城市文化建设，是增强城市综合竞争力、提高城市宜居水平、提升城市美誉度的重要手段，也是促进城市现代化的必由之路。只有遵循历史传统和地域特征，充分挖掘城市个性化的文化资源并赋予其时代的生命力，才能打造有个性、有特色的城市文化。

第一节　宁波的城市文化资源

由于资源形态的呈现形式和特点存在变化性和差异性，目前学界和业界对文化资源的界定还没有达成共识。一般认为，文化资源包含人类所创造或继承的、能够代表某一群体价值观、信仰、态度、习俗、惯例和行为方式的资源，是人类从事文化活动和文化生产所利用或可利用的各种资源的总和。可见，特色文化资源是当地文化底蕴的重要体现，同时也是当地发展文化产业的重要基础和核心要素”。城市文化资源则是一个城市的内在文化底蕴和根本价值追求，是一种源于传统、基于现代的文化理念和文明素养的总和，也是有别于其他城市的文化气质和魅力所在。提炼出独特的、有价值的城市文化的前提和基础，是在城市文化资源中找到城市的个性和灵魂。换言之，城市文化资源是城市的灵魂和城市财富的最高象征，表现为城市风貌、城市氛围、城市印象等外在形象，体现的是城市的基本品格，对于城市的发展至关重要。没有文化资源的积淀，城市文化就无从谈起，城市文化建设也就成为无源之水。

今天俯瞰宁波，港口无疑是其最大的文化资源和发展的生命线。1200 多年的宁波港口发展史，集中体现为宁波向海而生、因港而兴。宁波依托港口优势，励精图治，实现了从资源小市到经济大市、从区域内河小港到国际深水大港、从浙东商埠小城到国际港口名城的蝶变；宁波城市的发展，主线是将港口资源优势转化为经济优势，铸就独特的城市活力与实力。有关宁波港的历史人文及其时代价值，在“海丝文化”和“港城文化”建设两章中进行阐释。本章主要阐述宁波历史文化的演进及其现代价值，从而呈现有独特魅力的“宁波味道”。

一、宁波文化资源的主要类型

在宁波地区 8000 年历史进程中，生活在这一片热土的人们从物质到精神，创造了极为丰富的文化遗产，形成了丰富而独特的文化类型。宁波也非常重视文化遗产的保护和传承。近年来，先后出台了《关于进一步加强文物工作的实施意见》《关于加强文物保护利用改革的实施方案》《宁波市海上丝绸之路史迹保护办法》等政策性文件，文化遗产保护制度体系日益完善。11 处文保单位晋升为全国重点文物保护单位，登记造册的可移动文物达 20 余万件/套；近代以来有保留价值的建筑、水利交通设施、工业遗产等均进入依法保护序列；国家、省、市、县四级非物质文化遗产名录体系已经建立。此外，还有世界文化遗产 1 项、国家申报世遗预备名单 2 项、国家大遗址 2 处、全国历史文化名镇名村 10 座、各级文物保护单位 600 处；国家、省、市非物质文化遗产代表性项目 415 项，遗产资源数量和质量位居全国历史文化名城前列。

表 5-1　宁波市部分文保单位数量统计(截至 2022 年年底)

类　型	数　量
全国重点文物保护单位	33
省级文物保护单位	87
市、区(县、市)级文物保护单位	480
世界文化遗产	1
国家大遗址	2

近年来，宁波具有标志性和引领性的历史文化遗存开发项目，一是“小白礁Ⅰ号”沉船水下考古发掘。该项目是浙江首个正式获批立项的水下考古发掘项目和国家水下文化遗产保护重点项目，因其创新性的工作理念、规范的发掘方法、多元的技术应用和超前的保护意识为业界所称道，被誉为“我国水下考古走向水下文化遗产保护的又一重要标识”，并在2016年5月获中国考古学界最高质量奖——“田野考古奖”。二是井头山遗址考古发掘。2013年10月发现的井头山遗址，于2019年9月开始发掘后，出土了大量精美的陶器、石器、木器、骨器、贝壳器等人工遗物和早期稻作遗存，以及极为丰富的水生、陆生动植物遗存。作为“长三角”首个史前沿海贝丘遗址、中国沿海年代最早和埋藏最深的海洋文化遗址，井头山遗址被评为“2020年度全国十大考古新发现和中国重要考古发现”，也被列入为“考古中国”重大项目。

表5-2 宁波历史文化资源的主要类型及其内容

序号	类型名称	主要类型	主要内容	
			历史文化资源	现代文化资源
1	史前文化	河姆渡文化 田螺山文化 井头山文化	河姆渡遗址、鲻山遗址、田螺山遗址、塔山遗址等	河姆渡博物馆、国际河姆渡文化节
2	海洋文化	海丝文化（海上交通、文化、贸易、港口）	达蓬山（徐福文化）东渡遗址、海上丝绸之路启碇港、朱舜水文化、上林湖越窑遗址、三江口遣（隋）唐使船码头遗址、高丽使馆遗址、波斯巷遗址、永丰库遗址、天封塔、居士林（四明驿遗址）、浙海关遗址、老外滩航埠	三江口滨水核心区、国家博物馆水下考古宁波基地（东海沉船）、镇海港、北仑港、大榭国际集装箱码头、梅山保税区、中国港口博物馆
		海防文化	镇海口海防遗址、花岙兵营遗址、赤坎游仙寨遗址	招宝山景区、中国防空博览园

续表

序号	类型名称	主要类型	主要内容	
			历史文化资源	现代文化资源
3	学术文化	浙东学术流派及其学术思想	宋朝的“四明庆历五先生”和“甬上淳熙四先生”、宋元的“深宁学派”、明清的“姚江学派”、清朝的“浙东史学派”	三字经文化
4	藏书文化	藏书文化	海曙天一阁、伏跗室、得月楼、蜗寄庐、访庐；镇海“敬业堂”；余姚“五桂楼”；慈城“抱珠山房”等	天一阁博物院
5	商业文化	商贸文化	庆安会馆、安澜会馆、老字号商铺、老商业街区(江厦街、药行街)、钱业会馆、钱庄制度	庆安会馆
		宁波商帮文化	“宁波帮”及其经营理念与人生观、财富观	“宁波帮”博物馆、“宁波帮”文化公园、宁波大学、“郑氏十七房”、叶氏义庄、包氏故居、虞宅故居(故里)、名人墓及行踪遗迹
6	水利文化		它山堰、西塘河、南塘河、大西坝、	南塘老街、西塘河公园、姚江大闸
7	佛教文化	佛教寺院及佛教文化	天童寺、阿育王寺、雪窦寺、七塔禅寺、五磊讲寺等	弥勒大佛景区、弥勒文化节
8	名人文化		历代甬籍名人及其业绩、思想	名人故居、名人成就展

续表

序号	类型名称	主要类型	主要内容	
			历史文化资源	现代文化资源
9	阳明文化		阳明及其后学的思想与遗存	王阳明故居、世界阳明学大会、王阳明祖居地纪念馆
10	宋韵文化		王安石遗迹遗存与“治鄞经验”、王应麟与《三字经》	南宋石刻公园、韩岭老街、王应麟故居汲古堂
11	红色文化	革命文化	镇海抗倭、抗英、抗法战争遗址，四明山浙东革命根据地	余姚市梁弄镇横坎头村浙东革命根据地纪念馆、白洋湖畔金仙寺第三战区淞沪游击队三北游击司令部旧址、宁波地委旧址、工人总工会旧址、象山县烈士纪念馆、宁海县岔路镇梅花村会议纪念馆、柔石故居等
12	民俗文化	民间习俗、工匠文化、节事	非物质文化遗产及传人；万工轿、骨木嵌镶、漆金木雕、金银彩绣；梁祝文化	中国开渔节、中国开游节、十里红妆博物馆等
		海洋民俗文化	“三月三”天后宫、妈祖文化、“六月六迎神文化”“七月半放水灯”等民间民俗活动	中国渔村景区、海钓节
		地方饮食文化	东海海鲜、宁波菜、宁波小吃	东海海鲜、宁波小海鲜、宁波特产

续表

序号	类型名称	主要类型	主要内容	
			历史文化资源	现代文化资源
13	青瓷文化	越窑青瓷	“秘色窑”青瓷	上林湖越窑青瓷遗址、国家级非物质文化遗产“越窑青瓷烧制技艺”、海丝文化
14	西方文化遗存		通商口岸	老外滩、三江口天主教堂等建筑群
15	民国文化		民国建筑与民国名人	蒋氏故里、民国名人故居

通过对宁波主要文化资源类型的梳理，不难发现，历经累积，宁波历史文化呈现明显的多元化、多样性的特征，藏书文化、水利文化、学术文化、商业文化、宗教文化、陶瓷文化等特色文化种类多且发展水平高。千年罗城及其历史文化街区和宁波古村落，已成为宁波城市的精神家园、宁波文化的集聚区域和宁波市民生活的写真范本。与此同时，作为改革开放的前沿阵地之一，宁波现代文化的发展也日新月异。在物质文明高度发达的今天，如何既保存历史感又凸显现代元素，让人们不仅看得见乡愁而且能够感受乡愁、接受乡愁，不仅认同宁波的辉煌历史而且认同宁波的现代文明，是一个值得深入思考和不断实践的问题。

二、重塑街巷文化，再现市井味道

中国国家级“历史文化名城”指的是保存文物特别丰富或具有重大历史文化价值和革命意义的城市。1982 年、1986 年和 1994 年，国务院先后公布了三批共 99 座国家历史文化名城。此后多次增补，截至 2023 年 3 月，共有 142 座城市获批。按照不同的类型和特点，142 个城市可以分为历史古都型、传统风貌型、一般史迹型、风景名胜型、地域特色型、近代史迹型和特殊职能型 7 个类型。1986 年 12 月 8 日，宁波获批为第二批“国家历史文化名城”。

(一)城市规划和历史街区的确立和调整

保护和发展历史文化名城涉及文化遗产保护、城市建设规划和发展以及社会经济繁荣等方面。1995年，首版《宁波市历史文化名城保护规划》修编完成；2004年，宁波市在调整城市总体规划时，对《宁波市历史文化名城保护规划》城市保护相关内容进行了局部修订，突出了对文物古迹比较集中，连片或能较完整地体现某一历史时期传统风貌特色的街区、建筑群、古遗址，也能较好地保护和延续古城风貌。

2005年制定的《宁波市城市紫线规划》，在旧城范围内，根据历史、文化、艺术价值等维度，规划为8个历史街区，即月湖、鼓楼公园路(后改为"鼓楼沿"①)、郡庙天封塔、天主教堂外马路、秀水街、伏跗室永寿街、郁家巷、南塘河。根据历史街区的特点，《宁波市城市紫线规划》②确定了规划保护的目标和重点：月湖历史街区以天一阁为龙头，严格保护月湖现有的水面及湖畔传统风貌，保护"四岛"及环湖景观，重点保护建筑轮廓线和高墙深巷青瓦灰墙的传统风貌；鼓楼公园路历史街区主要保护唐子城轮廓和历史格局，展示宁波城建的历史，结合永丰库遗址的保护工作，建成具有明清建筑风貌的文化商业街；郡庙天封塔历史街区以郡庙、天封塔为中心，反映民间娱乐、民俗风情、传统商业文化为主的文化商业步行街和旅游点；天主教堂外马路历史街区保护街区内的文物建筑和保留建筑，文物建筑商业开发应适度；秀水街历史街区以吴宅为主体，重点保护现存的传统民居，疏解人口，拆迁或改造后期搭建不协调的建筑物；伏跗室永寿街历史街区保护典型的住宅和其他建筑，保护现状道路格局和高墙深巷的传统风貌，成为宁波明清官宦住宅建筑集中的传统风貌区；郁家巷历史街区保护以盛氏花厅为核心的明清住宅建筑群，保护白水巷、带河巷高墙深巷的传统风貌，成为

① 距今已有1100多年的宁波鼓楼是宁波历史上正式置州治、立城市的标志；鼓楼沿是宁波市仅存的古城楼遗址，也是国家文物重点保护的古建筑之一。

② 《城市紫线管理办法》第二条规定："城市紫线，是指国家历史文化名城内的历史文化街区和省、自治区、直辖市人民政府公布的历史文化街区的保护范围界线，以及历史文化街区外经县级以上人民政府公布保护的历史建筑的保护范围界线。"

反映宁波明清住宅建筑风貌的历史街区；南塘河历史街区以东岸的袁氏故居为主体，重点突出南塘河入城水系沿岸典型的一河一街的江南水乡景观，成为体现宁波江南水乡城市特征的历史街区。在历史建筑紫线内，宁波市确立了21处历史保护建筑：庆安会馆、白云庄、钱业会馆、林宅、天宁寺塔、全祖望墓、总工会旧址、延庆寺、观宗寺、七塔寺、钱肃乐故居、张苍水故居、孙中山演讲处、董孝子庙、彩虹坊、浙海关、英国领事馆、日军水上司令部、孙传哲故居、卢家祠堂、药皇殿。

但是，在“建设”尤其是“城市建设”的语境中，不少历史街区、历史地段甚至城区的历史面貌遭到了不同程度的破坏。2011年，国家有关部门对国家级“历史文化名城”进行检查。检查组在肯定宁波“历史文化名城”建设成绩的同时，认为宁波名城保护工作还存在着一些问题。随后，国家名城委在组织的“宁波历史文化名城保护咨询”中明确指出：对宁波类型丰富、数量众多的历史文化遗产的保护，不能采取“头痛医头”的方式，需要建立整体系统的保护框架，建议宁波系统组织编制名城保护规划。2013年12月，根据《宁波历史文化名城保护咨询》的意见，宁波市规划局会同市文化局，委托同济大学组织编制保护规划。2015年10月，新编制的《宁波历史文化名城保护规划》上报市政府审议和省政府批准。

2015年版《宁波历史文化名城保护规划》，规划期限为2014—2030年，规划范围从此前的着眼于宁波中心城区，首次拓展到全市域即9618平方千米的范围。对宁波城市的历史文化价值，新版《宁波历史文化名城保护规划》总结为“中华文明的重要发源地之一”“唐宋以来中国最重要的港口城市之一”“唐宋以来中外文化交流和碰撞的前沿”“宋明以来中国文化思想重镇”和“‘三江六塘河，一湖居其中’的宜居城市”5个方面。按照新版《宁波历史文化名城保护规划》，宁波历史文化名城的保护目标，依次是“完善文化遗产保护框架”“复兴宁波城市文化内涵”和“确立城市发展刚性前提”。

规划中的重点保护对象，涵盖5大类型：一是宁波、镇海、余姚的历史城区；二是月湖、伏跗室永寿街、秀水街等9个历史文化街区，莲桥街、新马路、德记巷-戴祠巷、奉化锦屏山、奉化东门口、梅墟、洪塘、庄桥、庄市、邱隘、五乡、贵驷、柴桥、霞浦、石碶和古林16个历史地段，以及镇海口海防史迹保护区和甬江北工业遗产保护区；三是慈城、前童、石浦、许家山、龙宫等历史文化名镇、名村、中国传统村落；四是保国寺、天一阁、河姆渡遗址、上林湖越窑遗址、它山堰、蒋氏故居、镇海口海防遗址等文物保护单位、文物保护点和历史建筑的保护区域和建设控制地带；五是东钱湖、天童—五龙潭、雪窦山、鸣鹤-上林湖风景名胜区。

具体的保护内容，分为物质文化遗产和非物质遗产两个部分。物质文化遗产方面，主要包括 5 个层面。①市域层面：保护整体自然山水环境、岸线与岛屿特征和风景名胜区；保护大运河、海上丝绸之路遗产；保护河姆渡等古人类遗址、越窑遗址、海防遗址；保护反映宁波海洋文化、宗教文化、学术文化等特色文化的相关遗产；保护历史文化村镇和传统村落。②中心城市层面：保护核心文化片区，保护三江、塘河等文化廊道，保护宁波平原水乡特色和古代水利工程遗存。③历史城区层面：保护宁波、镇海、余姚历史城区的整体格局和城市形态；保护历史街巷格局、地下文物埋藏区；保护重要的视廊。④历史文化街区层面：保护历史文化街区和历史地段的整体历史环境风貌和建筑、环境等各类保护要素。在 2005 年《宁波市城市紫线规划》规划的 8 个历史街区的基础上，增加了 1 个历史文化街区即奉化西街南大路历史文化街区。不仅如此，宁波市还对历史文化街区和历史地段实施建设控制。一方面，在历史文化街区划定核心保护范围和建设控制地带，前者指的是由历史建(构)筑物和其风貌环境所组成的地段；后者指的是确保核心保护范围的风貌、特色的完整性在其外围划定的必须进行建设控制的地区。另一方面，严格控制历史文化街区内的建设。其中核心保护范围内坚决保持传统格局、历史风貌和空间尺度，不改变与其相互依存的自然景观和环境，不进行新建、扩建活动；建设控制地带内的建设活动不得损害历史文化遗产的真实性和完整性，不得对其传统格局和历史风貌构成破坏性影响，新建、扩建、改建建筑物和构筑物的高度不得破坏整体空间特征。⑤文物古迹层面：保护文物保护单位、文物保护点、历史建筑、传统风貌建筑和历史环境要素。在众多历史文化遗存中，有三大方面的保护重点，即三江和沿线的文化遗产；宁波的历史文化街区和历史地段；保国寺、天一阁、河姆渡遗址、上林湖越窑遗址、它山堰、蒋氏故居、镇海口海防遗址等重点文物保护单位，以及其承载的古建筑技艺、藏书文化、古人类文化、青瓷文化、水利文化、民国文化、海防文化等特色文化。

在非物质文化遗产方面，纳入宁波市非物质文化遗产名录的遗产主要包括：①传统口头文学以及作为其载体的语言；②传统美术、书法、音乐、舞蹈、戏剧、曲艺和杂技；③传统技艺、医药和历法；④传统礼仪、节庆等民俗；⑤传统体育和游艺。

(二)历史街区的文化建设

在《宁波市城市紫线规划》的指引下，宁波市各级党委和政府全力支持和推进，使得历史街区的面貌发生了显著的变化。以面积最大、集中反映和见证了作为全国历史文化名城的宁波千年历史沧桑和变迁发展的月湖历史文化街区为例，总面积 90.7 公顷的月湖历史街区，有各级文物保护点 50 余个、世界文化遗产 1 个、国家级重点文物保护单位 3 个。历史上，月湖书院、讲舍、藏书楼众多，人称“浙东邹鲁”，是浙东的文化学术重地。月湖街区保护与建设的思路、举措与取得的成效，主要集中在如下四个方面。

1. 坚持保护为主，推进整体振兴

月湖区域的保护与利用一直是宁波市委市政府的关注的重点。《宁波市历史文化名城保护规划》《宁波市城市紫线规划》等规划，划定了月湖历史文化街区的保护范围。2007 年编制的《月湖(西区)历史文化街区保护与更新详细规划》和 2015 年 1 月获浙江省人民政府批复的《宁波市月湖历史文化街区保护规划》，均对月湖历史街区的保护和利用作了明确而具体的规定。天一阁 · 月湖景区于 2018 年 10 月获批国家 5A 级旅游景区，月湖于 2021 年 11 月入选第一批国家级文明旅游示范单位名单，这些成就是多年来保护月湖历史价值和焕发月湖时代价值的结晶。

2. 坚持重点突破，强调藏书文化

历经建设，天一阁已发展成为一座以藏书文化为核心，集文物保护、陈列展示、文物征集、典藏研究、社会教育、旅游休闲等功能，融社会历史与文化艺术于一体的特色博物馆，且集国家重点文物和古籍重点保护单位、国家 5A 级景区、国家一级博物馆于一体，是宁波“书藏古今 港通天下”城市形象的具体承载和生动写照。2022年，宁波市委市政府明确要求高水平建设“天一阁博物院南馆”并使之成为“具有宁波辨识度的标志性文化地标”，为提升城市文化软实力、加快建设现代化滨海大都市、高质量发展建设共同富裕先行市增光添彩。在推进以天一阁博物院南馆为重点的重大文化项目建设的同时，宁波市还积极引导社会力量参与相关藏书文化研究和建设，积极推进天一阁·月湖周边藏书文化发展的复兴。

3. 坚持价值导向，积极活化利用

月湖区域众多的文物建筑和名人故居，既是推进文化复兴的优势资源，也是打造文化特色的有力抓手。着眼月湖区域历史文化特色，积极推进区域内文物建筑和名人故居的活化利用工作，用名人故居激活城市历史文化记忆，一直是月湖保护和开发利用的基本思路。2021年5月1日，修缮后的屠呦呦旧居陈列馆以崭新面貌向公众试开放，并被中国科协授予浙江省首批“科学家精神培育基地”试点单位。2021年9月25日，保护修缮完成后的孙传哲邮票艺术馆正式开馆。2022年1月20日，翁文灏故居修缮工程通过竣工验收。其他名人故居的保护和活化利用，也在稳步推进中。

4. 坚持文化引领，统筹长远发展

宁波市围绕着月湖区域的历史文化积淀和文化遗存，积极打造专题陈列展览馆群，进一步丰富区域底蕴内涵。例如，天一阁博物院、银台第官宅博物馆、明州与高丽交往史陈列馆、茶文化博物院、玉文化博物院等，不时推出了一些有特色、高品位的展览活动。

在文化街区和历史地段面貌发生显著变化的同时，传统风物和城市“老底子”的保留和恢复也得到了重视。习近平总书记在2013年12月召开的中央城镇化工作会议上，提出要让城镇居民“望得见山、看得见水、记得住乡愁”，在推进城镇化过程中，要注重保留原有的地貌风光，实现人与人、人与自然的和谐相处。2020年6月1日，时任国务院总理李克强在考察山东烟台一处老旧小区时，说“地摊经济、小店经济是就业岗位的重要来源，是人间的烟火，和‘高大上’一样，是中国的生机”。城市社区尤其是文化街区和历史地段承载着市民的乡愁，也应该是聚集“烟火气”的所在。在旧城改造和保留历史传统、文化底蕴的语境下，充分借助创意设计和各种新技术表现手段，无疑可以应该成为历史街区建设的基本思路。

(1)建设“虚拟街巷”。

大者为街，小者为巷；直者为街，曲者为巷。至今，宁波历史城区尚有68条风貌街巷。这些街巷是市井文化的重要载体，是城市味道的具体表现。曾几何时，穿街走巷的小贩、夜市中的大排档、各种时令小吃、节日里的喧闹、门墙内的麻将等，构成了市井的主要图画和城市的主要味道。

根据历史文化、风貌景观和舒适度与活力等不同特点，可以将这些风貌街巷分为城市轴线街道、环城景观街道、商业性街道、生活性街道、历史街巷等类别。如中山路属于典型的城市轴线街道，而城隍庙步行街则属于商业性街道。风貌街道还可优化道路断面，扩大慢行空间，打造“慢行为主”的交通模式。例如，可以结合历史街区、主要公园绿地、重要地标景观和滨水环城绿带，由慢行线串联；优化人行空间，比如通过沿街界面整治、裙房界面整治、垂直绿化设置等方法，塑造连续的特色风貌界面；又如设置体现宁波城市文化特色的城市家具，将其样式、色彩、主题与所在区域特色风貌紧密贴合，等等。

对于在客观上已经很难复原的主要历史街巷，可以采取现代光影技术，建设“虚拟街巷”，用特定的文化标识串联成一个“街巷”。比如，从火车南站到南塘老街，可设立路标指示，相关的道路用彩色绘出两边，让行人顺着指引走到南塘老街；或者竖立醒目的路牌标识，附上二维码，行人可借助电子信息(文字、图像、声音及线路)一路找到老街。

(2)恢复标志性街区场景。

标志性的历史街区场景，是市井文化的主要承载。历史上的宁波，街市和集市繁荣并茂。一年四季天天成“市”的叫作“街市”。“街市”内，各类固定店铺林立，既有杂货铺、咸货店、酱园、酒肆、糖坊、布店、豆腐店这样的商品零售店铺，也有剃头、铜匠、镴匠、箍桶、修棕绷、弹棉花、打铁、钉秤、刻图章等提供各种服务的店铺。周期性成“市”的叫作“集市”，一般是每十日选择几日开市，四方的行脚贩夫在开市的日子赶集卖货。“南门三市”和“西门八市”是宁波最为有名的集市之一。民国《鄞县通志》说：“南门有三市，西门有八市。三市多竹木畜类，有事之家率于此以购鸡鹅鸭；八市则多蔬菜行，盖皆由余姚及鄞县西乡而来也。船舶争集，人民杂遝，夹道商铺，鳞次栉比。”

在六七百年的时间里，随着南塘河的繁荣和发展，沿河慢慢演变成一个生活用品和生产资料交易的集散地，“南门三市”因此成为宁波的主要集市。明代天顺二年(1458)，“甬水桥里”的“南塾墟”逢三逢八为市集，称“长春门外南廓市”，俗称“三市”。中华人民共和国成立后，“三市”一度冷清。20世纪七八十年代，集市重现，逢三逢八又有自然集市，主要交易旧货，称“三八集市”。“到三市去‘淘宝’”，曾经是宁波人最为熟悉的一个场景。“南门三市”的市井烟火气，承载了很多人的美好记忆。作为宁波最古老、最繁荣的农贸市场，“南门三市”堪称甬上商贸文化的源头。2021年4月底，因为“南门三市”道路狭窄，集市严重影响交通，“南门三市”停止营业，原经营户也分散到其他市场。如何以某种合适的方式恢复“南门三市”，对于复原“烟火气”具有重要的意义。

(3)建设创意街区。

创意街区是彰显历史街区时代价值的主要形式。宁波市依托极具潜力的创意公司和工作室，整合历史文化街区与创意园区，打造集历史文化街区、复合型办公区、艺术品展览和交易空间、创意企业孵化器等于一体的“创意街区”。

建设创意街区，创意设计与精选业态是核心。要提倡多元文化内涵，引领创意生活理念，打造文艺青年时尚根据地，汇聚概念书店、作家工作室、陶艺工作室、文创杂品、油画体验馆、画廊、独立影院、设计公司(工作室)、培训中心、胶片坊等特色创意空间。还可建设影院、剧院等演艺场所，尤其是建设小型戏院(戏台)，上演甬剧、越剧、四明南词等传统剧种以及其他曲艺等。还可发展广告制作、广告展示、动漫设计、摄影、新媒体等创意产业，充分利用街区墙面空间打造主题文化墙，通过绿植、流水、动物等，全力打造“水乡情景”式街区。

宁波市在创意街区不断推出特色主题活动，打造各类趣味艺术活动品牌，如主题音乐会、嘉年华游行、寻宝游戏等活动；推出各类中小型展览，如插画师展、私藏摄影展、球迷藏品展等，用文艺氛围笼络更多年轻人群，确保项目始终保持活力，不断创新。

第二节　“水乡宁波”与水利文化建设

宁波位于三江(宁绍)平原水网地带，以三江、六塘河(东乡三条河总称东塘河，西乡三条河总称西塘河)护城，日、月两湖点缀其中，区内水网纵横，是典型的江南水乡风貌。“水乡”宁波的“水形态”极为丰富。洋、江、河、湖、海、泊、湾、潮、汐、浪、波、溪、沟、滩、潭、沙、渠等水资源呈现形态，以及漕、渡、库、坝、塘、碶、堰等水资源利用的形态，应有尽有，不少还残留在地名和人们的记忆之中。虽经历史和自然变迁，“水城宁波”的样貌现已不复存在，但文化遗存仍在。除了河流和桥之外，至今仍保留着许多与水、与河道相关的地名与民俗。“水乡宁波”文化建设以保护和继承历史文化遗产为核心，唤醒城市的“水乡”记忆，并将水文化元素融入当前的文化建设当中，继承和发展出新的宁波水文化。

一、展示水利文化的创造力

水是生命之源，也是文化的根源，治水事关文明的兴衰。水不仅滋养了人民和浇灌了农业，而且方便了人们的出行和货运运输；防洪治水不仅保障了文明的延续，而且承载了古代人们的聪明才智和集体力量。

“三江六塘河，一湖居城中。”宁波水系发达，作为运河城市和海港城市，水利兴修和管理尤为重要。而宁波水利遗存核心文化符号，毫无疑问，以鄞江镇的它山堰、月湖的水则碑和高桥的大西坝为其中重要的代表。

(一)它山堰

宁波西部平原地处亚热带季风气候区，四季分明，温暖湿润，光照充足，雨量丰沛。但是，奉化江、姚江汇合甬江东流入海的格局，导致宁波不时面临着淡水奇缺的窘境。雨季，奉化江水位大幅上涨，决堤泛滥之后造成洪涝灾害；旱季，江河水位下降，海潮沿甬江上溯到樟溪河，东海强潮、海水倒灌造成的土地盐碱化，使得城市生活用水、牲口饮水等极度紧张。干旱、洪涝和咸潮，是压在古代宁波西部平原人们头上的三座大山。

它山堰水利枢纽工程的修建，改变了这一局面。唐太和七年(833)，鄮县县令王元暐①开始修建它山堰引水工程，历时三年而成。在甬江支流鄞江上修建的它山堰，集御咸、蓄淡、引水、灌溉等功能于一体，包括渠首枢纽、渠系工程和灌排控制工程及灌渠调蓄工程。它山堰是中国水利史上第一次出现的块石砌筑的重力型拦河滚水坝，全长113.7米，堰面顶级宽3.2米，第二级宽4.8米，总高5米。其砌筑所用石块均为长2~3米、宽0.5~1.4米、厚0.2~0.35米的条石；堰基采用木桩及土石回填，坝下条石护坦防冲消能，坝上游一侧回填黏土防渗、上侧铺砌刻有花纹的条石护堰；条石下面的黏土夹碎石层，用作水平防渗铺盖，可减少堰体下面沙砾石河床的渗漏，并能提升土的抗剪强度，并加速其固结速度；堰底倾向上游5度，与堰底水平的情况相比，可以增强堰体的水平抗滑稳定性一倍以上；堰顶可以溢流。

它山堰与郑国渠、灵渠、都江堰合称为中国古代四大水利工程，又与浙江丽水通济堰、福建莆田木兰陂合称东南三大御咸蓄淡水利工程。1988年1月13日，被中华人民共和国国务院公布为第三批全国重点文物保护单位；2015年10月14日，在法国蒙彼利埃召开的国际灌排委员会第66届国际执行理事会上，入选世界灌溉工程遗产名单。

“涝则七分归江，三分入溪，旱则七分入溪，三分归江。”建成之后的它山堰断截鄞江，上游樟溪水经此引流，一路流入南塘河，经洞桥、横涨、北渡、栎社、石碶、段塘经南城甬水门，注入日、月二湖；再经过支渠脉络，供城市之需。南塘河上分别建乌金碶、积渎碶、行春碶三座碶闸，以启闭蓄泄，堰和碶因此形成一个完整的水利系统。另一路流入小溪港至梅园、蜃蛟。两路水经支脉分流贯通鄞西平原，灌溉农田24万亩。

它山堰水利枢纽工程一举解决了干旱、洪涝和咸潮问题，不仅浇灌了宁波西

① 王元暐(799—不详)，山东琅琊(今山东临沂)人，唐穆宗长庆元年(821)，任翰林院书记；后历官翰林院编修、朝议郎、金华府同知。唐大和七年(833)任鄮县令，创建它山堰。唐宣宗大中元年(847)辞官归隐，告老还乡。后人感其德，在它山堰旁建祠以祀。北宋咸平四年(1001)，王元暐祠扩建为它山庙；南宋时，朝廷先后追封王元暐为善政侯、善政灵德侯等。

部平原的良田，而且保障了三江口居民的生活用水问题，为城市从鄞江搬迁到三江口奠定了坚实的基础。时至今日，虽然蓄水、供水作用已被皎口水库、周公宅水库替代，但在阻咸、引流、泄洪等方面仍在发挥作用。

它山堰自建成起，历经完善、改造和加固，其泄蓄功能，是通过启闭碶闸实现的。南宋淳祐二年(1242)，庆元知府陈恺主持完善它山堰，于堰西北150米处建回沙闸，以防泥沙淤积；又建保丰碶，以提升泄蓄能力。他还参考前人经验，设置了一个简易测量水位的工具——平水尺，就是将石柱立于河道中，上刻水位尺度作为泄、蓄的标准。在不短的一段时间内，碶闸启闭完全依赖主管官员个人综合评估各地上呈的水情之后作出的判断。

(二)水则碑

宁波市海曙区镇明路西侧的平桥街口一侧，月湖公园东北角有一小石亭屹然于湖水之中，亭内二碑相背而立，其一高约2米，下方镌刻楷书“平”字；其一略短尺余，上部刻有“则水碑”三个篆字，下部刻有楷书“平”字。水则碑是古代宁波调剂水源水位标尺，现在是全国重点文物保护单位、世界文化遗产“中国大运河-宁波段”重要的水利设施。

水则碑修建于南宋宝祐四年(1256)。时任宁波地方长官的是水利专家吴潜，为控制宁波各地水闸的开启和闭合而焦心，因为提前放闸就会浪费水资源，延迟泄放又可能造成水灾。为了解决这个问题，他在月湖北平桥下修建了水则碑，以查看河流和湖泊水位的高低。看似平淡无奇的一块刻着“平”字的石碑，是如何“透露”水位高低的呢？原来，“平”字上面一横的海拔是1.62米，下面一横的海拔是1.36米，一竖底端的海拔是1.09米。当水面涨没“平”字上面一横时，表示水位到了警戒线，宁波城内外河道的碶闸就要开闸泄水了；当水面低于“平”字时，则表示要关闸蓄水了。三江的碶闸是为了阻咸，塘河的碶闸是为了蓄淡，而水则碑却是管理宁波三江以及众多的塘河的碶闸的总枢纽。

(三)大西坝

大西坝建于南宋宝庆三年(1227)，位于后塘河、大西坝河与姚江的连接点上，也是杭州至宁波的水路要道。能够防洪防涝、阻咸蓄淡、兼通舟楫的大西坝，由船堰和水闸组成，是中国大运河内河航道与外海相连的节点，宁波因此具有了运河城市和海港城市的双重身份。

姚江是大运河的一部分，但在以风力和人力作动力的木船年代很难逆潮而行和随时靠岸，而候潮而行和候潮而靠又极不方便。于是古代水利专家想出了解决问题的办法：在姚江的上段受潮水影响起落不大的地方转入内河可以不受潮水节制，长约 4 千米的大西坝河因此开凿。河江水位有高差，因此必须筑坝；要航运，因此必须有过船堰；兼顾水利，因此必须修水闸；为方便于姚江两岸交通，因此必须筑渡头。这样一来，大西坝几乎集古代内河水利、船运设施之大成。

最初的大西坝是由牛牵引过船的泥坝，后在宋宝祐六年(1258)修筑为石质堰坝，因而又称“石堰”之说。经实地勘察，古坝体在今大西坝闸以西约百米处，伸向河道呈弧线形，由条石砌筑基础，筑形规整。

现存的大西坝于 1958 年始建，为单孔水泥闸，由电机螺杆控制上下启闭闸板，并与北侧不远的 1962 年所建的大西坝翻水站相互配合来控制大西坝河水位，以利农业灌溉。闸口北侧另配有电动升船机船闸遗迹，形成了完整的水闸、船坝、排灌水站等组成的现代水利工程。2013 年 3 月，“大运河-姚江水利航运设施大西坝旧址”成为全国重点文物保护单位。

综上可知，宁波已经采取了不少措施来展示水利文化。如以它山堰为龙头打造宁波特色水利文化。一部它山堰兴水之利、除水之害的治水史，等于贯穿了整个宁波的社会发展史、文明史……它山堰博物馆位于海曙区鄞江镇它山堰村它山堰旁，面积超过 300 平方米。博物馆内的人物篇、传承篇、工程篇、拓展篇、变化篇、直观篇六大篇章，阐释了建堰脉络、它山文化、它山石堰、水石兴城、配套工程、渠首展示六大主题。馆内的展示，也考虑到普通公众的知识面和理解能力，渠首工程的展示模型，形象、直观地呈现了这一座凝聚着先人智慧和汗水的庞大工程之所以能够万古长青的神奇。目前，建设河海博物馆打造水利文化亮点也已经提上议事日程。在陈列方面，一方面以原生态或高科技展现洋、江、河、湖、海、泊、湾、潮、汐、浪、波、溪、沟、滩、潭、沙、渠等多形态的水资源呈现形态；另一方面，融知识性和趣味性全方位展现漕、渡、库、坝、塘、碶、堰等水资源利用的智慧和魅力。

二、再现塘河文化的魅力

日本学者斯波义信把“三江六塘河，一湖居城中”称为“甬江模式”，即自然江河，与一条或多条、一段或多段人工塘河，以及湖泊与之相配，解决咸潮的影响，最终形成灌溉蓄泄、通航水运一体发展的河网格局。这类工程规模不大，费工较少，但作用巨大，可挡江潮，是三江平原城市文明的基础性工程。

（一）宁波塘河的格局与变迁

宁波是以“水”为核心的水网城市，三江和塘河水系主导了整个宁波平原区域的城市选址、拓展方向、功能布局、空间肌理。

宁波塘河特指人们在修筑抵抗海水或者潮汐江水的陂塘的过程中，利用天然水源，配合堰、碶、闸等水利设施，建造的具备阻咸蓄淡、引水灌溉、行洪排涝、通航运输等多种功能的人工水系系统。宁波塘河是城市建设与自然环境相互适应的结果。宁波城依河而建，规模小且发展缓慢。河流水系作为水源命脉和航运通道，既是支撑城乡聚落形成的基础和农业经济发展的保障，也是重要的泄洪通道和天然的安全屏障。经过漫长的塘河治理和平原开发，宁波的水系系统在原有自然地理基础上，有了明显的改善。

从唐代子城建成之前开始，宁波对塘河的开发使用已延续千年，逐步形成了以西塘河、西乡中塘河、南塘河、后塘河、东乡中塘河、前塘河六条塘河为核心的塘河水系系统。

全长 24. 5 千米的南塘河上接它山堰，与奉化江平行，是六塘河中开凿最早的一条。南塘河是广德湖被废后引水入城最主要的河渠，沿途修筑乌金碶、积渎碶、行春碶三个可通奉化江的水利调节点，也是引樟溪之水入鄞西河网和行洪、排涝、灌溉、航行的骨干河道。末端利用沼泽低地修筑日湖、月湖，蓄积淡水，再分流至城内开挖的大小河渠、池塘，为城市供水。以它山堰为中心构筑的小水利网络，既解决了古城的水源问题，也实现了对南塘河沿线农田的灌溉，加速了城市的发展，如它山堰工程完成12年后，乾宁五年(898)，罗城建设也完成。

西塘河源出高桥，在望春桥与中塘河汇合，由西门口注入护城河。西塘河现存河长13.18千米。作为姚江自然河道的复线接入浙东运河系统，是浙东运河的重要组成部分。西乡中塘河横贯鄞西平原中部，与西塘河一样，也是广德湖遗存河道。西乡中塘河源出横街，出望春桥后与西塘河合流，流入宁波市西门口。西乡中塘河现存河长12千米，是横贯鄞西平原中部的主要河流，在鄞西平原的灌溉、航运方面有较大作用。

现存河长18.5千米的后塘河源自东钱湖流域的三溪浦溪流，是鄞东行洪、引流、蓄水、灌溉、航运主要河道。现存河长8.95千米的东乡中塘河受东钱湖莫枝堰下注之水，在横石桥与前塘河汇合，通至江东新河头。现存河长18千米的前塘河源出横溪镇白岩山九曲岭，经云龙、下应、横石桥与中塘河相接，流至江东区新河头。

唐代以前，宁波的城镇聚落主要分布在有淡水供给的平原和山地交界处的台地地区，如句章县县治在余姚市大隐镇学士桥村的城山渡，鄞县县治在奉化区西坞街道的白杜村，鄮县县治在鄞州区五乡镇同岙村。唐代，宁波开始塘河治理，通过水源治理，实现了中心城区的迁建。长庆元年(821)，州治迁至三江口，奠定了宁波城市此后千余年的发展格局。

宋代通过干流治理，建成六大塘河干道。两宋尤其是南宋时期，随着浙东人口的激增、城市规模往东延伸和港口功能的不断完善，淡水的需求量和水运便捷的需求也在不断增长，塘河干流的建设迫在眉睫。东边，1056—1063年对东钱湖进行疏浚，在湖的四周建造碶闸代替土堰，开挖了前塘、中塘、后塘三条水渠灌溉农田和疏导湖水；西边，北宋政和八年(1118)废广德湖造官田约800顷，并沿湖北堤、南堤开挖西塘河、中塘河，将淡水经西水门导入城内月湖、日湖。由此，宁波六大塘河的格局逐渐形成。城镇聚落开始在塘河沿线及交叉点等水运交通便捷地区集聚，至南宋末年，三江平原地区的城镇数量已经达到26个。

明清时期，对小流域的治理、清理加速了河埠市镇的形成。以六大塘河为核心的宁波塘河水系系统已经非常完备，宁波平原地区江河交织如网，为人口增加、农业发展和经济繁荣创造了良好的条件；沿水路要道，形成了大量赖水而生的河埠市镇，至清末新增的市镇数量多达 92 个。

塘河对宁波城市的形成和发展至关重要。如果说三江赋予了宁波强大的对外交通能力，成就了东南港埠；那么，塘河就是宁波城市的生命线，以六塘河为核心的水系治理推动了宁波中心城市的建设和三江平原的开发，孕育了古代宁波平原的市镇聚落，塑造了河、路、桥、街相依的城市风貌，促成了江南水乡的富庶。

宁波的水乡特色，一是城厢内外河道网结的“江南水乡”特色和“三江六塘河，一湖居城中”的城市格局特色。“河”是城市的骨架，水是城市的血脉。早期宁波城市建设依三江之势而筑，充分利用了水系在抗洪排涝、军事防御等方面作用；六塘河的建成，则推动了“三江六塘河，一湖居城中”城市格局的形成。此后，中心城市的发展格局更加稳固，使“子城”与“罗城”的城址与城界历经唐、宋、元、明、清，基本没有变更，直至 1929 年拆城墙建环城马路。在这期间虽屡有兴废修整，但宁波城池在原址稳定地延续了 1030 年，在中国古代城市史上尚不多见。二是推进形成了河街协同的水乡城镇空间格局。古代宁波城镇空间的布局结构，一方面深受塘河水网体系的引导和约束，另一方面其细部空间肌理基本呈典型的江南水乡河街肌理。城镇空间基本沿河发展，呈现了线型的空间肌理，在水网河道的基础上，街道沿河分布，实际上成为河道的配套。河、屋、街三种元素叠加，衍生出“一河两街”“前街后河”“街河并行”等多样化的河街形式并沿水轴线并行重复，形成了古代宁波城镇特殊的空间特色。城内一河一街，户户前街后河；百姓出则舟楫，入则饮浣，“水城”的风貌典型而通透。三是营造出以内河为中心的念珠状公共空间体系。依托塘河，古代宁波城乡地区大多将公共活动建立在水网之上，重要公共建筑也是傍水而建，由桥头、水埠、滨水茶坊酒楼和集市等水陆交点与河街并行的线型空间，构成了宁波传统的念珠状公共空间体系，成为居民日常食、住、行等活动的公共中心。四是支撑着宁波古代商贸的繁荣兴盛。“无宁不成市”，从宁波商业发展历程来看，塘河的建成对于宁波古代商贸氛围的形成和繁荣意义深远。塘河系统不仅构筑了较为完备的灌溉系统，而且形成了便捷的水运系统并支撑起其商贸经济发展的命脉。西塘河和南塘河尤其具有代表性。宁波三江水系航行的客货船只，为避外江潮汐、航道曲折多变等风险，大多走西塘河；从小西坝摆渡过姚江再通过南岸的大西坝进入西塘河，可直达宁波城西望京门。宁波城内水系和鄞西平原的南塘河、中塘河等运河水系，由此连为一体。而西塘河与海上运输系统直接相连，使宁波成为中国大运河与海上丝绸之路相连的唯一节点。南塘河是进入宁波城内的水路要道，也是宁波城郊之间联系的主要水上公共交通线；南塘河边上的“南门三市”，则是当时最繁华的城外商贸中心。

中华人民共和国成立后尤其是改革开放以来，伴随快速城镇化，宁波塘河因不能适应工业时代的发展要求，导致其水运功能逐步消亡，灌溉功能也逐步弱化，直接结果就是水网空间受到严重侵蚀。在城镇建设过程中，开发商为了便于项目落地和提高用地效率，常常将整个区块内的河道全部填占；一些个体企业和农村居民在厂房、住宅新建扩建中，违法侵占河网水系的事件也时有发生，导致填河取地现象频发。加上水环境污染、城市内涝等问题，塘河因此逐渐淡出城市生活的中心。

(二)塘河的开发利用

面对全球化背景下城市之间日趋激烈的竞争环境，国内外许多城市逐渐认识到提升城市环境品质对于提高城市竞争力、实现可持续发展的战略意义。纽约、伦敦、东京、巴黎、新加坡等全球城市新一轮的发展战略目标强调要提高市民幸福感，提出城市人性化、多元化、绿色化发展策略。城市品质决定着城市未来发展的竞争力，城市发展品位和质量则反映了一座城市的精神和气质，是城市核心竞争力的所在。因此，加快推进宁波塘河及其文化的全面复兴，提升宁波文化品牌建设和文化品位、惠及老百姓福祉的系统性的民生工程，对宁波未来城市的发展意义重大。

宁波塘河复兴发展的总体思路，应该是立足于宁波水网城市的特点，在满足城市基本防洪排涝的基础上，构建一种将雨洪管理、水质治理、用地规划、滨河景观、文化特色、慢行休闲等多重要素紧密结合，“多管齐下、六位一体”的理水模式。这种模式系统梳理了宁波塘河的综合功能价值，突出了塘河在城市生态格局营造、文化展现、城市特色营造、城市品质提升中的功能与作用。宁波市通过充分挖掘宁波塘河的综合价值，构筑尺度宜人、环境友好、各具特色、充满活力的城市塘河水网系统，再现宁波塘河“水清流畅、岸绿路通、景美人和”的发展格局，对于打造与东方港城和江南水乡定位相匹配的“水韵都市”具有重要现实意义。

一方面，由于塘河在中心城区生产和生活中的重要性降低，加上决策者对塘河生态、文化、休闲等功能的认识滞后，导致对滨水空间开发建设较晚。大多数塘河沿线因为缺乏有效而美观的亲水设施，导致人们逐渐放弃了对河岸的使用，进而也就无法对塘河产生亲密的感情。另一方面，多数塘河沿线建设用地复杂，建设时序和管理模式的不同，导致沿河许多居住区和工厂等建筑退让不足，沿线用地不连续、岸线被侵占，尤其是各类主体及违章工程对岸线的占用，涉及大量拆迁和岸线改造，使得绿带贯通实施难度大。此外，宁波水系发达，桥梁众多，城市道路建设对沿河绿道关注较少，导致桥梁梁底空间不足，进一步阻隔了城市居民的亲水活动。当前市民对于甬江、姚江、奉化江、东钱湖、月湖等市区内主要的大江大湖感知较深，而对于塘河的结构则缺乏认知。塘河沿线绿道不连续统一，公共设施、标识、夜景亮化等都不成系统，需要结合塘河整体定位进行提升。

水系是宁波城市文化的重要来源。对于农业社会时期的宁波城市来说，塘河是宁波城市的水源命脉、快速通道和公共空间，它孕育了古代宁波平原市镇聚落，塑造了河、路、桥、街相依的城市风貌，支撑了宁波古代商贸的繁荣兴盛，承载了丰厚的历史文化积淀。旧时塘河在宁波市民的生活中占有非常重要的位置，无论是水上的船坞，还是赖以为生的渔业，乃至日常洗濯，都与运河息息相关；无论是官方的观礼仪典，还是民间的婚丧嫁娶，塘河都是其中不可或缺的一部分。同时，作为与农业社会城市发展相适应的人工河网系统，塘河本身也是一种文化的象征，代表了宁波古代人民治理感潮水系的伟大智慧和顽强精神。因此，在城市开发建设中，应大力发掘、保护和传承塘河文化资源，提升塘河文化的品牌知名度。然而在实际的开发建设过程中，滨水区规划设计往往忽略了原有的肌理组织模式和文脉的延续，使历史文化与现代文化在滨水区设计中断裂；许多滨河老镇老村，由于缺乏有效的整治提升，导致原有的人文历史景观风貌逐步消失；新建滨河项目容易流于模式化、批量化，造成滨水空间建设千篇一律，缺乏地域文化特色。

基于上述重重困难，宁波市采取了一系列行之有效的举措：实施水体环境治理工程，通过水系系统保护修复、塘河水质环境治理、防洪排涝能力提升和水工建筑物质量改善，实现水体环境的综合治理；实施空间形象显现工程，通过重塑塘河功能定位、确定分段发展主题、推进滨水建筑提升、强化沿线村落导控、加快文化发掘利用和整合打造特色节点，重塑宁波塘河的综合功能价值，充分显现塘河空间形象；实施塘河绿带建设工程，通过修复塘河生态、打造塘河绿廊、策划绿化景观、贯通滨水步道、畅通水上游线，使塘河清起来、露出来、绿起来、串起来、游起来、亮起来，让塘河重新成为宁波城市新的风景线，实现塘河的全面复兴。①

第三节 “书香宁波”文化建设

自宋代以来，中国政治中心、社会经济重心逐渐南移。受此影响，宁波教育迅速发展，州学、县学相当发达，人才辈出。私学的兴盛，促使文化的勃然兴起，并最终促成了享有盛誉的浙东学派的形成。

宁波因文化而盛，是第二批国家历史文化名城，文化资源与品类都非常丰富。宋以后，月湖地区讲学之风大盛，涌现出一大批文化名人，如“淳熙四君子”等。在此基础上，形成了四明学派、浙东学派等学术共同体。而以天一阁为代表的藏书文化、近代以来的科技文化，则凸显了“书香宁波”的文化底蕴和历史价值。

宁波的“书味”可用“香远益静”来概括。书味之香，指宁波文化深厚、发达，内涵儒道释三家，又吸纳了西洋现代文明；书味之远，指宁波有一批杰出的文化名人和文化成果，大兴讲学之风，形成学术流派，对全国乃至东南亚都有重要影

① 打造“水韵都市”，让塘河重回市民生活中心——关于宁波塘河复兴的对策研究[EB/OL].[2024-01-02].https://www.nbdx.cn/art/2019/12/13/art_14759_5019.html.

响；书味之益，指宁波人不读死书，能经世致用，与时俱进，有益于个人、社会与国家的发展；书味之静，指宁波文化能守静，能藏拙，多有藏书名家、民间异士，故能宁静致远，淡泊明志。

一、“书香宁波”的主要形态

（一）月湖文化

月湖起初是水利工程，两宋之后充实了人文内涵。月湖士绅簪缨鼎盛，著述宏富，是宁波文脉所聚，也是近世中国的一道人文奇观。全祖望《湖语》：“湖水之静深，足以洗道心；湖水之澄洁，足以励清节；湖水之霏微，足以悟天机。”静深、澄洁、霏微，可以说是月湖文化最好的表达。书香月湖的标志有三：一是书院林立，二是科举兴盛，三是藏书守道。此外，士大夫们在琴棋书画、戏曲等方面也多有兴趣。近代月湖又推动了中国的近代化、现代化进程，是月湖文化的一次重要更新。

（二）名人文化

宁波历史文化名人众多，尤其自南宋之后人杰地灵，他们对社会和文化发展影响深远。千年宁波满庭风华，古今风流人物众多；月湖地区望族鼎盛，多有书香门第。从文化类型来看，名人文化可以分几个层次；一是古代学术名人，如淳熙四君子、藏书名家等；二是古代政治人物，如史氏家族、抗清英雄张苍水等；三是近代名流，如翁文灏、袁牧之等政界、文化界名流和宁波商帮等经济界精英；四是当代人物，如屠呦呦、路甬祥等。

（三）状元文化

从隋唐到清末近 1300 年间，宁波出了 13 位状元，其中宋代有 5 人，明代有 6 人，清代有 2 人。唐代宁波进士数量少，宋以后逐渐上升，成为进士高产地区。其进士人数在南宋位列全国第三，到明代堪称全国之首，至清代虽有所回落，但还是名列前茅。

状元文化还可以联系到以院士文化为代表的科技文化。近代以来，宁波科技文化发达，为促进国内各项事业发展作出了重要贡献，其中的代表性人物是第一位获得诺贝尔生理医学奖项的中国本土科学家屠呦呦。

(四)藏书文化

宁波有好读书之习俗，有“耕读之乡”“浙东邹鲁”之美誉。范钦、徐时栋、全祖望等一大批名人先贤留下了许多读书佳话、书香遗址。古有宁波籍进士2432位，今有童第周、贝时璋等宁波籍院士100多位，还有周信芳、余秋雨、唐弢等文化名家。“唯有读书品自高”的价值观念早已渗入宁波人的骨髓，化为宁波人的基因。宁波是“文献名邦”，从春秋时期的吴越文化，到南宋、明末清初和清末民初的三次思想和学术高峰，历代个人著述有8000多部。集心学之大成的王阳明、开创浙东史学派的黄宗羲等，学术思想影响深远。宁波人爱藏书，是“书藏古今”之城。天一阁、五桂楼、伏跗室等藏书楼珍藏的古代文献和地方文献逾40万卷，数量之多、质量之高、分布之广，誉满全国，为传承和传播中华文化以及地域文化作出了重要贡献。“书藏古今、港通天下”，已成为宁波城市形象的主题口号和标志。

二、“书香宁波”的优化路径

(一)深入挖掘品牌内涵，建设新时代“天一阁”

1. 建设“网上天一阁”

“天一阁”式的藏书模式已不可能复制，当前网络图书馆等文献收藏方式方兴未艾，如国学书典、百度文库、新浪爱问资料等，这些网络文献中心已逐渐成为学者查阅资料的重要渠道。在新时代背景下，及时转换藏书方式，是继承天一阁文化遗产的重要举措。

可以天一阁为名建立网上藏书楼(实际为一大型门户网站)，举行“我为天一阁献本书”活动，先发动宁波地区学者、作家将自己的书或收藏的书(电子版)献给“天一阁”；然后发动市外读者献书，入藏“天一阁(网络版)”。网上藏书模建成后，献书者获得资格免费浏览、下载“天一阁(网络版)”各类图书，宁波居民则可获得相当程度的浏览、下载权限。

2. 发起天一阁读书会

充分利用“天一阁”品牌，参考古代书院制度，引进“驻店作家”模式，结合已有活动(天一讲堂、阅读日等)，定期(每周)举办天一阁读书会。邀请当代知名作家、学者、艺人等到“天一阁”讲学一天(上午讲座，下午与读者互动)。如有可能，可借鉴上海思南文学公馆的读书活动(或可多寻几处常规性的读书活动)，如嘉宾周六在上海活动，周日可以移师宁波天一阁。对于前来讲学学者的著作，可以为其举行“入阁”仪式(包括电子版本)，也可以举行签售活动。

3. 设立“天一书店”

书店能聚集人气，荟聚人才，让文化能够重生、繁衍延续，使文化符号鲜活起来，赋予天一阁新的生命。在天一阁门外，由受邀嘉宾荐书，书店只卖所荐书籍，以打造精品书店。还可以在书店举办阅读比赛或书评征文等活动，以聚集人气。

总之，这些举措是要让“天一阁”真的有书可读、可买、可藏，进而打造成一个文献阅读与“下载”中心，而不仅仅是一座古楼或园林。

4. 继续推进创意活动

天一阁近年来加大了对文化创意产品的开发力度，通过现代创意设计和运营，利用天一阁品牌，设计制作了许多有创意的产品，受到普遍欢迎。可进一步推广创意商品，举办创意活动，以吸引市民和游人。例如，经严格审核，允许相关影视题材的拍摄制作使用天一阁场景，为弘扬天一阁藏书文化、宣扬月湖文化底蕴拓展新途径。

5. 说书、唱书与演书

天一阁中有戏台，可适当引入宁波走书、四明南词等非遗节目，以及其他说书、唱书节目，在读书会期间开展活动，让“书”动起来、活起来，不仅可读、可看，还可唱、可说，甚至可以演。

(二)保护月湖历史文化遗产，加强积累深耕学术研究

对于月湖地区的历史文化，应以保护、研究为主，而不以开发利用为目的，

更不能以张扬显耀为目的。对于传统书院、名人聚居地、学派思想传承等，应以积累、沉淀、阐释、升华为初心，继续加强资料整理和专门学术研究工作。

宁波目前尚缺乏在国内外有影响力的高等院校和科研院所，造成了深厚的历史人文底蕴与深入的研究阐释之间的不匹配，以及宁波近现代文人学者以“走出去”居多的事实。如何吸引人才、引进人才和留住人才，是一个值得认真思考并积极应对的时代命题。从历史上看，宁波出现过影响全国乃至东亚的文化中心，如白云庄、月湖地区的明清书院等，因为有学术文化机构为载体，有真正的大师坐镇，所以能成为文化中心。故可考虑在月湖建设高等研究书院，或在白云庄（天一阁）建设新式书院，探索借力域外专家开展相关研究、培养专业人才的机制，使之成为深耕和挖掘宁波古代精英文化的载体。

在具体操作上，可联合各高校的阳明学堂、国学研究所、地方文化研究所等高等人文研究机构的学者，由他们构成新式学院的主体研究人员，适当吸纳市内外热心读者。与宁波市社科院合作，设置“宁波千年”系列科研项目，营造“宁波味道”的研究氛围，为宁波文化建设提供有力支撑。

研究院可恢复古代书院的“会讲”和“讲会”：专家学者主讲的“讲会”，应注重研究前沿和研究动态；“会讲”则注重学术积累和交流，倡导自由研究之风，鼓励潜心研读相关经典原籍、追求人文精神的读者砥砺前行，打造浙东文化高地。

在保护、研究的基础上，可在月湖等书味浓厚之地，定期举办旧书交换市场，邀请广大读者交流旧书、买卖旧书。书能流通就能活，就有人气。

（三）加大桃源书院建设力度，再创历史文化新地标

桃源书院始设于北宋，初为“庆历五先生”之一王致的私宅“酌古堂”。“酌古堂”在王致将之传给侄子王说后，改称桃源书院。熙宁九年（1076），王说的孙子王勋考中进士后上书宋神宗，得御赐书额“桃源书院”。桃源书院在四明大地上辉煌了500多年，一度是教授周边乡里生徒的所在。

曾就学于桃源书院的丰稷，为北宋著名大臣、文学家。他“天性嗜学，逮而不衰”，开启了家族游艺、治学、藏书于一体的风尚。至明代丰坊“万卷楼”在月

湖西落成，丰氏家族历时 17 代，聚书最多时达 5 万卷。从宋初丰稷的藏书到明代丰坊“万卷楼”，再继之以范钦的天一阁，宁波的书香不再断绝。甚至有学者赞叹：“没有桃源书院，就没有天一阁!”

由于“天一阁”名声太盛，桃源书院反而不大为人所知。可认真汲取“天一阁”的经验和教训，精心设计，恢复桃源书院，再造一个“书香宁波”的历史文化地标。

(四)探索制度创新，让图书馆博物馆馆藏文献流动起来

若条件成熟，建议在月湖边宝奎巷建立南宋(民居)博物馆，在书院巷修建月湖图书馆。可另将白云庄改建为浙东学术博物馆，并考虑将王升大博物馆、赵大有博物馆迁入南塘老街。

探索博物馆与图书馆的结合，可在博物馆设立电子图书阅览室、书报杂志阅览室、影像厅等，以吸引读者尤其是中小学生。可在图书馆内不定期展览文物，或文物图片、讲座等。对于图书馆内的博物馆，鼓励交流，更新藏品，多办活动。

在宁波历史名人博物馆内部，可挑选宁波文化名人事迹及遗物并用作展示；也可在博物馆墙壁上画上类似拉斐尔《雅典学院》的油画，以展示所有宁波历史文化名人风采，等等。

(五)让历史文化名人“活起来”，“走进”市民日常生活

一个地方有了文化名人，就会形成“文化场”。宁波现有的几大历史文化街区，有历史文化名人雕像，但一方面零星分布，各自为政，难成气候；另一方面，历史文化名人大多在蜡像馆里“闷坐”，未能“接地气”，因此难以“飞进寻常百姓家”。可考虑用简易材料，制作反映宁波历史文化的、可移动的人物雕塑，于重要、重大节假日，“穿梭行走”于繁华、热闹的景区、街头，让其“活起来”。

这些行走的雕塑应附有文化资料(文字和音像等)介绍，附设二维码，还可以设座，让行走的路人坐下来，看一看、听一听、想一想。雕塑人物应包括历史文化名人、革命先烈、忠臣孝子(道德模范)等，在内容呈现方式和表现形式上

可增设一些流行元素。

还可在共青路、偃月街靠月湖一侧，打造一条宁波历史文化名人雕塑长廊。长廊集中展示宁波历史文化名人事迹，同时具备休闲功能(如在雕塑旁设置小型创意喷泉等)，让市民和游客在轻松愉悦的氛围中感知宁波的历史文化。

第六章 焕发“海上丝绸之路”始发港的时代活力

绵亘万里，延续千年，古丝绸之路是连通东西方文明交流的桥梁。古丝绸之路，既通过陆上通道拓展，也通过海上航路延伸。通过海上航路延伸者，就被称为海上丝绸之路。宁波，正是海上丝绸之路的始发港之一。海上丝绸之路，蕴藏着宁波城市最重要的文化基因密码，也是宁波最重要的文化名片。

第一节 “海上丝绸之路”视域下的宁波

从河姆渡文化开始，宁波的所有发展都带着海洋文化的深深烙印。从海上丝绸之路的兴起、形成、发展，到鼎盛、萎缩及至中国改革开放后的重新腾飞，作为重要始发港的宁波，见证了其港城的千年兴衰。不了解海上丝绸之路，我们就无法真正认识宁波这座历史文化名城。

一、古代中外交往中的宁波

从春秋战国时代起，宁波就已经开辟了海港，并在之后的岁月里逐渐成为中外交往的金色纽带。

中唐以后，由于海路交通的发达，宁波及其附近的舟山群岛作为江南与日本等地商业运输和人员往来最频繁的港口，使其成为唐五代发展较快的城市之一。作为一座濒江近海的港城，宁波不仅发挥着区域行政中心的作用，而且扮演着水陆转运枢纽的角色。宋代以后，随着国际贸易重心由陆路转向海道，宁波海疆重镇的风貌也日益凸显。

三江口的宋代明州港，“南通闽、广，东接倭人，北距高丽，商舶往来，物货丰溢”①，而“靠海吃海”“靠港吃港”也成为明州人的不二之选，“僻处海滨，全靠海舶住泊，有司资回税之利，居民有贸易之饶”②充分说明了这一点。舟山普陀的双屿港，在明末麇集了大批中国、日本和欧洲的商人，迅速发展为国际贸易中心，被日本学者藤田丰八誉为“十六世纪之上海”③。明政府在宁波设立市舶司，专门管理与东亚诸国和地区的贸易和人员往来。在清朝初年，宁波不仅与北至辽东、南达闽粤澳各地往来频繁，而且与东亚国家和地区的贸易和文化交流更加密切，是东亚海域交流中举足轻重的枢纽港。

作为海上丝绸之路上一个重要的连接网络枢纽，宁波港在中国历史上有五个显著特点。

一是历史文化积累非常丰富，海洋文化基础非常深厚。在宁绍平原的背面即萧山的跨湖桥遗址，出土了 8000 多年前的、中国迄今为止最古老的独木舟；在余姚，则有蜚声中外的河姆渡文化。目前，宁波已发现 6 条沉船，分别是唐朝、北宋、南宋和元、明、清的沉船。6 条沉船构成了一个完整的序列，这在其他港口城市尚未发现，也从一个侧面说明宁波的海洋文化、海丝文化的发展是比较完整的，基础也是比较深厚的。

二是在中国海上丝绸之路城市中具有独特属性。宁波既是海上丝绸之路的始发港之一，同时也是中国大运河的出海口。这一特殊属性，使得内陆腹地的丰富货品为海上丝绸之路的发展提供了支撑和保障，而来自其他国家和地区的货物也可以通过大运河运到中国内陆腹地去。宁波，成了中国古代海上和陆上两条丝绸之路的联结枢纽。

三是对外贸易的对象分布广。宁波与日本列岛、朝鲜半岛隔海相望，成为古代中国与日本列岛及朝鲜半岛商贸往来的重要纽带。宁波还与东南亚及更远的地

① 宁波市地方志编纂委员会．宋元四明六志(卷二)[M]．宁波：宁波出版社，2011：43.

② 宁波市地方志编纂委员会．宋元四明六志(卷二)[M]．宁波：宁波出版社，2011：265-266.

③ [日]藤田丰八．中国南海古代交通丛考[M]．何健民，译．太原：山西人民出版社，2015：348.

区也有一定的商贸往来。宁波一带生产的越窑青瓷，一直远销到东南亚、印度洋地区及非洲。现在宁波天一广场一带的“波斯巷”，宋代曾经是阿拉伯人的聚居区。

四是宁波海上丝绸之路的文化交流功能极为突出。宁波在历史上一直是东亚各国文化交融的枢纽，以宁波为始发点的大陆先进文化的外输曾对东亚各国传统文化的演进产生过重大影响。宁波从千年前就向日本列岛、朝鲜半岛输送汉字书籍，宁波的海上丝绸之路同时也是“海上书籍之路”。王阳明曾在阿育王寺与日本高僧了庵桂悟相见，使宁波成了阳明心学传播海外的起点。之后，阳明心学极大地影响了日本的历史进程和文化样貌。明末学者朱舜水东渡日本，先后在长崎、江户(东京)讲学，传播中国传统文化，被日本学术界奉为一代宗师。

五是实现了从古代港口城市向现代港口城市的成功转型。世界上有一些港口城市，或因为淤塞，或因为战火等其他原因荒废了。宁波自唐代正式建城以来，一直是港口城市。2022 年宁波舟山港完成年货物吞吐量超 12. 5 亿吨，连续 14 年位居全球第一；完成集装箱吞吐量 3335 万标准箱，位居全球第三。如今，宁波舟山港正在积极打造国内大循环战略支点、国内国际双循环战略枢纽。从木帆船时代、小规模港口城市发展到现在大型集装箱货轮时代的发展线索，清晰而完整——这就是宁波在整个中国港口城市里面的特色和亮点。

二、宁波海上丝绸之路的发展历程

宁波海上丝绸之路的发展和演变，主要经历了以下几个阶段：

萌芽期。宁波的海路对外交流，可以追溯到新石器时代的河姆渡文明。在河姆渡遗址，考古工作者发现了大量的石锛，而石锛是远古时期造船的先进生产工具。这证明，7000 年前的河姆渡先民已经大量地造船、通过舟楫实现对外交流。由此，河姆渡先民被认为是亚洲石锛的鼻祖，宁波则被认为是世界船舶文化的重要发祥地。此外，河姆渡也是亚洲稻作文明的发源地之一，河姆渡先民创造的稻作农业文明，正是通过海上原始工具或陆路，先后向周边诸国传播。

开通期。宁波海上丝绸之路形成于汉代，并逐渐走向成熟。位于宁波慈溪上林湖的古窑址生产的越窑青瓷，汉时就漂洋过海到了日本列岛、朝鲜半岛和东南亚国家，宁波的贸易和文化交流日益向海内外拓展。三国东吴时期，吴地工匠东迁与东渡，将先进的文化技术带到周边诸国。佛教开始通过海道传入中国沿海地区，三国至西晋时期，宁波已出现不少佛教寺院。

发展期。唐代是宁波发展的崭新起点。唐开元二十六年，明州设立。长庆元年，州治从小溪迁至三江口，并建子城，奠定了此后宁波千年的城市发展基础。行政地位的提升加上大唐盛世的繁华，使宁波步入快速发展的轨道。依赖自身独特的地理优势，宁波逐渐成为全国最大的开埠港口。为学习盛唐繁荣的制度文化，日本派出遣唐使频繁来往于中日之间，由此明州港对于开拓日本、高丽和东南亚的商贸经济和文化交流发挥了重要作用。

鼎盛期。宋元时期，造船、航海技术的重大发展，宋朝政府对海外贸易的鼓励，使海外贸易出现了繁荣的景象。全国各大窑口的瓷器，杭嘉湖地区乃至全国的丝绸、茶叶，种类丰富的商品源源不断地通过大运河汇集到宁波，再从宁波销往海外。20 世纪 70 年代，韩国对从元代宁波启航、沉没于新安海底的商船进行水下考古，从沉船里发掘出两万多件青瓷和白瓷，2000 多件金属制品、石制品和紫檀木，以及 800 万件重达 28 吨的中国铜钱。这不仅显示了宁波海上丝绸之路商业贸易的惊人规模，也反映出中国货币在当时亚洲商品流通中的地位。港口推动了商贸往来，也促进了佛教的东传。南宋禅宗兴盛，以佛教交流为桥梁，各国僧人将中国文化传播到周边诸国。

停滞期。明代，宁波港为朝廷指定的与日本"勘合贸易"的唯一港口，也是遣明使的指定出入口岸。但由于明朝一度实行海禁，宁波港失去了宋元时期海上丝路繁荣的局面。不过，文化的交往仍在继续。日本的明使策彦周良、画僧雪舟，朝鲜学者崔溥都与宁波交往密切。由于宁波在文化传播中的特殊地位，日本文化界尊宁波为"圣地"。

衰退期。鸦片战争之前清廷实行严格的海禁，海上丝绸之路萎缩；五口通商后，海上丝绸之路从东西方和平商贸、文明对话之路，逐步转向为文明的冲突，直至成为西方列强对华掠夺、侵略、殖民的通道。海上丝绸之路实际上就此终结。宁波这座港口城市，成为中国沿海军民英勇抗击外敌入侵的历史见证。

新生期。21 世纪，"千年海丝"重写新华章。1949 年之后，宁波港完成了从内河港、河口港到远洋海港的蝶变。无论是港区面积，还是码头作业的现代化水平；无论是货物吞吐量，还是航线的数量和质量，都有了巨大的变化。2013 年习近平总书记提出共建“一带一路”倡议之后，宁波港的发展更是进入快车道。作为古丝绸之路“活化石”的宁波，正在努力推进“一带一路”枢纽城市建设，奋力谱写了千年海上丝绸之路的新华章。

如今，宁波舟山港“一带一路”航线已达 129 条，构筑起联通海外的庞大贸易航线网络。同时，宁波舟山港海铁联运高速发展，2022 年联运量达 145.2 万标箱，形成了北接古丝绸之路、中汇长江经济带、南壤千里浙赣线的三大物流通道。由宁波航交所编制并发布的海上丝路指数成功登陆波罗的海交易所，为推进“一带一路”建设提供了重要观察窗口。宁波还成功举办三届“中国—中东欧国家博览会”，不仅拓宽了中国与中东欧国家经贸人文交流的更大空间，更让宁波成为连接中东欧的黄金通道。

三、宁波的“海上丝绸之路”遗址与遗迹

漫长的中外海上贸易历史，给宁波留下了很多颇具特色的“海上丝绸之路”遗址与遗迹。这些遗址与遗迹，大多在民国以来的城市改造中被毁坏以至于不复存在。至今仍保存的一些有重要价值的遗址遗迹，主要有：

永丰库遗址。永丰库遗址位于宁波市海曙区鼓楼一带的闹市区，规模宏大，布局清晰，保存完整，是目前宁波发现的唯一一个元代大型建筑遗址，同时也是我国首次发现的古代官府收纳诸色税赋和存放罚没钱物的大型仓库的遗址，对于研究我国古建营构法式，以及中国建筑史研究具有重要意义。该遗址出土了大量贸易陶瓷，汇聚了我国宋元时期大江南北不同区域的著名窑系，反映了宋元时期宁波“海上丝绸之路”发展繁荣的历史真实，充分说明宁波是我国古代“海上丝绸之路”的重要贸易港。这一遗址的发现、发掘，从考古学上为确认宁波是我国元代对外贸易大港城市提供了重要实据。

庆安会馆。庆安会馆位于宁波市鄞州区，地处三江口东岸，又名“甬东天后宫”。庆安会馆是我国现存的宫馆合一的实例，既是祭祀天后妈祖的殿堂，又是行业聚会的场所，是中国八大天后宫和七大会馆之一。清初，宁波港一度海运发

达，贸易兴盛，“舟楫所至，北达燕、鲁，南抵闽、粤，而迤西川，鄂、皖、赣诸省之产物，亦由甬(宁波)埠集散，且仿元人成法，重兴海运，故南北商号盛极一时”①。清道光六年(1826)，宁波南号(即经营南方贸易)商帮在江东建安澜会馆。此举在北号(即经营北方贸易)商帮中引起巨大反响。他们不甘示弱，集资并于道光三十年(1850)始建北号会馆，咸丰三年(1853)落成，取名“庆安”，寓“海不扬波庆兮安澜”之意。

庆安会馆建筑体量庞大，坐东朝西，占地面积约12亩，是中国现存的宫馆合一建筑的实例；呈中轴对称，沿中轴线上由西到东分别为山门、仪门、前戏台、前大殿、后戏台、后大殿等建筑，轴线两侧有前后厢房等建筑。其最特殊之处当属会馆内建有前后两个戏台，前戏台为祭祀妈祖而用，后戏台为行业聚会时演戏用。大殿为庆安会馆的主要建筑，面宽为五开间，明间为抬梁式，次间为穿斗式。建筑最大的特色是采用了宁波传统的朱金木雕、砖雕和石雕的建筑装饰手法，使整体建筑显得气势恢宏、金碧辉煌。2001年6月25日，庆安会馆被国务院公布为第五批全国重点文物保护单位。

上林湖越窑遗址。上林湖越窑遗址位于慈溪市上林湖一带，是宋元以前越窑青瓷的中心产地，朝廷先后在此设立贡窑和置官监窑，大量烧制秘色瓷。上林湖烧制瓷器始于东汉，兴起于魏晋南北朝，到唐宋时期达到鼎盛。越窑青瓷从上林湖起航，经东横河入姚江，通过明州港，或运送到高丽(朝鲜)和日本，或南下广州到菲律宾、马来西亚、印度尼西亚、越南、泰国、缅甸、印度、巴基斯坦、伊朗、埃及等国，是海上陶瓷之路的起航点之一。北宋后期，上林湖瓷器生产开始衰落，并在南宋逐渐停烧。1935年，考古工作者对上林湖越窑遗址进行考古调查，确认上林湖越窑遗址是越窑的中心产地；1980年，慈溪文物部门对上林湖越窑遗址进行调查，发现了97处东汉三国、南朝至北宋时期(1—12世纪)的青瓷窑址。1988年1月13日，上林湖越窑遗址被国务院公布为第三批全国重点文物保护单位。20世纪90年代，考古工作者对上林湖低岭头窑址、荷花芯窑址、古银淀湖寺龙口窑址、白洋湖石马弄窑址、后司岙窑址等进行了主动性考古发

① 胡梦飞.中国运河文化遗产概论[M].郑州：黄河水利出版社，2020：144-145.

掘，发现了大量的文物，包括北宋三足蟾蜍砚滴、唐代扁壶、秘色瓷穿带瓶、秘色瓷枕、秘色瓷薰炉、秘色瓷盏、八棱净瓶等艺术瓷，以及碗、罐、瓶、盏、盘、盒、花盆、三足炉、鸟食缸、器盖、器座等生活用瓷。

四明驿。四明驿现位于宁波市海曙区居士林月湖畔，是外国使节和商人进入明州的通关处。无论是外交使节赴京进贡还是商人进出口货物，都需要居停；如返国，则在此补充食物和水源。

1174年，四明郡守在月湖畔建了一座涵虚馆，用来招待宾客。这是宁波历史上最早出现的官方迎宾驿站。到了元代，月湖作为宁波核心，政府在此建了水马驿站。历经岁月演变，到明朝时“水马站”改为“四明驿”。明代官方实行海禁政策，只允许外国政府与朝廷进行有时间、地点规定的朝贡贸易，即“勘合”贸易。经外国政府授权的外国使节和商人一起带着“贡品”来到中国，朝廷收下“贡品”，然后以超过“贡品”价值的“国赐”的形式回报给进贡者。一般属国的贡期为3~5年不等，日本则是10年一贡。明朝政府在宁波设置的浙江市舶司，主要负责管理和日本之间的进贡贸易。

以1453年的一次贸易为例，日本船队来进贡，先要到宁波市舶司通报使臣姓名、贡物、驾船人数、起程日期等。接着宁波市舶司再派船去查看，是哪一代国王(即将军)差遣，持哪一年勘合有无国书，船来几只，等等，验明一切手续后才准许驶入宁波港。宁波沿海居民也会吹号、打鼓，举行仪式，表示欢迎。日本使臣从四明驿上船，沿钱塘江去杭州，再北上，经40~50天才能抵达北京。同时，也有不少进贡物品会就地留在宁波贸易。

在历史上还发生过“宁波争贡”事件。那时正是日本政治势力变动之时，两拨人马都到了宁波，从而引发冲突，在宁波沿途杀害了不少百姓，继而演变成为严重的外交事件。

市舶司遗址(来安亭)。该遗址位于宁波市海曙区江厦公园内，原为检票和抽买舶货的场所。市舶务则由市舶司的具体业务办公衙署与贮藏舶货的市舶库组成。一切外来舶货只有在来安亭经检核办理有关手续后，才可入市舶务门，然后再运至市舶务内中的市舶库贮藏。早在唐代，明州港的船舶生意就十分活跃了。五代时期，宁波已经设有近代海关的雏形博易务。北宋时期，这里不但建起了一批石砌的海运码头，而且根据宋朝对外贸易的需要，在明州设置了专门管理海舶的市舶司等一整套机构，在灵桥城门北又设置了市舶务城门，称来安门，里面是市舶司(务)机关并设有市舶仓库。据考古发掘，其占地面积在12000平方米以上。

《四明谈助》记载：“滨江庙左，今称大道头，凡番舶商舟停泊，俱在来远亭至三江口一带，帆樯矗竖，樯端各立风鸟，青江相间，有时夜燃樯灯。每遇阁广船初到或初开，邻舟各鸣钲迎送。番货海错俱聚于此。”可以说，来安亭、市舶务是明州海上丝绸之路出入舶货的历史见证。

天封塔。天封塔位于宁波市海曙区天封公园内，其建造原因，跟宁波的海上丝绸之路有关。它是古代明州港江海通航的水运航标，也是港城的重要标志。

唐代以来，明州港崛起并成为中国著名的三大对外贸易港口之一。外国使节、留学生与商旅由明州港入口岸，经浙东运河、京杭大运河直达京都。之后，天封塔成为历代文人墨客的游览胜地，留下了不少题咏的诗文。

中国社会科学院研究员耿升讲到法国人在《中国出口贸易实地考察》中描述道：“中国最美的宁波城……具有大量的历史古迹。其中最引人注目的……名为敕封塔(即天封塔)……在塔壁上发现了法国三帆阿尔克梅纳号上多名海员题画的名字，该船曾于前一年访问过宁波。”①1982年对天封塔进行了一次考古勘探，在第一层中心部位的地宫中，发现了大量珍贵文物。

天童寺。天童寺位于宁波市鄞州区东吴镇太白山麓，创建于西晋永康元年(300)，明崇祯年间(1628—1644)重建，清代重修。

《宝庆四明志》记载：“晋永康中，僧义兴诛茆缚屋(伐茅草建陋屋)山间，有童子来给薪水，后既有众，遂辞去，曰：‘吾太白一辰，上帝以师笃道行，遣侍左右。’语讫不见，故称义兴者曰太白禅师。”这便是宁波名刹天童寺的雏形。唐开元二十年(732)，太白精舍重建。唐至德年间(756—758)，迁址于现在所在地太白峰下，逐渐成为禅林名刹。大概在宋宁宗时期，政府设立五山十刹制度，天童列禅宗五山之第二。

---

① 耿升教授有关天封塔的演讲曾提及法国学者的观点。

天童寺对海外特别是日本佛教文化产生了十分重要的影响。日本往来明州的贸易商船上，僧人往往是重要的搭乘人员。日本僧人仰慕中国佛法，入宋学法；宋朝也有僧人胸怀弘法大愿，东渡传法。这其中，地处明州且禅法精深的天童寺成为日僧的目的地和中国僧人的出发地。

被尊为日本禅宗“初祖”的千光荣西，曾在明州港登陆，在天童寺随师傅虚庵怀敞问道。千光荣西返回日本后，不仅推动了禅宗在日本的发展，也促使众多日本僧人入宋学禅。

南宋嘉定十六年(1223)，曾在千光荣西座下学禅的道元以及明全、廓然、亮照一行在庆元登陆。在挂锡天童、游历江浙丛林一年多之后，道元本意返乡，但在途中听闻“今天下宗匠无过如净禅师，近顷应敕请住天童，公宜早登山参见”，故而再上天童，礼长翁如净学曹洞宗(禅宗的一个分支)禅法。返回日本后，道元推动了日本曹洞宗的建立和发展，其所修建的兴圣宝林寺、永平寺“丛规典礼一则太白”，而天童寺也被日本曹洞宗尊为祖庭。

不久之后的淳祐六年(1246)，听闻日本“教法蕃荣，禅宗草昧”而有志于东渡的天童寺僧兰溪道隆，在三江口坐上了前往日本太宰府的海船。日本镰仓幕府执权北条时赖听闻兰溪道隆到来，请其住持长乐寺，“军务之暇，名驾问道”，后又营建建长寺，请兰溪道隆为开山祖。兰溪道隆是第一个赴日传法的临济宗(禅宗的一个分支)中国僧人，在日本“所度黑白，不可胜计”。

兰溪道隆圆寂之后，镰仓幕府执权北条时宗派遣其弟子携请帖入宋，迎请高僧赴日住持建长寺，天童寺首座无学祖元应邀而往。无学祖元先住持建长寺，入院之日，他按照宋朝禅刹制度开堂说法，“万众臻集，欢声雷动”，北条时宗“钦承法诲，执弟子礼”。在日本期间，无学祖元曾写下《怀太白》一首抒发自己的怀乡之情：“秋光瑟瑟漾勾丝，水碧沙明眼似眉，夜静不知沧海阔，几随宿鹭下烟矶。”

直到今天，天童寺对外交流仍然频繁，各国的禅宗人士相继到访天童寺，特别是日本曹洞宗，仍尊天童寺为祖庭，常有信徒前来朝拜。佛教的传播和僧侣的迎来送往，铸就了天童寺在海上丝绸之路中的重要地位。

保国寺。保国寺位于浙江宁波市江北区洪塘镇的灵山之麓，始建于东汉，唐时重建，由唐僖宗赐名“保国寺”，是全国首批重点文物保护单位。寺内唐、宋、元、明、清、民国的建筑各有特色，是中国建筑文化发展的一部活史书，其中大雄宝殿建于北宋大中祥符六年(1013)，是江南最古老、保存最完整的木结构建筑之一，大殿“虫不蛀，鸟不栖，蜘蛛不结网，梁上无灰尘”的奇特现象，令人叹为观止。

保国寺的建筑营造技艺通过海上丝绸之路被东传至日本列岛及朝鲜半岛等地，对日本及韩国佛教建筑技术的发展产生了重要影响。我国现存最早的木建筑遗构之一保国寺大殿，具有典型的宋代南式厅堂建筑特征。寺中完整的宋代木构佛寺建筑孤例见证了中国传统木结构建筑技艺沿海上丝绸之路在东亚板块内传播的历史，在建筑文化交流史上具有突出的标志性意义。

第二节　宁波海丝文化研究的兴起与影响

20 世纪初，法国学者沙畹首次提及“海上丝绸之路”的存在，而“海上丝绸之路”真正成为一个独立的学术研究对象和概念是在 20 世纪 50 年代之后。中国学者则是在 20 世纪 70 年代之后才把“海上丝绸之路”纳入学术研究议题。但是在很长一段时间，学者们探讨的基本是作为物质形态的丝绸外传、外运的路线。直到 20 世纪 80 年代末 90 年代初，人们才开始关注海上丝绸之路的文化交流象征意义。

也就是在 20 世纪 90 年代，文化发展被纳入宁波现代化国际港口城市建设的大战略。1994 年，宁波市把“文化设施改造和建设”纳入城市建设总体规划；1996 年，又出台了《宁波市文化发展纲要(1996—2010)》，提出要建设具有宁波历史文化内涵和鲜明时代特色的港城文化。在这样的背景下，对海上丝绸之路文化的挖掘、研究，开始引起宁波市政府部门和文化学者的关注。

一、重要活动

海丝文化的传承与发展，前提和基础是准确排摸宁波的海丝文化遗址和海丝文化内涵、特质。为此，宁波开展了一系列有影响的高端海丝文化寻访活动和学术研讨活动。

(一)“千年海外寻珍”活动

2001年6月19日，宁波市政府市长常务会议听取宁波市文化局有关申遗工作的专题汇报，同意宁波海上丝绸之路申报世界文化遗产，成立宁波市“海上丝绸之路”申报世界文化遗产委员会，标志着宁波市申遗工作的正式启动。宁波市政府还下发了关于进一步加强海上丝绸之路文化遗产保护管理工作的通知。宁波市文化局于当月底精选了19处遗存作为《中国世界文化遗产预备名单》的申报项目，呈送浙江省文物局并征得省政府同意后上报国家文物局。2002年，宁波提炼出“以浙东学术文化为核心、以海上丝绸之路为主线”的城市历史文化特征。

2003年初，宁波市文化局提出“千年海外寻珍”计划，邀请专家、新闻记者和市民代表合成组团到千年来与宁波往来最为密切的日本、韩国去寻访与宁波海上丝绸之路有关的文化遗存，以此作为申遗工作的配套项目和重要组成部分。2003年7—8月，宁波市文化局、宁波日报报业集团和宁波电视台联合主办了宁波海上丝绸之路知识大奖赛、“我与申遗”演讲比赛和“邀您同行——千年海外寻珍”电视抢答赛三轮竞赛，最终遴选出两名熟悉宁波历史文化尤其是海丝文化的市民代表参加“千年海外寻珍”计划。2003年9月18日—10月7日，宁波“千年海外寻珍团”一行10人，先后对日本11座城市的31处遗存和韩国5座城市的12处遗存进行专题寻访。寻访团考察了历史上宁波与这两个国家之间文化交流、通商贸易的文化传播地、贸易集散地，以及直接受古代宁波文化影响的建筑旧址、遗址及著名历史人物活动的史迹。寻访的结果，不仅以《宁波与“海上丝绸之路”图片展》《“千年海外寻珍”图片展》等形式在浙东海事民俗博物馆展出，而且编印成《“千年海外寻珍”——宁波“海上丝绸之路”在日本、韩国的传播及影响》一书，并呈送给联合国教科文组织于2004年6月在中国召开的第28届世界遗产大会。

通过“海外寻珍”，散落在日韩两国的宁波古代文明点滴被重新拾起。一方面，很多根据文献、石碑等材料间接获知的宁波海上丝绸之路史迹在日韩两国得到了确认；另一方面，还发现了一些原先所知不多的、期待发现的文物史迹。寻访到的寺院、建筑、遗址等载体和瓷器、书画、史籍等实物历史文化遗存，不少被列为所在国的“重要文化财宝”“国宝”甚至“世界文化遗产”，具有不可估量的价值。这些内容涉及商贸、交通、文化、瓷器、茶叶、建筑、佛教、艺术、书籍等领域的具有多元文化样式的寻访成果，印证了海上丝绸之路是宁波历史文化发展的主线，且开放性始终是宁波最重要的城市特征。

（二）“大运河与海上丝绸之路”宁波论坛

由中国文物学会、浙江省文物局、政协宁波市委员会等单位主办的“大运河与海上丝绸之路”宁波论坛于 2010 年 12 月召开，150 余位来自国内文物、水利、建筑领域的学者、大运河申遗省市文物局、申遗机构、运河沿岸部分城市政协及海上丝绸之路申遗省市文物局、机构申遗等单位的代表与会。

论坛就大运河与海上丝绸之路申遗、保护中的理论问题进行了交流研讨。大运河和丝绸之路，一为世界上最古老、最绵长、最具生命力的漕运通道，一为历史上连接亚、欧、非三大洲最为重要的交通动脉，二者均在人类社会发展史上留下了不可磨灭的记忆，充分展示了中华民族的智慧和勇气，以及中华文明对世界历史发展的影响力和推动力。

陆上丝绸之路的起点为洛阳，它同时也是中国大运河上的一个重要城市，而大运河的终点业已被认定为宁波，与海上丝绸之路连接起来。就此，一条由丝绸之路和大运河连接而成的中国古代与世界交流的大通道应运而生。与会者指出，要用“大遗产观”对大运河与海上丝绸之路进行多视角、多路径、多学科和全方位、整体性的保护，渐进式地从点到线、到面；要在“大资源观”引领下，加强大运河、海上丝绸之路城市间文化交流与合作，强化国家行为意识，加强联合，加快推进中国大运河与海上丝绸之路的申遗步伐。

（三）“海上丝绸之路与世界文明进程”国际学术论坛

2011 年 12 月 10—11 日，“海上丝绸之路与世界文明进程”国际学术论坛在宁波市举行。论坛由中国社会科学院和宁波市人民政府主办，中国社会科学院历史研究所、宁波市文化广电新闻出版局和宁波博物馆（中国“海上丝绸之路”研究中心）承办，浙江省文物局协办。40 位来自日本、韩国、加拿大、法国、意大利和中国的学者，就海洋文化及海上丝绸之路等问题进行了探讨。韩国学者郑守一在参会论文《海上丝绸之路与韩半岛》中认为，“海上丝绸之路”不应当仅指中国东南沿海通向东南亚及更远地区的“地域性海路”，而应当指环绕地球的“全球性海路”；施存龙的论文《“海上丝绸之路”理论界定若干重要问题探讨》，也认为“海上丝绸之路”不应当仅指由中国南方向西通往东南亚及更远地区的海上交通线，而应扩大到“凡有过从中国输出丝绸特征的国与国之间海上交往之路”。之后，学者们对海上丝绸之路的上下限、是否可以提“现代海上丝绸之路”等问题发表了自己的观点。

“海上丝绸之路”东海航线是会议研讨的重点。韩国学者车光镐在《11 世纪韩中海路变更的交流史背景》一文中，探讨了契丹兴起后东亚政治格局的变化，以及由此而带来的中国与高丽之间海上交通线路的变化①；日本学者权本涉的参会论文《唐-元代日中交通航线的变迁》，重点分析了宁波在中日交往中的地位与作用，认为“在 15 世纪的东海世界，明州不再是经济中心，多极的海域交流开始形成”②；韩异在《中日关系中的明州及其研究》一文中，分析了宁波在中日交通线上的重要性与独特性，在此基础上，考察了宁波在中日佛教交流中的重要性，认为明州不仅是对日贸易的重要港口，而且还是对日文化交流的主要港口；林立群在《高丽王子与宁波僧人》一文中，探讨了高丽王子义天与宋代宁波僧人之间的交往，并且更正了一些不正确的说法；金国平的《简论宁波双屿港短暂的历史辉煌》论文，重点考察了 16 世纪前期葡萄牙人在宁波沿海双屿港的活动。廖大珂的论文《世界的宁波：16—17 世纪欧洲地图中的宁波港》全面梳理了 Liampo（宁波）在欧洲地图上的演变过程。他认为：“欧洲人记载中的 Liampo 的地理范围是随着时代的变迁而演变的，反映了欧洲人对宁波港的认识过程。Liampo 港与双屿港是不同的地理概念不能混为一谈。”他还根据欧洲人所绘制的地图，探讨了宁波在早期

① 龚缨晏.“海上丝绸之路与世界文明进程”国际学术论坛综述[J]. 中国史研究动态，2012(2)：78-82.

② 龚缨晏.“海上丝绸之路与世界文明进程”国际学术论坛综述[J]. 中国史研究动态，2012(2)：78-82.

中西文化交流史中的地位。① 黄浙苏在论文《论妈祖信仰对宁波海上丝绸之路发展的作用》中，认为“妈祖的出现，是中国航海事业发展的必然”“其信仰的传播与发展，几乎是与11世纪以后中国航海事业的发展同步的”。

“海上丝绸之路与世界文明进程”国际学术论坛是一次高水准的学术会议，有力地推动了海上丝绸之路相关问题研究的深入开展。论坛期间，相关城市还共同签署了《新机遇、新挑战、新跨越——中国“海上丝绸之路”七城市联合申报世界文化遗产行动纲领》。

（四）首届“港通天下”港口文化论坛

2016年10月20—21日，由国家文物局水下文化遗产保护中心、宁波市文化广电新闻出版局、北仑区政府共同主办，宁波中国港口博物馆、国家水下文化遗产保护宁波基地联合承办的首届“港通天下”国际港口文化论坛暨“行舟致远”国际航海论坛2016年会，在宁波中国港口博物馆举行。

此次论坛主题为“历史视野下的港城互动”。论坛旨在通过历史研究、考古发掘、文化分析的专业角度，深入探讨世界范围内港口与城市的互动关系，积极推动港口与城市的和谐发展，形成学术成果，传播“海丝”文明。来自德国、法国、英国、沙特、日本、韩国和中国的60余名专家学者参加论坛。与会专家共提交高质量的学术论文，主要有：《海港城市的可持续发展战略》（孙在学著、刘梦雨译）、《求知港城体系的时空与人——两个即墨古城深入海口的启发》（孟宪民）、《大阪出土的清代瓷器》（松本百合子）、《福州古城景观考古分析》（姚乐音、杨林）、《唐宋海上交通史研究之回顾与展望——以港口、市舶制度、航路与海运诸问题为中心》（曹家齐）、《远洋航线上的渔山列岛》（龚缨晏）、《港口体系和海上丝绸之路节点选择》（曹小曙、郑君雷）、《1世纪中叶的上海、宁波的入港船舶变化》（松浦章著、陈燕虹译）、《从双屿门到澳门——〈浙江省沿海图说〉揭开“双屿港”面纱》（贝武权、金国平）、《试析企业经营在港口城市发展中的作用——以“招商局”为例》（朱晓萌）、《唐宋上海地区市舶机构设置沿革与港口城

---

① 廖大珂．世界的宁波：16—17世纪欧洲地图中的宁波港［J］．世界历史，2013（6）：43-55，157.

市地位发展——兼论从上海镇到上海县的发展历程》(张晓东)、《合浦发现的汉代城址及港城关系》(熊昭明)、《河北黄骅海丰镇遗址考古发现与初步认识》(雷建红)、《论巨港在宋代海上丝绸之路南海航线的枢纽地位》(张思桐)、《“小白礁Ⅰ号”考古认知》(何国卫)、《中国古代“海上丝绸之路”》(顿贺)、《中国东南海洋陶瓷的理论界定及相关问题》(王新天)、《黄泗浦遗址的考古发现与初步研究》(周润垦、高伟)、《两方明代石碑 一则海贸故实——广东东莞〈却金坊碑〉〈却金亭碑〉考述》(陈鸿钧)、《句章古港新探》(张华琴)、《晋江安海鸿海小区出土瓷器简介——兼论泉州安海港的几个问题》(羊泽林)、《两方人笔下的近代港口城市经济变化格局——以福州为例》(吴巍巍)、《北纬30°长江三峡早期聚落文明特征及形成机理》(彭学斌)、《试论广西宋元时期瓷器生产和销售》(何安益)、《海上丝绸之路海外史料中的宁波海商》(袁晓春)、《从出土陶瓷资料看宋元时期登州港变迁》(王安安)、《论宁波在海上丝绸之路中的枢纽地位》(周运中)、《庆安会馆在海上丝绸之路申报世遗中的价值分析》(黄定福)、《泉州港与海上丝绸之路》(范佳平)、《民国时期宁波港口管理与临港经济发展》(白斌)、《舟山六横岛海交史迹调查的发现与认识——以双屿港为中心》(时萧)、《海南新发现的文物与海上丝绸之路》(贾宾、蒋斌)、《论港口与港口城市唇齿相依关系》(施存龙)等。①

“港通天下”国际港口文化论坛是宁波市积极响应国家“一带一路”倡议并将其主动对接宁波“港口经济圈”建设的重要文化举措。论坛计划落户中国港口博物馆，四年举办一届，以打造高端化、国际化的学术交流平台为目标，致力于提升港城宁波的文化凝聚力、影响力与辐射力并促进各港口城市的持续发展和交流合作。

二、重要文件

（一）《宁波共识》(2001)

2001年12月，《宁波共识》在“海上丝绸之路”文化国际学术研讨会上发布。

---

① 宁波中国港口博物馆，宁波市文物考古研究所，水下文化遗产保护中心．历史视野下的港城互动：首届“港通天下”港口文化论坛文集[C]．北京：科学出版社，2017.

《宁波共识》提出，待条件成熟之后，由广州、宁波、泉州在达成共识的基础上，以中国“海上丝绸之路”始发港申报世界文化遗产。《宁波共识》的发布，在国内外引起广泛关注与影响，标志着宁波“海上丝绸之路”申报世界文化遗产工作正式启动。

（二）《宁波倡议》（2005）

2005 年 12 月在中国“海上丝绸之路”学术研讨会上，与会的近百位中外学者发出《宁波倡议》，再次呼吁广州、泉州、宁波三地加快联合申遗，研讨会审议通过“羽人竞渡”为海上丝路的形象标识。

（三）《新机遇、新挑战、新跨越——中国“海上丝绸之路”七城市联合申报世界文化遗产行动纲领》（2011）

2011 年 12 月，在“海上丝绸之路与世界文明进程”国际论坛期间，并北海、广州、泉州、漳州、宁波、扬州、蓬莱七城市在甬共同签署《新机遇、新挑战、新跨越——中国“海上丝绸之路”七城市联合申报世界文化遗产行动纲领》，亦称为《宁波纲领》。纲领提出建立融合共享、联动协作的长效机制，构建政府、文物管理部门、博物馆“三位一体”具有中国特色的运作平台，统筹中国“海上丝绸之路”七城市文化遗产研究、保护、利用和联合申遗工作，联合开展展览策划、学术研讨。

（四）《海丝之路文化遗产活化利用宁波倡议》（2023）

2023 年 6 月，《海丝之路文化遗产活化利用宁波倡议》在 2023 海丝之路文化和旅游博览会上发布。倡议指出：保护、传承海丝之路文化遗产，并推动其活化利用、创新发展，是坚定文化自信自强，扎实推进中华民族现代文明和社会主义文化强国建设的重要内容之一，也是建设“21 世纪海上丝绸之路”的重要内容之一。倡议就推动海丝之路文化遗产的保护传承与活化利用问题，提出了加强遗产保护、深化阐释研究、创新展示传播、强化交流互鉴、搭建合作平台、坚持科技赋能等重要举措。

三、重要著作

(一)《中国“海上丝绸之路”研究百年回顾》

“海上丝绸之路研究中心”(宁波博物馆)委托龚缨晏教授主持“20世纪中国海上丝绸之路研究回顾”项目，项目成果主要体现为《中国“海上丝绸之路”研究百年回顾》①和《20世纪中国“海上丝绸之路”研究集萃》两部著作。

《中国“海上丝绸之路”研究百年回顾》一书，分为上、下两编。上编把海上丝绸的研究，分为萌芽阶段(1840—1900)、形成阶段(1901—1948)、停滞阶段(1949—1977)和繁荣阶段(1978—2000)四个部分，全面展示了中国海上丝绸之路研究的演进轨迹；下编根据空间的划分，专题介绍中国与东亚、东南亚与印度洋地区、欧洲和美洲通过海上丝绸之路交往的研究情况。上下两编，一经一纬，各有侧重，互为补充。

《中国“海上丝绸之路”研究百年回顾》重点阐述了1978年中国大陆进入改革开放之后海上丝绸之路学术研究的成果。20世纪80年代的海上丝绸之路研究，一个重要变化是“中外交通史”“中西交通史”的概念被“中外关系史”取代。与此同时，“海上丝绸之路”这一概念也开始在大陆学术界出现，成为“中外关系史”的一个主要研究领域。改革开放后我国学术界海上丝绸之路研究繁荣的推动力，一是不断出现的考古发现，二是联合国教科文组织1991年组织的国际丝绸之路考察活动，三是香港和澳门回归。中国学术界老中青三代学者前后相继，对海上丝绸之路进行了多角度、全方位的研究，并且在许多学术问题上取得了原创性的突破。在2000年“海上丝绸之路申报世界文化遗产”活动的推动下，中国的“海上丝绸之路”研究势头更加强劲。《中国“海上丝绸之路”研究百年回顾》论及宁波之处不少，如“宁波发现的宋代海船”②和“宁波市象山县海船”③等。

---

① 龚缨晏．中国“海上丝绸之路”研究百年回顾[M]．杭州：浙江大学出版社，2011.

② 龚缨晏．中国“海上丝绸之路”研究百年回顾[M]．杭州：浙江大学出版社，2011：109. 2003年10—12月，在宁波和义路又发现了一艘用于“港内和近海小型交通运输”南宋古船。

③ 龚缨晏．中国“海上丝绸之路”研究百年回顾[M]．杭州：浙江大学出版社，2011：112.

（二）《20世纪中国“海上丝绸之路”研究集萃》

《20世纪中国“海上丝绸之路”研究集萃》①精选了100年来中国学者关于“海上丝绸之路”的主要研究成果，可被视为《中国“海上丝绸之路”研究百年回顾》的配套之作。该书是全面系统地梳理一个多世纪以来中国学术界有关海上丝绸之路的研究成果的首次尝试，涵盖的作者包括梁启超、冯承钧、杨志玖、张维华、田汝康、彭泽益、周达甫、岑仲勉、向达、戴裔煊、吴文良、侯仁之、严敦杰、方豪、周一良、叶文程、戴逸、夏鼐、陈高华、陈碧生、林仁川、王文楚、傅衣凌、陈炎、夏应元、朱杰勤、齐文颖、钱江、林士民、陈尚胜、陈佳荣、汪向荣、王金林、陈希育、喻常森、全汉昇、孙毓棠、黄时鉴、刘迎胜、庄国土、金秋鹏、杨国桢、蔡鸿生、万明、黎虎、廖大珂、汤开建、耿昇、金国平等名家；研究视域，涉及港口、造船、航海术、航线、外交关系、商品贸易、外贸管理体制、货物流通、人员往来、文化传播、民俗信仰等众多方面，形成了一个跨学科的综合性研究领域。

（三）《海上丝绸之路：宁波的历史与未来》

《海上丝绸之路：宁波的历史与未来》②是“丝路研究文库”的一种，由七章组成。第一章对海上丝绸之路和“21世纪海上丝绸之路”的内涵进行了界定，并总结其各自的特点，明确建设“21世纪海上丝绸之路”的战略意义。第二章创新性地提出了海上丝绸之路形成和发展的六大要素，包括港口的形成、经济的发展、造船航海技术的提高、东西方文化交流和贸易需求、开放的政策、陆上丝绸之路的阻断等。第三章和第四章通过系统梳理宁波从远古时代开始至近代在海上丝绸之路的历史地位和特点，结合海上丝绸之路遗产及其保护与利用的研究和工作实践，阐明宁波在海上丝绸之路的重要地位及其影响力。第五章至第七章通过运用“SWOT”分析法，深入剖析宁波建设“21世纪海上丝绸之路”的现状基础，

① 龚缨晏．中国“海上丝绸之路”研究百年回顾[M]．杭州：浙江大学出版社，2011.
② 张明华．海上丝绸之路：宁波的历史与未来[M]．杭州：浙江大学出版社，2018.

提出宁波在“21世纪海上丝绸之路”建设中的发展定位及战略重点，并给出了有针对性的对策建议。

对于宁波更深入、更高层次地参与建设“21世纪海上丝绸之路”的路径，该书提出如下对策建议：一是建设国际一流的现代化枢纽港，二是打造国际知名的“海丝”经贸合作交流中心，三是打造具有国际影响力的“海丝”制造业创新高地，四是推进相关国家产业对接平台建设，五是加快金融体系改革与创新，六是搭建“海丝”人文交流平台，七是加强宁波“海丝”遗产保护和利用，八是提升城市综合功能和国际化水平，九是确定针对性市场发展策略，十是建立与“海丝”共建国家长效合作机制。

(四)《丝路万里存此库——元代庆元路永丰库遗址图文集萃》

庆元路永丰库为一处元代大型衙署仓储机构遗址，是宁波市迄今最重要的城市考古发现。宁波市文化遗产管理研究院王结华主编的图书《丝路万里存此库——元代庆元路永丰库遗址图文集萃》①，首次以图录形式全面梳理了庆元路永丰库考古发现的全过程及重大考古成果，其中挖掘出的各类代表性遗物标本，对于研究永丰库乃至研究中国古代社会经济史具有重要意义。全书用中英文双语的形式，以时间脉络为叙述轴线，从“盛唐明州城三江、南宋初开常平仓、大元

① 2020年4月，宁波市文物保护管理所(宁波市世界文化遗产保护管理中心)和宁波市文物考古研究所两个单位整合组建宁波市文化遗产管理研究院，挂宁波市世界文化遗产保护管理中心、宁波市文物考古研究院牌子。该院主要职责包括开展全市文化遗产资源调查研究、指导全市不可移动文物保护管理、承担全市地下水下文物考古、承担市世界文化遗产申报与管理、开展文化遗产科技保护与学术交流、协助做好全市名城名镇名村和历史街区历史建筑等规划建设和保护管理、协助做好全市文化遗产安全巡查和承担浙东海事民俗博物馆(庆安会馆)、白云庄、银台第、天封塔、大方岳第开放管理等工作。近年来，宁波市文化遗产管理研究院持续推进“宁波文物考古研究丛书”和“宁波考古图录(图集)”系列出版计划，已出版《水下24日——浙江宁波象山“小白礁Ⅰ号”水下考古实录》《新技术·新方法·新思路——首届“水下考古·宁波论坛”文集》《于家山——越窑遗址考古发掘报告》《渔山遗珠——宁波象山“小白礁Ⅰ号”出水文物精品图录》《水下考古在中国——专题陈列图录》《小白礁Ⅰ号——清代沉船遗址水下考古发掘报告》《发现——宁波地域重要考古成果图集(2001—2015)》《宁波考古六十年》《青瓷千年映钱湖》《海岛之光——大榭遗址出土文物精品图录》《第二届“水下考古·宁波论坛”文集》等图书。

永丰库名彰、明初改建终深藏、重见天日动四方”5个方面，全面展现了永丰库这一考古发掘的价值及相关体现，同时也对宁波“海上丝绸之路”的文化内涵进行了阐释。2020年，此书荣获第34届华东地区优秀哲学社会科学图书奖一等奖。

第三节　进一步推进宁波海丝文化建设与传播的路径

任何一种城市印记的留存均与城市文化景观紧密相连。① 宁波是海上丝绸之路的“活化石”，对宁波海丝文化景观进行深度挖掘，梳理文化环境、文化景观遗存、城市相关区域设计的相互关系，编织完整的海丝文化城市意象地图，打造宁波海丝文化新景观，有利于强化地方认同感、居民归属感，重温城市的共同记忆。因此，宁波市相关部门应在一个不断更新的历史语境中强化本土意识，塑造特有的场所精神，重塑宁波千年古港和商贸之都的城市意象，丰富宁波海上丝绸之路的内涵和意义，通过对文化景观的梳理为以后的城市更新融入地方感及历史记忆；从网络宣传、衍生产品设计、多种媒介强化城市的可读性及可意象性等方面，提升城市的知名度和美誉度，使得海上丝绸之路文化景观在符合时代发展特征的同时，又能够延续文化景观的地方性，进而实现“书藏古今，港通天下”的文化及商业特色互助发展，全面提升宁波城市的文化软实力。

一、深挖海丝文化历史资源，助力文化整合

海上丝绸之路不单单是经济之路，更是文化传播之路。对海丝文化景观进行整合，一方面可以宣传宁波的历史文化遗迹，另一方面可为海上丝绸之路在公众中制造更为清晰、明确的形象，多主体、全方位推动城市景观及文化品质提升。对此，可以通过以下三种方法实现文化景观的整合：

首先，以编年史为线索，对宁波各个历史时期海丝文化景观的历史遗存进行系统研究和梳理，整理出与海上丝绸之路相关的文化遗产清单，并应用Arc/Info

① 徐家玲．打造“海丝”文化新景观 提升城市文化软实力[N]．宁波日报，2018-08-02(8)．

地理信息系统建立数据库。其次，通过广泛、深入的田野调查统计该数据库中的宁波海丝文化遗存具体内容，对其受保护的完整程度进行评估和分级；借鉴德尔菲法的遗产评判方式，就宁波海丝文化景观遗存提出若干问题咨询，对相关专家进行问卷调查，汇总专家看法并将信息整理反馈，通过专家的修改形成新一轮问卷调查，如此往复，形成对文化景观的共识。最后，通过举办海上丝绸之路衍生品设计大赛、海丝文化创意设计大赛等，促进传统文化景观内涵的现代化重生；同时，举办如“图说海上丝绸之路”等线上、线下互动展览，增强民众对海丝文化的理解，通过多层次、全方位的活动信息增加海丝文化景观的曝光频度，让海上丝绸之路文化融入现代生活。

二、加强绿色基础设施建设，促进生态整合

2023 年 5 月，在全国生态环境保护大会上，习近平总书记指出，要加快构建生态文明体系，加快建立健全以生态价值观念为准则的生态文化体系。保护文化景观不仅仅是保护建筑及其结构，更重要的是保护一种文化现象及其所依托的自然环境。将生态融入城市建设及环境保护，创造整体的生态系统。在具体的实践过程中，需要做到以下几点：

一是发挥廊道的整体性效益。在条件允许的情况下借由城市风貌整治、街道环境治理等契机，将片段、点状分布的文化遗产与生态廊道联系起来，完善线状的绿色基础设施建设，整合生态城市景观，突出文化景观的连续性，提升城市环境形象及可意象性。

二是促进板块提升区块环境的功能。筛选城市周边生态环境良好的“海丝”文化景观遗址，进行积极保护与开发，形成特色鲜明的城市区域景观。同时，积极利用城市内部的边角地块，结合“海上丝绸之路”故事打造一系列主题化、社区化的口袋公园，将生态板块的多样化发挥出来。

三是加强意识形态的引导和教育。加强海上丝绸之路生态文明的宣传和教育，使生态文明的影响逐步渗透到社会生活的方方面面，不断提高民众的生态意识，积极参与到保护和开发美好环境的行列中。

三、加强文化宣传及活动推广，赢得活力整合

文化整合是一项长期、复杂的系统工程，如可调动居民参与“海上丝绸之路”文化景观整合，调节遗产管理者与作为主人翁的城市居民的互动关系，可以从以下几个方面来展开：

一是完善自上而下的政策及配套服务。制定合理的文化目标，制定相应的法律法规，合理调控和利用现有资源完善相关文化设施，为人民群众享有现有文化成果提供相应的服务；同时，建立“海上丝绸之路”文化博物馆，完善文化景观保护与开发的上层设计。传承和弘扬“海上丝绸之路”文化是长远的城市发展战略，仅凭单方的力量不够，且容易造成资源浪费，只有整合多种力量才能实现资源的最佳配置。因此应充分调动各个点状资源的整合并加强与周边城市的合作，将零星的文化区域整合成整体的文化区域，以实现“1+1>2”的经济和文化效益。二是发挥自下而上的人民群众的主体性力量。在城市文化建设和推进的过程中，需要动员不同年龄段、不同文化层次的人群，依靠强大的群众基础，借由“海上丝绸之路”文化宣传，提升居民的素质、促进社会全面发展，将“海上丝绸之路”文化打造成具有宁波特色的城市“金名片”。

四、密切民间友好往来，再现民间千年友好交往的美好和温情

民间交流对于古代海上丝绸之路的开辟和发展发挥了重要的作用。今天，传承、弘扬“海上丝绸之路”精神，建设、传播“海上丝绸之路”文化，民间交流同样具有不可替代的十分重要的作用。2003 年宁波的“千年海外寻珍”活动，实际参加主体是专家、记者和市民代表，其实就是在政府支持下完成的一次卓有成效的民间交流活动，对宁波“海上丝绸之路”文化的挖掘和传播发挥了重大的推动作用。今后一段时期可主要在以下几个方面发力：

第一，以“海上丝绸之路”文旅为载体，推动民间交流。与海上丝绸之路节点城市携手展开旅游推广，组织研学活动，让相关国家和地区民众探访“海上丝绸之路”遗迹，感受“海上丝绸之路”文化，增进相互理解，领略浓缩千年的温情。

第二，推动高校科研院所、文化学者之间的学术往来与智库之间的合作。传承“海上丝绸之路”文化是“海上丝绸之路”共建国家共同的事业，“海上丝绸之路”文化的挖掘是“海上丝绸之路”共建国家学者共同的课题。知识成果的交流与分享，有助于为推进“海上丝绸之路”文化建设的国际合作夯实社会与公众的认知基础。

第三，鼓励“走出去”的宁波企业和企业家积极参与“海上丝绸之路”文化的传播。“走出去”的企业和企业家在“海上丝绸之路”文化国际交流中发挥了独特而重要的作用。因此，了解宁波“海上丝绸之路”文化发展的历史，在当地讲好宁波的“海上丝绸之路”故事，有助于为企业在当地的发展营造良好的社会环境。

第四，依托“海上丝绸之路”沿线的友城交流，推动城市媒体之间的交流合作，增进民众的相互了解，推进“民心相通”。

五、区县市协同，各展特色，共绘蓝图

宁波各区县市有着丰富的“海上丝绸之路”文化资源，且各有特色、各展魅力。各区县市既要努力挖掘整理、活化利用各自“海上丝绸之路”的物质文化遗产和非物质文化遗产，又要协同作战，各有侧重，形成各自亮点。

鄞州是首个由中国民间文艺家协会授牌的“中国海丝文化之乡”。这里有回荡千年、在中外文化交流中留下深刻痕迹的禅风佛韵，有推动民间石刻艺术东传的东钱湖南宋石刻群，有妈祖文化的重要载体庆安会馆，还有促进民间工艺交流的朱金木雕、骨木镶嵌、金银彩绣等传统手工技艺。这些都应当成为鄞州海丝文化建设和发展的着力点所在。海曙区作为明州古城的中心城区，“海上丝绸之路”古迹分布十分密集，集中展现了丝路古城文化以及古代海外贸易管理机构的风貌。与此同时，海曙区完好保留了西塘河、大西坝遗址、大西坝古村、高桥老街、永济桥等重要的运河文化资源。因此，“古城”“运河”应当成为海曙区“海上丝绸之路”文化开发利用的核心词。江北的古代建筑文化、镇海的“海丝启碇港”“商帮文化”、北仑的港口文化、奉化的雪窦山弥勒文化、余姚的河姆渡文化与阳明文化、慈溪的“越窑青瓷”、宁海的“十里红妆”婚俗、象山的“渔港”文化等等，都能成为“海上丝绸之路”文化的靓丽名片。这些名片在明州大地上交相辉映，定能组合成一幅恢宏绚丽的宁波“海上丝绸之路”文化全景图。

六、科技赋能，助力“海上丝绸之路”文化遗产的活化利用

数字技术、人工智能将在赋能并盘活宁波“海上丝绸之路”文化中起着重要作用。如2022年8月，鄞州区经过一个多月的搭建，“海上丝绸之路”商贸复兴线智慧平台上线，全线24千米的点位均可实现线上“云游览”。该智慧平台通过全景摄像采集数据，录入了沿线的文化点位和景点，访问者可以实现“云游览”。如点击沿线的庆安会馆，页面会出现庆安会馆的3D实景，访问者可以体现沉浸式游览的感受。这一成果为市域平台的创建提供了经验，也为提升宁波“海丝物质文化带”辨识度助力颇多。2022年12月，宁波推出首个文旅数字艺术藏品——保国寺四季系列《春夏秋冬》，开创了宁波“海上丝绸之路”遗产相关数字艺术创作与发行的先河。

今后，宁波市可充分运用互联网、大数据、云计算、人工智能等信息技术，打造“海上丝绸之路”数字文化平台，完善“海上丝绸之路”文化资源库的建设，打造多元的线下互动体验空间。例如，充分利用数字技术、VR/AR等高新技术，推进宁波府城数字复原项目、海上丝路场景复原项目、“海上丝绸之路”遗存数字化展陈项目等，进而推动宁波“海上丝绸之路”文化创造性转化与创新性发展。

七、推动“宁波学”研究，助力“海上丝绸之路”文化发展

地方学是一门交叉性、综合性、服务地方发展的应用理论研究学科。进入21世纪，我国各地的地方学研究风生水起，“北京学”“上海学”“鄂尔多斯学”“温州学”“扬州学”“泉州学”等研究非常活跃，且获得了丰硕成果。借鉴兄弟城市的经验，大力推动“宁波学”学科的建立和研究的开展，对于宁波“海上丝绸之路”文化的传承与发展具有重要的意义。

地域文化是地方学的经脉和血液，地方学是地方文化研究的“升级版”。地方学除了地方文化研究，还有更全面、更系统的全方位、多要素、立体化的地方研究内容。① 反过来，这种更为全面和体系化的研究方法，会将我们对地方文化的研究提升至更加深入、系统、全面的境界。

① 张宝秀．中国地方学发展历程、趋势与北京学研究概况［C］//张宝秀．地方学与地方文化研究理论与实践——国际学术研讨会论文集2016．北京：知识产权出版社，2017：4．

宁波地方文化的开放性和典型性，使其天然具有开放性和世界性的基因。就文化特性和目前的基础和条件看，“海上丝绸之路”文化和阳明文化是典型的世界性文化类型。在宁波，曾经召开或者仍然在召开的年度或专题国际性学术会议较多，相关领域也已经得到了国内外学者的广泛认可。进一步推进“海上丝绸之路”文化研究，除了可以继续召开国际性、全国性专题会议，还可以重点推进“宁波学”的建立，通过“宁波学”研究来提升宁波“海上丝绸之路文化”的研究。

要推进“宁波学”的研究，就需要整合相关人才资源，创建有影响力的研究平台。首先，这离不开在甬高校和研究机构的积极参与。当下可由高校申报、宁波市社科院审核批准，设立作为市哲学社会科学研究基地的“宁波学”研究基地，作为推动“宁波学”发展的最核心力量；也可由市相关部门设立“宁波学研究中心”之类的专门机构，主要发挥学科发展的规划、协调和推进作用，通过召开学术会议和发布课题，组织各方力量完成。其次，要广泛动员宁波基层文化工作者和民间文化爱好者以各种方式参与“宁波学”的建设。因为他们无时无刻不在触摸着宁波的文脉、感受着宁波文化的各种律动。最后，鼓励国内外名校博士生把有关“宁波学”的研究作为自己学位论文的选题。为此，可以探讨建立一些推动的机制和政策。以“SHANGHAI”为关键词，在世界上最早也是规模最大博硕论文数据库(ProQuest Dissertations & Theses)进行检索，结果显示新世纪以来仅海外大学与科研院所以上海为研究对象的博士论文多达176篇。① 可见，对于推动地方学的发展，这是非常值得借助的举措。

要推进“宁波学”的研究，一项基础性工作，就是对宁波历史文献的系统收集与整理。所幸的是，《四明文库》已于2021年底正式启动。它将成为全面搜集、汇编宁波历代典籍的乡邦文献集成性丛书，也将是宁波历史上规模最大、编纂最为系统的地方文献总集。目前，第一批成果“甲编·史部·地理类”29种28册、第二批成果“甲编·丛部·四明丛书九、十集”25种23册均已正式出版。正如宁波出版社社长袁志坚所认为的，《四明文库》将“为构建‘宁波学’体系提供文献支

① 吴原元，黄钰涵．新世纪以来的海外上海学——基于对176篇海外博士论文的介绍与评析[N]．中华读书报，2022-07-27(5)．

撑保障”①。同时我们也要看到，以影印为主的图书很难适应年轻一代学者和学人的阅读习惯，有必要加大投入，出版点校本。因此，应系统梳理本地学人以及海内外学者对宁波的相关研究成果，以此为基础搭建“宁波学”学科框架和体系。

区域文化研究，是地方学研究的核心和灵魂。由宁波市社科院(社科联)组织，整合全市社科界研究力量实施的宁波文化研究工程，已经连续实施了十几年，在专门史研究、历史名人研究、特色文化研究、历史文献整理，以及当代发展研究等领域取得了丰硕成果。海内外学者对宁波的研究，也不乏成就斐然者。如日本保存有诸多与宁波有关的文物与史料。2005 年，日本启动了以东京大学小岛毅为总负责人、60 余所日本国立大学的 134 位知名中青年学者参加、日本文部科学省资助特定研究领域科研补助金 11 亿日元(折合人民币约 7000 万元)、历时数年的“东亚海域交流与日本传统文化的形成——以宁波为焦点开创跨学科研究”项目。在这项较大规模的研究中，与宁波直接相关的子项目有 10 多个。日本奈良博物馆出版的《圣地宁波：日本佛教 1300 年的源流》一书，记录了唐宋以来，以宁波为中心的佛教文化、书法、匠造、建筑、礼仪、饮食等传入日本的历史，是宁波“海上丝绸之路”文化、“东亚文化之都”以及宋韵文化国际传播的重要见证，值得译介并在海内外广泛传播。

① 黄合，高一君．奔涌不息的千年文脉[N]．宁波日报，2003-11-05(2)．

第七章 阳明文化的创新性发展与创造性转换

党的十八大以来，习近平总书记多次指出，要传承和发展中华优秀传统文化，推动其创造性转化和创新性发展。阳明学引起了社会各界的高度关注，阳明文化的创新性发展和创造性转化得到更多关注并形成了热潮。近几年来，为迎接王阳明诞辰550周年，其出生之地宁波(余姚)和归葬之地绍兴，推出一系列纪念活动与文化建设举措；一些王阳明的“过化之地”也依托当地遗迹遗存，或新建纪念性质的场馆和公共文化设施，或新竖王阳明雕像，掀起了一股阳明文化建设的新高潮。

第一节 阳明文化建设概述

阳明文化是宁波宝贵的文化资源。20世纪80年代以来，宁波(余姚)各界致力于发掘、保护、传承和弘扬阳明文化，近10年以来发展尤其迅速，取得了丰硕成果，如“阳明文化”入选浙江省首批文化标识建设创新项目。

一、宁波阳明文化建设成绩斐然

(一)阳明文化遗迹保护与开发成效显著

宁波尤其是余姚全面修复了王阳明的故居和活动遗迹，并得到了各级文保单位的认可。1989年以后，余姚市在考古、考证的基础上，大力重建、修复了王阳明生活、讲学的场所，重建王阳明故居和修复中天阁就是其中的重点工程。修复后的王阳明故居，占地面积8000余平方米，建筑面积3500平方米，大小庭院错落其间。核心建筑瑞云楼内的陈列室，以图文、视频、蜡像的形式，清晰地展示了王阳明的家谱世系、生平、足迹、战功、书法、学说、学术传承等内容。2006年，王阳明故居被列入第六批全国重点文物保护单位；近年来，又相继被授予“浙江省爱国主义教育基地”“浙江省对台交流基地”等称号。2005年，龙泉山上的中天阁即“阳明先生讲学处”获批为省级文保单位。2020年，位于大岚镇隐地龙潭村的“王阳明祖居地纪念馆”开馆；“姚江书院”重建项目启动。此外，余姚市内分布有阳明街道、阳明公园、阳明路、阳明中学、阳明小学、阳明医院、阳明温泉山庄、阳明酒店等以王阳明命名的单位与地点，彰显了故乡人对阳明文化遗产的有效传承。

（二）阳明文化传播形式创新成效明显

阳明文化的传播，立足本土，辐射全国乃至全球，面向广大市民，通过有形的文字、影像和无形的品牌，在社会各阶层中产生了反响。2008年，电视艺术片《王阳明》获得第24届中国电视金鹰奖三等奖。2009年，姚剧《王阳明》获得省“五个一工程”奖；2015年，由余姚市委宣传部出品的12集动画片《少年王阳明》在浙江电视台播出；2020年，纪录片《王阳明》在央视播出；2021年，电视剧《阳明传》在瑞云楼前举行启动仪式。甬派、宁聚和姚界等客户端，宁波发布和余姚发布等公众号和一些自媒体的公众号和视频号，已经成为阳明文化传播的重要阵地；快板、说书、折子戏、微电影、微广播剧等，已经成为阳明文化创新传播的有效形式。

（三）阳明文化研讨活动与学术交流层次明显提升

1989年，余姚市人民政府和浙江省社科院在余姚联合举办中华人民共和国成立以来国内首次“王阳明国际学术讨论会”，实质性地推动了阳明学研究的开展并促进了中日阳明学研究的学术交流。2011年8月，余姚市人民政府与中国社会科学院联合组建“国际阳明学研究中心”，并在王阳明诞辰的10月31日举办了“2011中国·余姚国际阳明学研讨会”。2016年，宁波市人民政府与中国社科院联合举办以阳明学和世界文明为主题的首届天一阁论坛。2017年，将定期举办的“余姚阳明文化活动日”升格为“宁波(余姚)阳明文化活动周”，与贵州、江西、福建、广东、湖南等地进行了广泛深入的阳明学学术交流。在2017年阳明文化周期间，余姚市又联合修文、柯桥、崇义、隆安、沅陵、平和等保留有王阳明重要行迹遗址遗存的地方政府，成立“全国阳明史迹文献保护研究联盟”，试图形成跨地区合作，建立阳明文化研究和传播的跨地域联合协作机制。在2017年北京“第二届中国阳明心学高峰论坛”上，余姚市人民政府获得“中国国学贡献奖”。2022年，“阳明文化周”再升格为“阳明文化季”，分为纪念篇、论坛篇、讲座篇、传承篇和展示篇等篇章，举办了17项活动。每年10月31日上午在王阳明故居广场举行的“纪念王阳明先生诞辰礼贤典礼”成为例行活动，广受社会各界关注。

(四)阳明学研究机构日益发展影响日盛

宁波市的科研院所和高校，成立了一批以研究、传播阳明学的机构。2011年8月，余姚市人民政府与中国社会科学院历史研究所共建的“国际阳明学研究中心”正式挂牌，杜维明、陈来、吴光等国内外著名学者被聘为客座研究员。2015年9月，浙江万里学院成立阳明博雅学堂；2018年3月，宁波财经学院成立阳明文化研究所；2018年11月，宁波市成立了王阳明研究院，与宁波市社会科学院(市社科联)合署；2018年11月，慈溪市成立阳明文化研究中心；2020年11月，浙大宁波理工学院成立阳明文化创造性转化与传播基地。其中，旨在建成研究、弘扬和推广阳明文化平台的宁波市王阳明研究院，在促进阳明文化从历史走向当代、从书斋走向社会、从理论走向民众，不断探索推进阳明文化的传承与创新的路径等方面发挥了重要引领作用。

(五)阳明文化产业建设初见成效

2019年，余姚将老城改造的核心项目命名为“阳明古镇”，将王阳明故居所在的武胜路街区、龙泉山与姚江运河畔的府前路街区连为一体，协同开发。“阳明古镇”已于2020年12月31日开街，项目总投资约139亿元，其中核心项目总投资约32亿元。项目依托阳明故里，挖掘阳明文化，融合文旅、商业、研学、文创四大功能，致力于打造余姚乃至宁波文化休闲名片、浙江乃至全国城市更新样板、全国乃至世界阳明心学圣地。自此集休闲度假、健康养生、修身养性、教育培训、文化创意等功能于一体的阳明文化主题景观粗具规模。古镇还打造了全面讲述余姚阳明文化发展史的心迹馆，设计了一系列姚江文化主题景观，创建了"阳明初心"文创品牌与自营实体店，并于2020年3月成立了余姚市阳明文化书院，积极联动全国各界专家资源、开发阳明心学课程、编制发行相关期刊书籍、筹划阳明文化研学线路，成为壮大与传播余姚"阳明IP"的重要力量。

二、其他城市的阳明文化建设

与此同时，除宁波市，浙江其他城市以及贵州、江西、广西等地阳明文化建设在传承和创新阳明思想、提升城市文化形象等方面也做出了重要努力，取得了重要成就。"它山之石，可以攻玉"，各地城市在阳明文化建设上的经验值得借鉴。

(一)浙江绍兴

绍兴是王阳明生活时间较长、留下遗迹遗存较多的地方。绍兴也一直重视挖掘、保护和开发阳明文化遗产，大力弘扬阳明文化。

(1)重建伯府第和新建王阳明纪念馆。新建的伯府第又称王府，是王阳明晚年在绍兴的住处。1924年，伯府第失火，大厅烧毁殆尽。2020年，绍兴对伯府第遗址进行了考古挖掘。2021年1月，绍兴"阳明故居"综合保护项目开工建设，总投资约80亿元，规划面积40公顷。项目核心是"阳明故居"及纪念馆项目，总投资8.5亿元，总建筑面积1.28万平方米。除此之外，绍兴市还新建王阳明纪念馆、阳明广场，保存伯府大埠头、石门坊残基、石门框、饮酒亭等历史遗存，着力打造天泉桥、天泉证道场景和伯府前广场等景观，试图再现遗址环境大格局。王阳明纪念馆是一座下沉式的两层建筑物，馆内设有阳明文化数字文献厅、陈列厅、影厅、心源厅和文创体验休闲区等空间。2022年10月31日王阳明诞辰550周年之际，重建的王阳明故居和新建的阳明纪念馆正式开放。此外，1987

年，绍兴启动对阳明墓的全面整修，冈田武彦先生发起、在日本全国筹集 300 万日元予以资助；2018 年 6 月，阳明草庐复建完工。

（2）阳明文化传播高地抢占先机。1989 年，举行纪念王阳明活动；2016 年，成立绍兴市王阳明研究院；2017 年，举办祭祀王阳明大典及绍兴阳明文化周。近年来，绍兴与国际儒学联合会、中国哲学史学会等机构共同主办的“阳明心学大会”，已成为国内一年一度重要的阳明文化学术盛会。2022 年 10 月 31 日，宣布“阳明心学大会”永久会址落户绍兴。此外，绍兴特别重视阳明文化的创造性转化，实现了阳明幼儿园、阳明小学、阳明中学、阳明学院的全学段覆盖，持续推进阳明文化进校园、进社区、进企业、进机关，广泛开展阳明文化体验、经典诵读等活动。2021 年，绍兴市又运用数字化手段呈现阳明思想的发展历程，建成了阳明文化数据库。在影视剧创作方面，王阳明主题话剧、歌曲、动画、漫画等文创产品不断涌出，进一步增强了绍兴打造“阳明故里”“心学圣地”的传播效果。

（二）江西各地

王阳明在江西的时间总共七年（其中任职时间五年），却是其立功、立言的关键节点。在其工作和生活的赣州、南昌和吉安等地，遗迹遗存大多保存良好并已作为旅游资源开放，南昌、赣州等地有定期召开的学术活动。

（1）阳明的遗迹保存良好。1518 年，王阳明从赣州派人给白鹿洞书院送来《大学古本序》等书。如今的白鹿洞书院，还能看到刊刻上墙的王阳明手书《大学古本序》《大学古本》《修道说》和《中庸古本》。1519 年 7 月，王阳明平定宁王之乱后，遵循古代征战得胜勒石记功之传统，在庐山秀峰刻《平宸濠纪功碑》以记功，该碑石现为国家级文物保护单位。在国家专项基金的支持下，位于赣州城西北的通天岩风景名胜区实施了通天岩数字化保护、通天岩石窟保护工程、玉山岩石刻保护工程，能够有效延长现存岩体及石刻的保存寿命和提高石刻的辨识度，王阳明的铜像和阳明给弟子邹守益、陈明水等讲授良知学的塑像栩栩如生；郁孤台历史文化街区内的赣州阳明书院，也已重新对外开放；重修了章源中学阳明楼、文成泉等阳明文化遗址；王阳明创设的崇义县以阳明文化立县，阳明山、阳明湖、阳明路、良明知楼、知行湖、阳明梯田等“阳明文化印记”得到全面修复。南昌市阳明路建有占地约1.7公顷的阳明公园，公园内还有以王阳明在南昌传奇经历为背景的大型浮雕文化墙，为“阳明一生精神，俱在江右”作了全面注解。

(3)重视阳明文化遗产的保护与开发。赣州是成就王阳明学术与事功最重要的地域之一，也是阳明文化遗产最丰富的地区。赣州以“阳明文化‘三不朽’发祥地”为定位，依托丰富的阳明文化遗存，以保护促进建设、以文化带动发展、以研究引领传播，将阳明文化打造成赣州的重要文化品牌。崇义县在王阳明书“平茶寮碑”处修建了阳明文化主题公园，把阳明文化与旅游融合、乡村振兴相结合，努力打造“阳明圣地·养生天堂”的名片。2020年下半年，总投资50亿元的集文化研学、休闲度假、运动探险于一体的阳明心城项目开工，目标是打造阳明文化的学术、教育、交流平台和国家级生态旅游目的地。王阳明病故的大余县青龙铺章江古码头，建有纪念亭，亭中立着刻有“王阳明先生落星之处”的大理石碑，每年都有不少日本及东南亚国家的学者、游人前来凭吊。吉安则积极阐发庐陵县治、青原山讲学、江右王门等特色文化资源，丰富“阳明心学首践地”的内涵与形象。

(三)贵州各地

民国以来，贵州就开启了阳明文化建设。就规模和影响力而言，贵州已成为阳明文化建设的重镇之一。

(1)打造中国阳明学文化地标。贵州省修文县龙场镇围绕“阳明洞天”，以“心学圣地，王学之源”为定位，打造了中国阳明文化园，是目前国内以“阳明”命名的最大文化园区。文化园占地3500余亩，总投资67亿元，致力于打造创新传播共建基地、中华国学文化名片、中国阳明学文化地标。阳明文化园内的王阳明纪念馆始建于1999年，2016年又投入3000余万元增建新馆，使馆内建筑面积扩大一倍，达到3600平方米。

(2)阳明学文献整理与研究成绩突出。2016年，阳明文化(贵阳)国际文献研究中心在贵州成立，是我国首个也是唯一一个以阳明文化文物文献普查、收集、整理、研究、交流为主题的非营利性研究机构。阳明文化(贵阳)国际文献研究中心与12家图书馆联合开展王阳明相关文物文献的普查工作，对国家图书馆普查出的166种馆藏王阳明典籍文献，全部进行了高仿复制，内容涉及王阳明家谱传记、著作文章、弟子著述等。该中心还开创性建设了数字王阳明资源库全球共享平台，全面系统地收录古今中外与阳明文化相关的古籍、图书画册、研究报告、期刊文章、学位论文、影像等文献资料，建成典籍库、索引库、全文库、艺术库、专家库、阳明百科、藏书馆、事记等子数据库及数字王阳明App，数字化处理和存储了古籍文献120种771册62335拍、碑刻12种376拍、法帖33种110拍、文献索引5万余条、核心文献2400余篇，全面展示了阳明文化文物文献的现存状况和阳明心学理论研究成果。该研究中心自成立以来，已经出版了10卷《王阳明研究自文献索引全编》、53卷《王阳明重要文献选编》等。

(四)其他地区

广东。和平县至今保存众多王阳明的遗迹，享有“阳明古郡”的美誉。以“阳明”命名的建筑物、街道、物产比比皆是，如阳明公园、阳明镇、阳明纸、阳明伞、阳明中学、阳明一小、阳明二小、阳明三小、阳明大桥等。阳明公园内建有阳明博物馆，占地面积3000平方米，内陈列王阳明与和平有关史迹、文物资料、民间传说等。东山上有“王阳明纪念馆”，馆前竖立着王阳明铜像。大坝镇水背村在2020年冬建成阳明广场，广场往南5千米还有阳明博物馆。

福建。平和县系王阳明生前奏设。2018年，为纪念平和建县500周年，在县城东南方向、花山溪畔，新建面积为160亩的阳明公园，公园内矗有一尊王阳明的塑像。塑像高8.8米，一手握卷，一手指点。雕像左右两侧有两面弧形的纪念墙，分别镌刻《添设清平县治疏》和《再议平和县治疏》。

广西。梧州市、来宾市忻城县、百色市平果市、贵港市桂平市、钦州市灵山县等地，均有与王阳明相关的遗迹或文物。南宁市人民公园镇宁炮台环形碑廊内，留存有明代《王阳明老先生遗像》碑；南宁市青秀山风景区和武鸣区府城镇狮子山上，有嘉靖年间的摩崖石刻“阳明先生过化之地”(分别在1983年和2013年成为南宁市级文物)。百色市平果市右江南岸原“阳明洞天”峭壁上，有《阳明洞天》和《征抚思田功绩文》刻石；田阳区有《田州立碑》残碑留存。南宁市博物馆中有王阳明在敷文书院讲学场景塑像，隆安县隆安中学既有王阳明塑像，又有王阳明石刻画像碑。

台湾。台北阳明山辟有阳明公园、阳明书屋，也有王阳明造像，供游人瞻仰。1950 年，蒋介石为纪念王阳明，将大屯山、七星山、纱帽山、小观音山一带，原名草山的山区改名为阳明山。1962 年，台湾省公共工程局开始规划阳明山国家公园，初步规划面积为 28400 公顷，包括北海岸、观音山与大屯火山群。1985 年 9 月 16 日，经过多年规划并解决土地资源纠纷后，阳明山公园正式成立。阳明书屋建于 1969 年，是阳明山公园中的主要人文史迹，占地约 15 公顷。原名为“中兴宾馆”，1975 年之后改称“阳明书屋”。

三、各地阳明文化建设的一般模式及其特点

阳明故里和“过化之地”的阳明文化建设，呈现出如下共同点：

（一）政府主导

近年来，宁波（余姚市）、绍兴（越城区、柯桥区）、贵阳（修文县）、赣州（崇义县、大余县、龙南县）、吉安（青原区）、河源（和平县）、漳州（平和县）、南宁（宾阳）、来宾、滁州等地的党委政府，高度重视阳明文化建设。阳明文化的相关建设规划或写入文化产业、文化与旅游五年发展规划，或写进政府工作报告；凡属地有王阳明的遗迹遗存，在加大人力、财力、物力投入的背景下，得以修缮和复原。

（二）投入巨大

无论是遗迹遗存的勘探、考古和甄别、鉴定，还是阳明文献的搜集整理和数字化影像化，更不要说宏大的纪念场馆的建设，都需要大量的资金用于场地的拆迁清理、硬件建设和文化展示的布置。浙江绍兴、贵州修文、江西崇义等地的阳明文化建设项目，动辄数亿元甚至数十亿元。部分大投入的项目列入招商引资范畴，大多能看到党委政府领导高度重视、高位推进的努力。

（三）文旅一体

各地阳明文化建设大多循着文化搭台、文旅融合的路子，融阳明文化建设、地域文化打造、旅游开发和景点打造于一体，为市民和游客提供思想引领、文化熏陶和休闲观光的场所。各地的阳明文化建设能够坚持以传承与弘扬阳明思想和阳明心学为主，注重以遗迹遗存开发利用和展览展示为重心，但是500余年的时间冲刷了很多印痕，导致多数地方的硬件建设以场馆雕像新建和活动遗迹修复为主；在软件呈现上，无论是内容还是表现形式均呈明显同质化趋势。

（四）产研结合

各地在大力推进阳明遗迹保护、复原的同时，还设有区域性的王阳明研究院之类的研究机构，或与科研院所、高校合作，或聘请阳明学者、明史专家和中国哲学史名家牵头，以学术会议召开、阳明文献整理和学术研究为载体，推进阳明学的研究工作。

根据其他城市的建设模式和建设经验，结合宁波（余姚）的实际情况，宁波市阳明文化建设还存在明显不足，可把重点工作聚焦在以下方面：

一是加大文化资源整合力度。宁波阳明文化建设以余姚为主全域参与，协调行动有待加强。无论是建设经费的安排，还是建设项目的拟定，大多集中在余姚。宁波市区和其他区县市，史实清晰、线索清楚的阳明遗迹，已多有挖掘和再现，但多年来阳明文化建设缺乏全市统一的规划、明确清晰的思路和协调一致的行动，顶层设计不够，在整合上级政府和权威学术机构资源等方面还有不少进步空间，对外没有充分发挥阳明故里的天然优势成为阳明文化传播的引领者，对内没有有效整合多方形成传播的合力，导致阳明文化活化转化的总体策划安排层级和推动力不足。

二是提升文旅融合发展水平。全市传统优势产业链和主要产业链未能与阳明文化有效衔接与延伸，相关产品的植入和利用阳明文化元素明显不足，阳明文化助推产业发展还停留在助力企业文化建设阶段，未能对产业甚至文化产业的高质量发展起到强大的支撑作用。阳明故居和遗迹单体精致且有特色，但尚未打造成主题宏大、主旨明确、相互支撑、串联成线的文旅项目。文化建设的产业属性不显，客观上造成了阳明文化建设活力不足和社会影响力不大，创意价值实现形式过于单一，影响了阳明文化产品链和服务链的深度开发和品牌塑造。

三是提高文化资源转化程度。阳明文化底蕴深厚，但阳明文化建设项目多局限于一事一物，注重复原、纪念、崇敬、传承，转化力度不大。在活动宣传和品牌打造方面没有占到先机，对外开展阳明文化交流传播的力度不足、形式单一，缺少常态性的交流平台，“阳明故里、心学圣地”的影响力不足，知名度有限，向外输出阳明故里独特魅力的文章做得不够精彩，缺乏标志性的文化输出。阳明文化的创意制作、消费体验和创意衍生产品开发等环节未能与市民生活、游客体验很好地衔接，导致阳明文化的可亲近性、可感知性、可触摸性、可体验性差强人意。创意价值实现形式过于单一，影响了阳明文化产品链和服务链的深度开发和品牌塑造。

四是增强学术创新研究力量。宁波虽拥有一定学术研究力量，但分散在宁波大学、浙江大学宁波理工学院、浙江万里学院、宁波财经学院等几所高校和余姚“国际阳明学研究中心”等单位，市域内阳明心学研究者多是单打独斗，方向不够聚焦，影响力也有限，没有形成规模化效应，没有形成团队作战的态势，有一定的研究基础和显性成果，但缺乏领军人物。

四、新阶段宁波阳明文化建设的路径

阳明文化是中国优秀传统文化之一，也是宁波极具特色和影响力的优质文化资源，做好阳明文化建设是历史与人民的重要选择，也是时代赋予当代宁波人的神圣使命，是一件“功在当代、利在千秋”的宏伟事业。

宁波市阳明文化建设的基本思路，是按照推进中华优秀传统文化创造性转化和创新性发展的总体要求，以及“王阳明的心学正是中国传统文化中的精华”“深入借鉴以传统心学为代表的中华优秀修养文化资源，构建新时代共产党人‘心学’理论和方法体系”等具体要求，结合宁波(余姚)阳明文化的特色和优势，为全面做好阳明文化传播和传承工作作出贡献；以展示、传播、体验和转化“四中心”建设为重点，有力促进阳明文化与宁波城市文明建设、城市形象塑造和城市精神养成有机衔接，打造优秀传统文化创造性再转化和创新性发展的样板。其建设的具体目标体现在：一是建成新时代文化高地。通过阳明文化“四中心”建设，建成优势更显、实力更强、结构更优、平台更大的阳明文化高地，促进宁波文明程度持续提升，文化辨识度更加鲜明，人才队伍发展壮大，艺术精品层出不穷，形成省内领先、辐射全国、影响国际的阳明文化发展新格局。二是形成文化产业发展优势。进一步完善阳明文化基础设施，持续推进文商旅融合发展，积极谋划文化产业园区布局，充实产业链，丰富文创产品，提升服务水平，带动社会经济发展，形成国内业态丰富、主体壮大、聚集效应明显的阳明文化产业。三是引领文化数智创新先行。大力实施阳明文化数字化战略，推进大数据、云计算、区块链、人工智能等新技术在阳明文化领域的应用，推进媒体深度融合发展，率先构建阳明文化智慧发展体系。

众所周知，文化自信是最基本、最深沉和最持久的力量。文化是一个国家、一个民族的灵魂，是一个国家综合国力和国际竞争力的深层支撑。在新时代，中华优秀传统文化的创造性转化和创新性发展已经成为广泛共识和时代命题。作为其中的典型代表，要实现阳明文化的创新性发展和创造性转化，需要统筹做好阳明文化的展示、传播、体验、转化等方面的工作并形成特色，切实增强阳明文化的影响力和感染力。阳明文化的建设思路，应主要围绕着创新性发展和创造性转换这一战略目标来展开。

一是建设全国一流展示中心，展示阳明文化的魅力。展示是认知、认同的基础和前提。实事求是、与时俱进的高水平展示，不仅有助于呈现传统文化的本来面目和思想精髓，而且有助于提升社会关注度和提升参观者的认知度和认同度。在注意力日益成为稀缺资源和无形资产的信息化社会，尤其如此。在借鉴世界文化名人展示和国内阳明文化场馆建设的基础上，建设高品质场馆和市民主题文化公园，用现代展示技术和手段，展现阳明文化的核心内容和宁波特色，是彰显阳明文化魅力和吸引力的重要途径。

二是建设阳明学国际传播中心，搭建中西传统文化对话平台。依托王阳明与了庵桂悟晤面、阳明学在全球尤其是儒家文化圈的深远影响、中日阳明学民间往来密切等资源，建设阳明学国际传播中心，制度化地推进学术交往和科研合作，打造中华优秀传统文化对外传播的样板和中西传统文化交流互动的高地。

受时间和空间的影响，展示社会功能的发挥不可避免地受到一定程度的限制。传播尤其是采用现代媒体技术手段的传播，可以有效地突破时间和空间的限制，有效扩大阳明文化的惠及范围。展示是静态的，胜在“身临其境”；传播是动态的，重在“感同身受”。此两者互为补充，相得益彰。

三是建设阳明心学体验中心，打造致良知修行高地。优秀传统文化只有引发人的生命体验，才能融入人的生命，才能在人的身上生根。深入挖掘阳明心学资源，设计内容充实的文旅体验线路、心学体验专线，修身养性、磨练心性和体验心学思想的砥砺形成过程，在体验中使阳明心学内化于心、外化于行，切实做到知行合一和致良知。

四是建设阳明文化转化中心，构建传统文化传承新模式。创造性转化的过程，就是要按照时代的特点和需求，挖掘和阐发阳明文化中仍有借鉴价值的内容并赋予其新的时代内涵和现代表达形式。例如，建设阳明小镇，实现阳明文化与公共(生活)空间的有机衔接；建设阳明文化产业园，以阳明文化提升区域优势产业的企业文化和产品文化品位进而提升市场美誉度和竞争力，激活阳明文化的生命力，激活阳明文化与当代文化相适应、与现代社会相协调的品质。

展示、传播、体验和转化，四位一体有利于形成阳明文化建设的合力。展示和传播是创新性发展和创造性转化的基础和前提，体验是创新性发展和创造性转化的枢纽，转化是创新性发展和创造性转化的具体体现和必然结果。四个方面环环相扣、相互支撑，共同推进了阳明文化的创造性转化和创新性发展。

第二节 建设特色展示平台以凸显阳明文化的普适性

展示是阳明文化建设和传播基础。建立有特色有品位的文化场馆，既可以展示历史人物与学术文化的现代价值与时代意义，又可以展示城市的文化底蕴及城市形象。当前，集中的、成规模的高水平展示场馆缺失已成为宁波阳明文化建设的关键短板，造成阳明文化传播不够直观、不成体系，难以发挥“阳明故里”文化优势。建设全方位、大容量的阳明文化展示场馆，打造省内领先、辐射全国的阳明文化展示中心，必将促进阳明文化的进一步传播、体验和转化，带动周边社会经济文化发展，助力现代化滨海大都市建设。

一、两级驱动推进阳明文化展示平台建设

宁波(余姚)是王阳明祖居地、诞生地、启蒙地，是无可替代的阳明文化展示中心。依托“阳明三地”特色，展现阳明文化的特质及其蕴含的现代价值，是展示阳明文化的基本要求。

基于阳明文化资源主要集中于余姚的现实，构建宁波市、余姚市两级驱动的建设格局因此成为现实选择。以特色文化工程项目建设为主体，形成传统与现代相结合、展馆与景区相融合、内容与创意相统一的阳明文化展示体系；聚焦阳明文化独特优势，糅合行政手段和市场手段，实行联动发展，有效推动阳明文化资源与旅游资源深度融合；坚持内容为本、特色为王、品牌至上，不断深化展品内涵，扩大外延，提升文化展品生活附加值、产业附加值、科技附加值，推进一站式展示服务；以城市文化地标为依托，积极发展新型展示空间，推动展馆空间向生活空间转变，打造文化展示型“城市会客厅”。这些都是加速推进阳明文化展示平台建设的重要原则。

结合新的时期文化建设的要求，阳明文化展示平台建设的基本思路，可以总结为三个方面。一是持续凸显阳明文化特色建设。不断充实、优化阳明故居展览展示功能及内容，进一步将阳明文化符号和理念融入阳明古镇，加快姚江书院建设，积极谋划秘图山文化工程，衔接王羲之与王阳明“双圣”，推动阳明文化与游戏动漫、创意、会展、数字等新兴产业有机融合，提升文创产品和服务的地域特色和文化成色，强化“阳明故里”品牌，促进阳明文化“软实力”变成经济发展“硬支撑”，带动相关区块人气和实力整体跃升。二是努力展现阳明文化时代价值。坚持以项目建设为引领，精心打造阳明纪念馆，高水平谋划建设阳明主题市民公园，继续推进姚江书院项目建设，建成标志性阳明文化展示区，打造文化气息浓郁、造型和颜色与城市定位浑然一体的文化地标，带动周边社会经济与文化发展，促进区块提档升级。三是不断推进阳明文化高效转化。推进多功能展区建设。积极开启数字化馆区建设，将实现阳明纪念馆、阳明故居的数字化展览，阳

明古镇的AR、VR游览早日转化为现实成果；以“心学力量+现代时尚”为创意底蕴，通过科技手段推动阳明文化的活态呈现，以互动性体验型促进文化交流，让阳明文化不仅可看，还可亲、可感；建设数字阳明文化史料中心，收集整理阳明文化相关的古籍、诗画、研究报告等资料，开发建设国际化、数字化阳明文化文献共享数据库，实现文献快速查询、在线阅读。

二、特色展示平台建设牵引阳明文化融入城市生活

坚持项目带动，充分发挥重点项目的“压舱石”“领头羊”作用，依托王阳明出生地、成长地等阳明文化特色资源，推进阳明文化特色项目、重点工程建设，全面提升阳明文化的展示力、表现力和传播力，全面推动阳明文化与区域特色产业、优势产业的有机融合，全面提高阳明文化的可感知和可亲近特质，使宁波市的阳明文化建设成为中华传统文化创新性发展和创造性转化的典范之一。

(一)重点项目：宁波市区的“一馆一园”

与其他城市相比，宁波市区的阳明文化场所明显偏少。由于缺乏展示和表现的媒介和载体，阳明文化作为城市文化的特征在宁波并未显得突出。因此，应在城市经济发展和文化事业比较薄弱的区块，充分挖掘与阳明文化的勾连，以大项目牵引阳明文化建设，进而全面提升市区阳明文化展示力、表现力和传播力。

1. 高点定位王阳明纪念馆

习近平总书记2020年10月14日在深圳经济特区建立40周年庆祝大会讲话时强调，要加强公共文化设施建设，推动文化产业高质量发展，更好满足人民精神文化生活新期待。文化产业高质量发展和人民精神文化生活新期待，离不开公共文化设施的支撑。

王阳明纪念馆是集展示、传播、体验于一体的文旅融合大平台，宁波市拟以余姚江下游南岸沿线为依托，呼应阳明故里，沟通三江口城市核心区，与天一阁月湖历史景区、浙东学派学术要地白云庄、梁祝文化公园等文化景点连成片，提升姚江公园周边区域文化品位，带动周边经济文化发展。

王阳明纪念馆应以其创造性的建筑造型、极致的色彩融合为主要元素，结合

阳明文化与现代气息，充分运用当代科技手段与艺术表现方法，从而打造成新型城市文化地标。因此，其具体措施可从如下方面展开：精心设计纪念馆内部构造，集约化、科技化展现阳明文化，提供“一站式”展示服务；发挥后发优势，实现数字化发展，建设数字化阳明文献信息中心，采用“互联网+展陈”新模式，实施交互体验应用，创新开发文创产品，普及馆区电子地图、线路推荐、语音导览等智慧化服务。

宁波市还以王阳明出生地、成长地等特色阳明文化资源为核心，在全面展现主流中华传统文化发展变迁的基础上，精心策划阳明生平思想及其心学发展、阳明后学、后世影响等特色项目和特色内容。具体在操作层面，以儒学的出现与发展、姚江秘图山王氏家族、阳明生平与事功、阳明心学、阳明后学、阳明的教育实践与思想六大特色项目，打造阳明文化展示高地；设计“阳明心灯，一脉传承”主题形象，发展文化朝圣、知识学习、学术会议、文化讲座、互动交流、心理疗愈等功能，构建历史、文化、民俗、休闲等要素，营造情景化、体验化氛围；着力培养文化讲解员，充分利用智慧系统，设计机器人王阳明为导游；定期推出新展品新活动，加大展品创新和产业融合，建成阳明文化多功能、多形式核心展示区。

2. 高端规划阳明主题公园

主题公园是为市民和游客集中提供休闲娱乐、健身运动、观光旅游、体验自然等多种功能的区域，也是展现现代化滨海大都市魅力和形象的标志。

宁波市可在王阳明纪念馆附近，打造大面积的阳明文化主题公园。如依托余姚江南岸相关区域，以王阳明为主题，强化文化赋能、技术赋能，谋划新业态、构建新空间、营造新生活，建设文化引领、娱乐休闲、观光体验为一体的大型市民公园。以王阳明雕像为标志，以石刻《传习录》为内涵，以阳明广场为载体，以市井民俗为风貌，以体验类项目为互动，构建阳明文化展示区，拓展阳明文化体验区。还可依托余姚江南岸绿化带与梁祝文化公园，充分整合利用现有山水空间和资源，扩展公园容量，丰富自然和人文景观，增加服务设施供给，丰富业态配套，完善游览线路。定期举办阳明主题文化活动，引入虚拟现实等互动技术，增加夜游产品，提升服务质量，延长游客逗留时间，打造智慧旅游系统，建成以阳明文化为核心吸引力，以地域风情为载体，人文与自然相融合，传统文化与旅游休闲相结合的阳明文化展示区、市民休闲娱乐区。

具体在操作层面，可以以王阳明传奇人生、姚江秘图山王阳明家族、《传习录》石经①、阳明甬籍门人后学雕像林②、浙东学派人物长廊、王阳明教育实践与成效、阳明文化海外影响③七大标志性特色文化展示区建设为重点，提升阳明文化的感染力。

（二）特色项目：余姚的“两山一院”

余姚是阳明故里，遗迹颇多；王阳明对故里有浓厚的感情，后学弟子中不乏其人。家乡人民认可王阳明及其学说，在其生前，即有很多青年才俊追随左右。在其殁后并遭受迫害的情况下，以阳明门人后学为主体，一方面建祠立庙，纪念乡贤；另一方面寻找机会，申诉鸣冤。自明中后期以来，余姚持续开展纪念阳明、传承和传播阳明心学的活动，也为当今的阳明文化建设提供了基础和样板。

1. 龙泉山：打造成为纪念和祭祀阳明的名山

与其他地方相比，余姚对王阳明的纪念、祭祀开始的时间最早，延续的时间最长，阳明文化建设的历史也因此最久远。在王阳明去世六年之后，其故居南边龙泉山上王阳明曾经讲过学的中天阁内，时任浙江提学佥事的徐阶就利用中天阁

---

① 自西汉末年开始，历代都有石经即刻于石碑、摩崖上的儒家经籍存世，如《熹平石经》《正始石经》《开成石经》等。西安碑林博物馆和北京国子监，至今仍以儒家石经为馆藏特色。以阳明主题市民公园为依托，参照古代石经文化，模仿明代庐山白鹿洞书院石刻阳明手书模式，按照《开成石经》刊刻模式，以14块碑石全部刊刻《传习录》80475字，打造海内外唯一的《传习录》石经，促成《传习录》经典化，能提升市民公园文化品位，彰显主题，打造文化新地标。

② 现地市区划内，有徐爱、钱德洪等50位王阳明的亲传弟子，他们是阳明心学的践行者和传播者。建甬籍阳明门人后学雕像林，能展示阳明门人后学的基本情况，以及追随阳明、传播传承和发展阳明心学、捍卫阳明和阳明心学的主要事迹和主要贡献。甬籍后学雕像林与院士公园内的当代院士雕像林相辉映，形成两大特色名人展示区。

③ 王阳明在海外有很大的影响，尤其是在日本、韩国以及东南亚地区。以主题为依托，收集、整理相关文献资料，收藏文物，考订史实，推出展品，精心谋划海外影响展示区。参照日本滋贺县的中江藤树纪念馆内建有阳明园，在主题公园内设专区介绍、纪念促进阳明文化在日本传播、积极开展中日文化交流的日本人士。

祭祀阳明先生。1538 年，巡按浙江监察御史傅凤翔在中天阁上方建“阳明祠”，设立“阳明牌位”祭祀之；其后，又在中天阁东侧建“海日祠”，以祭祀王阳明之父、南京吏部尚书王华，二祠合称“二王祠”。中天阁和“二王祠”，由此成为余姚最重要的“阳明地标”。

中天阁的建筑与外观俱好，但展示内容过于简单且表现形式老套。如尽可能搜集到明代中后期以来各地尤其是余姚纪念、祭祀王阳明的活动史料，就能把中天阁变成纪念和祭祀王阳明的专题展馆，在所有的阳明文化展馆中，无疑别具一格。

2. 秘图山：恢复成为王阳明祖居地

秘图山在龙泉山之东，原有高风亭、舜庙、神禹秘图碑等纪念性景观。现秘图山仅有残存山体，山南之秘图湖已无。该地块在居民拆迁之后，可改造为秘图山阳明文化主题公园。主题公园内，建有王氏家族展览馆和兰亭雅会园。

(1)姚江秘图山王氏家族展览馆。约在宋末，王季从达溪迁居余姚城内秘图山麓，开启了姚江秘图山王氏家族的世系。展览馆内所陈设的核心、特色内容，是姚江秘图山王氏家族的播迁历史。与此同时，展览馆还重点突出王阳明与余姚的关联，尽可能详细、具体地展现王阳明在余姚的经历、主要事迹，以完整地勾勒出王阳明的故里生活史。这些不仅可以全面、清晰地展示王氏家族的发展变迁，让参观者更真切地了解王阳明的身世，而且也为了解中国姓氏文化提供了绝佳的案例。

(2)兰亭雅会园。兰亭雅会是中国古代士人交游聚会的典范之一。东晋穆帝永和九年(353)的三月初三上巳节，王羲之邀请了名士谢安、孙绰等亲朋子侄 41 人在绍兴城西南的兰亭聚会，并以曲水流觞为乐。曲水流觞的游戏，参与者共写出 40 余首诗；结诗成集，名为《兰亭集》。王羲之提笔为诗集撰写了共 324 字的序文，便是中国书法史上名气最大的“天下第一行书”《兰亭集序》。兰亭雅会在唐以后相继被模仿、复制。元至正二十年(1360)春，江浙行省左右司郎中刘仁本驻节余姚州，在秘图湖北建雩咏亭，并效仿东晋王羲之“兰亭雅会”，邀请名士在雩咏亭举行“续兰亭雅会”。这一集会，直接承继 1008 年前王羲之兰亭集会遗绪。刘仁本还请四明篆刻大家胡伸瑛刻于石碑，后人称这些碑刻为“续兰亭会图石刻”。可惜的是，这些石碑于1980年被毁。1955年，阮伯康、王槐南、赵裕椿、仇庆冠、王叔平、姜枝先、张春阳、邵之炳、杨济勋等余姚各界名流，曾在龙泉山“劳寿小园”相聚，缅怀昔日参加续兰亭会的先贤，有合影留存于世。

新兰亭雅会园可建“曲水流觞”景点，在原址原样恢复“续兰亭会图石刻”，并在每年夏历三月上巳日举行市民集会和全国性的主题诗会。另外，天一阁内所藏各种《兰亭集序》临摹版本，可以复制到“兰亭雅会园”，从而将两个景点有机串联起来。

3. 姚江书院：打造阳明心学研修馆

1639年9月，余姚人沈国模与管宗圣、史孝咸、史孝复在余姚城南双雁里半霖史家买下沈氏旧宅，建“半霖义学”，祀先贤王阳明，即姚江书院的前身。清顺治十四年(1657)，郑锡元发起重修义学活动，经史孝咸提议，正式命名为“姚江书院”。

姚江书院从创立开始，一批批学者儒士在此会讲交流。明末清初，姚江书院派是与绍兴蕺山学派齐名的浙东最重要的两大“王学”流派，逐渐成为明末清初浙东地区传播阳明心学的大本营。姚江书院重自由讲学之风，弘扬王阳明“致良知”学说为“姚江书院派”活动中心之一。书院组织严密，规章制度完备，月有会，会有讲。强调“进德修业”，力求言行一致，反对“趋炎附势、把持乡曲”。康熙五十年(1711)邵廷采卒后，姚江书院不断走下坡路，到乾隆以后逐渐衰落。

2019年，宁波(余姚)阳明文化周期间，重建姚江书院被提上议事日程。目前，姚江书院重建工作被认为是探索和挖掘余姚历史文化底蕴的重要行动，以及将阳明古镇打造成为“世界心学圣地”的点睛之笔。姚江书院重建方案已经成形，建筑规模约2.1万平方米，包括书院本体、书院学舍和书院酒店等。

易地重建的姚江书院，应尽量保持原有面貌。在功能上，进一步明确定位，成为阳明心学研习者、爱好者学习、讨论甚至研究的机构，打造以书院为核心，集纪念馆、书院酒店于一体，与王阳明故居有效互动，与龙泉山文化遗迹相得益彰的阳明文化重要载体，成为阳明古镇打造“世界心学圣地”的点睛之笔。对沈国模、管宗圣、史孝咸、史孝复和施邦曜、邵廷采等为阳明思想在余姚传播、为姚江学派发展壮大立下过汗马功劳的学者，进行全面的介绍和展示。

策展能力是充分彰显展示平台效能的前提。在高端展示平台建成之后，更重要的是展示环境的打造和展品的有效供给。因而宁波应围绕全市文化和旅游资源及项目布局，改善展馆区环境，推进酒店住宿、旅游消费基础设施建设，积极发展学术阳明、家族阳明、传奇阳明、传习阳明、日常阳明、海外阳明等优质文化展品，提供战略、宣讲、社教活动等公共服务，打造爱国主义教育基地。深入挖掘阳明文化资源，细分非物质文化遗产项目，充实馆藏文物文献数量，创新文化展示方式，丰富展览教育活动，推动纪念馆文创产品开发。此外，还要充分考虑年轻人的特点和需求，尽可能融入新的表现形式。换言之，就是提升数字化技术在阳明文化展示中的应用，发展云展览，让优秀文化资源借助数字技术“活起来”。还应顺应“双线融合 O2O”发展趋势，提高展览场馆的数字化智能化水平，与融媒体平台、数字文化企业合作，运用 5G、VR/AR、人工智能、多媒体等技术开发馆藏资源，打造线上阳明文化展示平台。

第三节　建设高品位传播中心以促进阳明文化的交流

讲好阳明故事和传播阳明文化是阳明文化建设的关键环节。宁波市各级部门通过理论传播、形象传播和产品传播，把阳明文化大 IP 和宁波城市形象紧密结合起来，把“宁波的阳明”和“世界的心学”持久连接起来，以期打造阳明学术研究的重镇、文艺创作的沃土和文化产业的中坚，以文化共鸣更好地展示中华文化的底蕴和精髓。

一、成立阳明文化国际传播中心

（一）整合资源推进阳明文化国际传播中心建设

宁波市依托王阳明研究院，整合宁波大学、宁波诺丁汉大学、浙江万里学院、宁波工程学院、浙江大学宁波理工学院等高校，以及来自国内外众多研究者，从哲学、文学、传播学、艺术学、社会学、管理学等角度以及跨学科、跨文化的视角，共同从事阳明学和阳明文化海外的传播史、影响史、阐释史以及阳明文化比较研究等，同时致力于促进阳明文化在海外(欧美、东亚)的传播和推广。

(二)大力弘扬阳明文化的国际影响

早在明代，阳明文化即传入日本，随后传入朝鲜半岛和东南亚等地，成为整个东亚思想史的重要组成部分。明清之际，在“东学西渐”的洪流之中，大量西方外交使者、来华传教士与旅行家开始向西方介绍中国，包括阳明文化在内的中国优秀文化由此传入欧洲，成为欧洲启蒙运动者汲取精神力量的源泉。如今，阳明心学在海外的影响日盛，尤其是在东亚文化圈内，欧洲和北美也不乏阳明学研究名家和阳明思想信徒。宁波与东亚的日本、韩国等地有着深厚的历史渊源与悠久的文化交流传统。明正德八年(1513)五月，王阳明与日本贡使团正使、著名僧侣了庵桂悟的会面，是中日文化交流史上的盛事，也被认为是阳明心学东渐的起源。日本学者疋田启佑说，“日本的阳明学，始自于中江藤树，后经熊泽蕃山的继承发展日趋成熟”①，但追溯其源头，则是了庵桂悟。② 王勉三也认为：“阳明学开始传到日本，大概是永正十年，即明正德八年了庵桂悟和尚归国以后的事。”③宁波应充分利用这一得天独厚的优势，成立阳明文化国际传播中心，弘扬阳明文化的国际影响。

(三)积极开展阳明文化国际活动传播

宁波市各级部门推进阳明文化走向世界，以扩大海外影响。如何每年“阳明文化季”中增设固定的“阳明文化海外传播”分论坛；系统组织阳明文献多语种翻译，推广阳明传、阳明剧、阳明书画、阳明文创在海外的传播；与日本、韩国以

① ［日］疋田启佑．佐藤一斋的阳明学［C］//钱明．阳明学新探．杭州：中国美术学院出版社，2002：108.

② “早在1511年，日本禅僧了庵桂悟(1424—1514)以八十七岁高龄(也有八十三岁之说)，奉幕府将军之命出使中国，王阳明在京城随同杨一清拜访之。1513年，王阳明经宁波时，会见了了庵，作《送日本正使了庵和尚归国序》相赠。此序之真迹今藏于日本三田博物馆日本学者称桂悟亲与王阳明接触，为日本王学倡导之嚆矢，并称这佳话不可轻易看过。”(周月亮．王阳明传［M］．天津：天津人民出版社，2022：391)

③ 王勉三．王阳明生活［M］．武汉：华中科技大学出版社，2015：184.

及欧洲、北美等地著名高校合作成立阳明文化国际传播分中心，定期开展学术交流、学者互访；聘请学术、文化、艺术、体育、娱乐等各个领域的知名人士，充实宁波“阳明文化海外传播大使”队伍；在来甬留学生中设立“阳明专项奖学金”，固定举办“讲阳明故事，学心学思想”主题演讲大赛，回国前统一赠送阳明文创小礼品等，让阳明文化种子在海外生根发芽。积极鼓励多主体交流，而不是选择性交流，开放多元化交流、多观点交流。

(四)建立以全媒体为基础的阳明文化国际传播体系

宁波市各级部门注重新媒体、新技术、新终端的运用，积极开展全媒体建设，构建新型国际传播体系。如生产高品质、全类型(音频、视频、文字、图片)、多终端适配(广播、电视、手机、电脑、报纸、图书、户外)的阳明文化内容，实现多渠道(通信网、有线电视网、卫星、物流网)、多平台(自有平台、非专用性平台、社交平台)协同传播，适应多场景(工作、学习、娱乐、运动、旅途)、多形态传播需求，面向受众群体开展差异化、垂直化有效传播，以实现阳明文化传播内容与用户场景在跨文化环境下的精准匹配。

(五)大力提升阳明文化国际传播叙事能力

要以阳明文化为切入口，构建全球视角，把握不同国家公众的故事叙述逻辑和表达方法，把阳明故事讲述成具有普遍性、全球性的方案，并为世界所说、所用、所认同。以期突破阳明文化传播自说自话、以自我为中心的现有格局，以阳明文化内涵回应国际社会关切，争取原创话语，把握文化传播、研究主动权，争取话语权。

二、实施阳明文化产品繁荣工程

(一)建设阳明文化传播媒体矩阵

传播需要媒介，媒体在阳明文化传播中的作用不可替代。针对不同群体的媒介接受偏好，通过不同渠道传播阳明文化精神，才能达到最大的传播范围、实现最佳的传播效果。因此，既要重视书籍、报刊、电视、广播等传统媒体，更要充分发挥好各类新媒体尤其是自媒体的作用，构建媒体矩阵，全方位讲好阳明与宁波的故事，做好阳明文化当代传播的文章。2021年，由浙江省委宣传部出品的纪录片《王阳明》在央视纪录片频道播出后，颇受好评。近年来颇有话题度的央视《经典咏流传》、河南卫视“奇妙游”系列等文化类综艺，为浙江打造阳明文化主题的精品电视节目提供了借鉴；B站、抖音等短视频平台上，阳明文化相关内容良莠不齐，需要学养深厚的学者、善于科普的爱好者、擅长视频制作又热爱阳明文化的人，组建阳明文化传播的新媒体团队，通过专业化运营的途径，掀起阳明文化传播持续的网络热度。

(二)做大做活阳明主题节庆活动

各地举办的阳明主题大型活动，数量已相当可观，但大多以论坛、研讨会、主题演讲等形式进行，伴以诗词吟诵、戏曲鉴赏、书画篆刻展示等，带有较为浓重的官方色彩，组织性、学术性强而开放性、互动性不足。可在持续举办和提升余姚“阳明文化(季)”活动的基础上，在宁波市区依托阳明文化公园场地，参考乌镇戏剧节的模式，推出面向青年群体的阳明文化节，时间也在每年10月底阳明诞辰前后，与余姚的高端学术论坛、峰会等相呼应，主打古风歌舞、汉服COS、手办制作等参与性强的活动。还可以通过心学为主题的古风歌曲创作大赛、动心学人物漫画形象设计大赛、潮流服饰品牌联名产品推介会等“Z世代”热衷的方式，把阳明文化主题节庆活动做成青年群体周期性的盛会。

(三)投资制作阳明文化主题作品

有关王阳明题材的影视剧，数量不少但反响平平。历史题材正剧的成功范例并不少见，王阳明题材影视化的难度在于体现他作为思想家的深度以及心学思想对行动的支持时容易流于表面。2021年10月，在瑞云楼前启动的电视剧《阳明传》有良好的制作班底，为产出思想性、艺术性与观赏性兼备的上乘佳作奠定了坚实的基础。因此，应积极邀请国内一流的电影导演、演员和制作团队，充分展示阳明文化的韵味和底蕴；在京剧、越剧、姚剧乃至话剧珠玉在前的情况下，精心创排宁波地方最具代表性的甬剧，推出精品大剧《此心光明》，与反映屠呦呦事迹的《呦呦鹿鸣》交相辉映，以展现宁波从古至今的文脉传承和厚重积淀；发动本地文艺力量，积极参与阳明题材诗歌、小说、剧本、歌曲等多种文艺形式的创作；结合金银彩绣、象山竹雕、朱金漆木雕、越窑青瓷等国家级非遗传承与推广，创作有地方特色的精美工艺品。

三、打造阳明文化智慧传播新阵地

(一)打造阳明文化智慧传播平台

智慧传播核心基础是平台，平台的关键是数据。以技术统筹数据，以数据驱动智能，以智能服务传播，整合全域资源，打造阳明文化智慧传播平台，为阳明文化传播提供数据分析、技术服务和智能应用，从议题识别、用户洞察、过程跟踪、智能生产和效果评估等全过程提供智慧支撑，积极探索阳明文化智慧传播战略和路径，全面促进文化传播从“入眼入耳”走向“入脑入心”。利用新平台、新媒体、新技术，将文化元素与创意短视频结合，增加阳明文化在互联网端的持续曝光量，形成话题性传播效果。有效整合市县两级及跨部门相关阳明文化传播数据信息，进一步拓宽信息采集渠道。依法依规推动政府与企业间相关数据资源共享，综合运用大数据、云计算等技术。重点建设智慧文化传播公共服务体系，鼓励阳明文化旅游景区、故居、纪念馆、市民公园、书院、饭店等与互联网服务平台合作，实现门票在线预订、文化信息展示、文化活动宣传、会员管理、优惠券团购、文创产品销售等功能。

(二)设计并塑造王阳明虚拟形象

要保持和散发阳明文化的活力，就要让王阳明的形象鲜活起来，打破人们对思想家的刻板印象。可以参考虚拟偶像洛天依，利用 AI 技术打造王阳明虚拟形象，结合王阳明的多重身份和经典语录，设计官服版、家居版、讲学版等不同场景中的形象，以及读书、格竹、拈花、骑射等不同姿态。依托王阳明系列虚拟形象，制作手办套装，设计微信表情包系列、导航语音包系列；以王阳明虚拟形象为主体，开设微博、B站、喜马拉雅、抖音等账号，由专业团队运维，定期发布语录、诗歌、音频、视频等，也可现身说法，以心学立场评点时事、宣讲热点；择机将王阳明虚拟形象升级为城市形象代言人，在机场、高速入口等场所迎来送往，在各大景点设置“阳明先生带您游”等标识和导游图、语音讲解等，在举办的展会上推介宁波。

（三）积极探索建设“数字王阳明”

要充分运用测绘遥感技术，将现存宁波境内的一切阳明文化遗存，通过数字化采集、加工、存储、展示等技术处理，以极高的精度（毫米）虚拟化到电脑里，形成数字化摄影、采集和文化遗存三维重建、全景漫游等海量数字化资源。同时，开通“数字王阳明”日文版、韩文版、英文版等资源库，力争实现数字资源全球共享，扩大阳明文化影响。借鉴贵州建成数字王阳明资源库全球共享平台的经验，抓紧建设“数字王阳明”资料库。积极推动和贵州有关部门合作，查漏补缺，在文献整理、搜索、应用等方面标记宁波特色。积极建立有宁波特色的“王阳明数字文献中心”，探索数字资料传播及收费模式。

阳明文化是中华民族特有的思维方式和精神标识，在历史上为推动民族进步和社会发展发挥过重要作用，时至今日依然具有显著的时代价值。新的时期传播阳明文化，需要在科学辨析阳明文化精华的基础上，顺从网民尤其是年轻一代的接触习惯和信息获取渠道，充分采取新媒体传播手段，实现阳明文化的创造性转化和创新性发展，从而为现代化滨海大都市建设提供精神滋养和智力支撑。

第四节 体验与转化：阳明文化创新发展的必然要求

日本著名阳明学者冈田武彦在其专著《王阳明大传——知行合一的心学智慧》中指出：在日本，阳明学被认为是行动哲学；只要在行动中顺应良知，所有人都可以成为“圣人”。这一观点，指出了阳明文化建设的基本方向：体验是学习和领悟的关键实践。阳明文化的传播、展示，只有引发人们的主动体验，才有可能真正转化。

打造与时俱进的阳明文化体验新场景，是体验和转化的基本思路。其主要措施可从如下方面展开：积极推动阳明文化以创新的表达方式与当下潮流结合，推动数字空间与现实空间结合，推动剧本杀等沉浸式体验与文化旅游资源结合，形成全新体验场景，提供深度体验，助力培育数字消费新生态；积极打造阳明文化IP，完善数字文化消费基础设施建设，用“内容”赋能“场景”，用技术赋能文化，推动阳明文化沉浸式新体验。

一、阳明心学研修班：体验阳明文化的基本载体

阳明文化的载体丰富，因而宁波市可依托王阳明纪念馆和姚江书院，联合宁波各高校、科研机构，面向阳明心学爱好者开办阳明心学研修班。组建由国内著名阳明学者、本地阳明研究者组成的讲师团队，根据爱好者的特点和实际需求，开设各种类型的研修班。鼓励开展阳明文化进高校、中学和小学校园的活动，开发阳明主题的乡土课程，建立常规化开设的制度。积极推进阳明文化进社区、进厂区、进乡村，普及阳明文化；推进阳明心学与企业经营管理相结合，创办阳明心学企业家研修班，助力企业经营，改善管理，发展经济。

还可以推进各类体验型研修班的举办，致力于精讲阳明心学的主要内容和深刻内涵，讲透阳明心学的历史价值和时代意义，让研修者真正领悟阳明心学的本质并用于指导自己的思想和行动。在此基础上，可借鉴阳明讲学经验，在会讲、会议过程中增加以静坐、歌诗、书法、茶道、射箭和投壶等“阳明六艺”为主题的体验活动，深入体验阳明文化。

二、文旅融合：打造精品阳明文化体验专线

历史文化名人留下的遗迹和文物以及由此所形成的旅游资源，在各地的人文景观中占据着重要的地位。围绕历史名人IP，推动学术研究、文化交流、旅游考察等工作，是推动中华传统文化传承发展的抓手之一。利用王阳明心学思想发展过程中的关键节点或重要行迹所在，打造阳明文化体验专线，有助于更有针对性地学习和领悟阳明文化。

1. 四明山阳明心学体验专线

明正德八年(1513)初夏，王阳明回余姚省亲。从六月中旬至七月二日，携道友、弟子数人从余姚城东龙南出发，经上虞入四明山，至雪窦寺，最后从宁波回余姚。这一游学活动，留下了不少传世诗篇。

据余姚阳明学者华建新先生考证：王阳明等游学四明山，出发时为6人，后加入汪克章；其间，许半圭、蔡希颜、朱守中、王世瑞因故退出；王阳明、徐爱和汪克章三人坚持到最后。往返行程为：在永乐寺等地游览两天后，第三天自永乐寺出发，连夜舟抵上虞通明。第四天，至上虞(丰惠)，夜越金沙岭、黄竹岭。第五天晓，入四明山，访梁弄汪巷汪叔宪，共游道士山白水冲。然后，向西折南迂回之虞南达溪探胜。第六天，探阴地龙潭。第七天，过远世祖居，考石林、太平诸迹。第八天，天明出发，远望走马冈，向东南，经孔石，趋韩采岭，夜宿杖锡寺。第九天及后，晨经蜘蛛岭、游徐凫岩、入雪窦寺、观隐潭、游雪窦山千丈岩。因天大旱，无心再游天台山。于是，三人在宁波等地逗留数天后，于农历七月二日，从奉化大埠经宁波乘船返余姚。前后历时半月余。行经地涉及余姚、慈溪、上虞、鄞县、奉化和宁波府城。可根据考证，设计路线与主题：姚南风光，白水奇观；虞南佳境，石笋双峰；阴地王氏，龙潭探源；四明山心，杖锡夜宿；雪窦论道，眺望天姥。半个月的四明山游历，“凡所到之处，必发为吟咏。其事其景，皆由四明山自然造化和人文历史所承载，并成为明中以降四明山流风余韵的人文印记”①。

在素有“中国革命摇篮”之称的井冈山，常常能看到一支支人数不等的举着红旗、戴着斗笠、系着红丝带、背着米袋、挥着汗水的队伍，沿着崎岖的“朱毛挑粮小道”前行，其中不少人是来自全国各地的党政干部。重走这条4.8千米长的“朱毛小道”，是井冈山干部学院为每一批新学员们准备的体验式教学科目之一。王阳明于正德八年的四明山行迹，可以开发为心学之旅，纳入阳明心学爱好者研修、中共宁波市委党校干部培训的体验式项目，也可以作为大学生、中学生社会实践体验式项目。王阳明历经千辛万苦，不忘修身养性，最终成为知识分子

① 华建新．王阳明四明山游学与体验活动研究[J]．宁波广播电视大学学报，2017，15(4)：120.

立德、立功、立言的典范；他对真理不懈追求的精神，值得当代领导干部和青年才俊追随效仿。这一体验项目，对于“世人体悟阳明先生‘山水指点’的传道授业教法，对于领悟其‘知乐知学’的人生大智慧均具有重要的认识价值和人生启迪意义”①。

（二）“诵读阳明诗，重走阳明路”

以余姚为核心，联动浙江、贵州、江西等地，围绕“诗路”“心路”主题，打造“诵读阳明诗，重走阳明路”品牌，凝练彰显“诗心光明”的文化内涵。这些对于结合党性教育，发展文旅融合，了解王阳明路上的传奇故事，深入挖掘时代价值与文化内涵，打造“阳明诗心路”文化线，获取独特体验，具有独特的文化价值。

例如，可积极设置“阳明诗心路”标识图和驿站，推动诗心路文化物化、活化、转化，建设诗心路数字 E 站，打造虚实结合的文化线。通过山、水、陆、和“云”等途径，体验诗心路文化，感受王阳明诗描写的山水故事、现实情怀以及心学内涵。开发主题文化餐厅，推出“阳明诗心宴”，使得菜名诗词化、内涵心学化、设计文创化、体验个性化，让游客体验“诗心宴”美食系列。用“阳明诗心路”元素开发特色小吃，设计生产具有收藏价值和纪念价值的商品，从而丰富消费业态。

三、沉浸式场景：创新阳明文化体验新形态

（一）发展数字化沉浸式阳明文化体验场景

在现实环境下，以科技赋能，以文创思维为核心，将阳明古镇、阳明文化相关景区、纪念馆、市民公园、文化产业园区、城市商业综合体的阳明文化特色、民俗民风、非遗技艺等内容，通过数字化技术手段，游戏化互动方式，可以带给

① 华建新．王阳明四明山游学与体验活动研究［J］．宁波广播电视大学学报，2017，15（4）：115.

市民以“数字+实景”的沉浸式文化体验。这种体验打通了线上虚拟空间和线下实体空间，实现了消费场景的科技化、个性化运用，用剧情化和游戏化的互动，串联起商业空间与文化空间。阳明文化实景与虚拟空间的完美融合，用“内容”赋能“场景”，将历史文化转化为场景、故事、体验项目等，可以让用户自由选择“主角”或“旁观者”身份，参与其中，发挥主观能动性，形成虚实共生的沉浸式体验感。

（二）积极打造引领性体验项目

（1）发展沉浸式文化体验，需要科技、故事和文化。科技是手段，故事是线索，文化是灵魂。根据王阳明一生行事，以“破山中贼易，破心中贼难”为主题，打造具有悬疑性、冒险性、游戏性的项目——《破贼》，进而形成《破贼》IP。在阳明古镇建设《破贼》主题剧本杀、VR 游戏体验店和主题酒店。以 IP 授权合作，在阳明古镇中落地系列体验场景。用户可以在主题酒店体验“古镇”风情，通过 VR 游戏、剧本杀等方式，体会《破贼》故事，化身王阳明，与阳明时代多种“贼”相互周旋，亲临历史的惊心动魄，感受全新的沉浸式阳明文化体验。

清华大学张岂之说：中华民族在长期奋斗的历史中，将自身的丰富经验凝聚成为理念；它们是民族文化精华的写照，也是中华民族优秀文化的灵魂。① 要真正领悟那些“丰富经验凝聚”而成的“理念”，在充分把握其实质和内涵的基础上，“体验”是接近“理念”和接受“理念”最好的办法。王阳明曾经说过：“我此良知二字，实千古圣圣相传一点滴骨血也。”“某于此良知之说，从百死千难中得来，不得已与人一口说尽。”②王阳明的良知学说是从忧患中逼出的生命实践哲学，极具个人体验色彩。从这个意义上说，打造引领性的体验项目，让学习者在实实在在的体验中感受阳明生活的真实环境，感受王阳明作为一个普通人的困惑、成长尤其是在困境中百折不挠、自我救赎的历程，从而能更真切地体会信念与选择的可贵和阳明心学的魅力。

---

① 张岂之，谢阳举．守护中华优秀传统文化的体验——张岂之教授访谈录［J］．孔子研究，2015(6)：5-11.

② 邓凯．王阳明年谱校注［M］．宁波：宁波出版社，2019：121.

(2)传承和传播阳明文化，立足地方特色资源优势，在创新中发展是根本之道。近年来，各地阳明文化建设如火如荼。各地依托阳明遗址遗存的阳明纪念馆、阳明书院、阳明公园、阳明祠等，外形、风格和功能差异不大。但是在阳明文化的塑造上，颇为用心用力并卓有成效。如贵州以“悟道”为核心打造特色阳明文化；江西赣州和吉安，则分别以“阳明文化‘三不朽’发祥地”“阳明心学首践地”为定位；绍兴则凸显“伯府第”和归葬地的地位……宁波(余姚)是阳明故里，阳明先祖世居余姚城区秘图山，祖居地的地位毋庸置疑；余姚还是阳明的启蒙地和阳明心学走向世界的始发地，阳明的启蒙教育是在余姚完成的，阳明心学也是通过了庵桂悟从宁波传往日本的。挖掘特色阳明文化资源，用体验感强的现代化场馆展示好、用社交媒体和音视频等传播好这些特色的阳明文化，讲好阳明及其后学、阳明纪行与心学发展、阳明心学与东亚文化、阳明文化与时代发展的故事，既是凸显宁波与阳明文化特殊而紧密的联系的需要，也是提升宁波阳明文化的影响力的现实选择。

第八章　宁波城市形象及其传播

芒福德曾说，“城市形象是人们对城市的主观印象，是通过大众传媒、个人经历、人际传播、记忆以及环境等因素共同作用而形成的”①。多年来，社会学、政治学、城市规划学、传播学等不同领域的学者在不断探讨“城市形象由何构成”“城市形象如何提升”和“如何提升城市形象传播效能”等问题，并做了诸多有益的尝试。

第一节　城市形象及其内涵

一、城市形象

“城市形象”一词最早由美国城市学家凯文·林奇在1960年出版的《城市意象》一书中提出，他认为：“任何一个城市都有一种公众印象，它是许多个人印象的叠合；或者有一系列的公众印象，每个印象都是某些一定数量的市民所共同拥有的。”②城市形象是人对某一或某类城市的综合感受，是人们对城市物质环境的知觉的心理意象。

江曼琦认为，“城市形象是城市独有的文化、城市精神、城市性质、城市的

① ［美］刘易斯·芒福德．城市发展史：起源、演变和前景［M］．倪文彦，译．北京：中国建筑工业出版社，2005：572-579.

② ［美］凯文·林奇．城市印象［M］．方益萍，何晓军，译．北京：华夏出版社，2011：35.

区位和城市底蕴的综合反映，是城市重要的无形资产，体现着城市的价值”①。构成城市形象的要素包括路、区、节点、标志等方面，城市形象是通过人的综合“感受”而获得的。② 可见，相较于“城市精神”，城市形象更像是一种城市的外在表达形式及其在公众心目中的意象，是人们结合自身文化背景对作为外部物质世界——“城市”的心理感受所生成的综合印象。或者说，城市形象是以城市空间特征、建筑风格、城市风貌、产业发展等为主体的城市内在特色的外在表现形式，是以上因素构成的城市“硬件”被公众感知的心理反应。

换言之，城市精神对城市形象有着示范和引领的作用，而城市形象则是对城市精神的彰显；二者同为影响现代城市综合竞争力的关键因素，并且不同发展时期的城市特色需要城市形象来加以继承、提炼和强化。值得一提的是，城市形象并不是固化的，而是随着时代变迁、城市经济政治文化等要素不断发展而不断变化和更新的。

二、城市形象的内涵

有关城市形象概念内涵的阐释，主要有“表象说”和“感知说”两种观点。“表象说”认为，城市形象是一个城市本质特征的外在表象，城市自然环境、文化传统、内在功能、经济发展、城区建设、民众行为等，是城市形象的综合反映和直接体现，代表着城市的地位、身份和个性。“感知说”则认为，城市形象指的是城市(或特定区域)给人的印象和感受，可以构成人长久记忆的城市印象因素，如建筑物、道路、交通、店面、旅游景点、生活设施等城市的“硬件系统”，构成了城市形象的基本要素；市民行为、文化氛围、行政效率、风土人情等城市的“软件系统”，是特色城市形象的关键内容。③ 两种观点相比较，“表象说”强调城市本身发展，侧重城市内部各要素的健全和发展，突出城市综合实力和素质提高在城市形象建设中的重要作用，注重的是城市的“实体形象”；“感知说”更强

① 江曼琦．对城市经营若干问题的认识[J]．南开学报，2002(5)：64.

② [美]凯文·林奇．城市意象[M]．方益平、何晓军，译．北京：华夏出版社，2001：2.

③ 黄志明，等．宁波文化强市建设研究[M]．杭州：浙江大学出版社，2012：196.

调民众的主体性，侧重城市内外民众对城市形象的影响，注重的是城市的“感知形象”。

要理解城市形象的内涵，一是要把握其“独特性”，每座城市都有其不同的历史人文传承和资源要素禀赋，城市形象无法脱离自身特有的自然和文化遗产。在提炼和宣传城市形象的过程中，既要关注当今的城市风貌和图景，又要把握城市独特的历史积淀。二是城市形象同时具备客观性和主观性的特点。其客观性体现为城市可供测量的经济数据、城市规模、人口规模、建筑风格等；而主观性则主要体现为通过大众媒介、人际传播等渠道综合作用而成的城市记忆。三是城市形象可以有效转换为城市的竞争力。科特勒认为，在市场营销相关理论下推动城市形象的包装与发展，可以提高城市竞争力。①

一个普遍认同的观点是，城市竞争力不仅包括规模面积、经济体量、人口数量等“硬件”，而且包括“城市形象”在内的城市“软实力”②亦是城市综合竞争力的重要组成部分。良好的城市形象是城市重要的竞争力资本，对内可以有效提升市民的归属感、自豪感和凝聚力，对外可以提升城市的知名度和影响力，成为吸引旅游者、投资者的名片，对推动城市经济发展和综合竞争力起到直接的转化作用。

第二节 宁波城市形象的演进、主要特征和问题

一、宁波城市形象的演进

（一）20 世纪 90 年代之前：“现代化港口城市”

宁波自古以来就是我国东南沿海的重要港口，港口是宁波最大的资源和最

① 于涛，张京祥．城市营销的发展历程、研究进展及思考[J]．城市问题，2007(9)：96-101.

② 城市软实力还包括城市的政府管理能力、文化竞争力、知名度、美誉度、影响力等要素。

典型的特征。宁波人对于港口有着与生俱来的情愫，没有宁波港，今天的宁波将是另外一种城市形态。邓小平曾说："宁波的优势有两个，一个是宁波港，一个是'宁波帮'。"①港口不仅是对外交流通商的渠道，而且已经内化为一种文化。不少宁波人的记忆深处，浮现着这样的场景："闭上眼睛，出现在我面前的是江水滔滔，它日日夜夜地奔腾着，永不停息，两岸沉重的铁链锁着铁链，桥面是一块块木板，搁在几只巨大的锈蚀了的轮船上，随着风浪的动荡起伏着，从木板的缝隙中看得见浑黄的江水急骤地打着旋，卷起古铜色的浪花，带着一股凉意执著地扑向远方——远方泛起幽蓝色的光，那是大海，江水正朝着海的方向奔去。"②

改革开放以来，宁波市制定实施了"以港兴市、以市促港"的发展战略，港口在带动宁波城市发展中起到了至关重要的作用，港口、城市、产业融合发展成为宁波经济社会发展的重要动力。目前，宁波港是中国大陆拥有大型和特大型深水泊位最多的港口，与世界100多个国家和地区的600多个港口通航，已成为世界闻名的综合性国际深水枢纽港；港口的资源配置、物流集运转运和增值服务能力位居中国港口乃至国际港口前列；大宗商品交易市场不断发展国际航运中心的服务功能日渐增强，正在加快建设亚太地区高端航运服务业集聚区；港口信息化建设成就显著，口岸通关效率在世界港口中位居前列。2023年，宁波舟山港货物吞吐量达13.24亿吨，集装箱吞吐量达3530.08万标准箱，居中国港口第3位。可以说，港口已经成为宁波经济社会发展的优势所在，成为宁波对外开放的重要引擎，成为宁波与世界各地交流的窗口，成为宁波重要的"城市名片"。围绕着这一优势，宁波开始明确着力打造港口城市形象：1980年，宁波市第五次党代会提出，逐步把宁波建设成为现代化的港口城市；1984年，宁波市第六次党代会提出，努力把宁波建设成为浙江的重要工业基地和以出口加工工业、国际转口贸易为中心的综合性的现代化港口城市；1989年，宁波市第七次党代会提出，进一步实施经济和社会发展战略，保持经济稳定健康发展。

① 中共中央文献研究室．回忆邓小平(下)[M]．北京：中央文献出版社，1998：157.

② 夏真．水决定着这个城市的秉性[N]．宁波日报，2006-10-17(B1).

与“官方”的现代化港口城市形象相呼应，人们印象中的宁波形象，是“四个头”，即“蒋光头、和尚头、芋艿头、北仑码头”①。其中，“蒋光头”指的是蒋介石。“和尚头”有两种说法，第一种说法是指雪窦寺的弥勒佛，相传唐末五代奉化僧人的布袋和尚，名契此，眉皱而腹大，出语无定，笑口常开，随处寝卧。他常用木杖挑着一口布袋出街入市，见物就乞，别人供养的东西统统全放进布袋，却从来没有人见他把东西倒出来过。然而令人称奇的是，那口布袋也从来没有被填满过。布袋和尚圆寂后，人皆以为他是弥勒转世，被奉为大肚弥勒佛。第二种说法意指宁波寺庙众多，如阿育王寺、天童寺等。“芋艿头”是宁波奉化特有的一种单重 1 千克以上的芋头，属天南星科芋类魁芋属，为多年生草本球茎作物。“芋艿头”是中国国家地理标志产品，俗有“跑过三关六码头，吃过奉化芋艿头”的谚语。北仑码头即北仑港，历史上是宁波市的重要经济支柱，系深水良港，位于甬江口门东侧金塘水道南岸，因邻近有北仑山而得名。“四个头”反映的是宁波较为知名的历史人物和风物特色，虽然诙谐上口但仅是流于表象的概括。随着经济实力的增长和城市现代文明的发展，从 20 世纪 90 年代开始，宁波市开始在提炼和传播城市形象上下功夫。

（二）1992—2009 年：“东方商埠，时尚水都”

宁波城市形象的塑造，始于从地理特征、支柱产业的角度来描摹城市的特征。② 1992 年，宁波市委七届六次全会扩大会议上就提出“以港兴市，以市促港”的发展思路。1998 年，宁波成为第一批中国优秀旅游城市称号后，借培育旅游产业之机，提出了新的城市形象宣传口号——“东方商埠，时尚水都”。2004 年，宁波市提前一年建成“旅游大市”，旅游总收入相当于城市 GDP 的 9.51%，旅游业已成为宁波城市经济发展的支柱产业。如今的宁波城市不只是那“四个头”了，可看可玩的地方不胜枚举。2006 年，宁波市政府常务会议审议通过的《宁波市旅游发展总体规划纲要》提出，未来十五年，将以“一核一廊两翼五圈”

① 邵慧．短视频时代宁波城市形象提升路径[J]．中国广播电视学刊，2019(3)：38-40.
② 邵慧．短视频时代宁波城市形象提升路径[J]．中国广播电视学刊，2019(3)：38-40.

为空间发展布局，重点打造“东方商埠、时尚水都”旅游城市形象。

但宁波人也深知自己的弱势在哪里。“宁波有山，但却比不上相邻的黄山；宁波有水，但却没有杭州西湖那样有名；宁波有佛教文化，但普陀山的名气实在是太大了。宁波的旅游资源丰富，但相对来说其单体资源的分量就远远不够了。”①

随着宁波新一轮城市发展的不断深入，宁波市经济建设和城市建设不断迈上新的台阶，城市形象的凝练和提升工作显得越来越重要。在此背景下，宁波市开展了一系列的城市形象专题研究活动。21世纪以来，宁波市各相关部门及研究机构对城市形象进行了专题式、系统化研究，重点涉及概念性设计、操作性设计、整治性设计等领域。2007年由宁波市委外宣办、宁波日报报业集团和复旦大学国际公共关系研究中心三方组成的课题组，出版了《城市形象与软实力——宁波城市形象竞争战略研究》一书。这一著作的形成出版，既为宁波城市形象塑造提升提供了决策参考，也彰显了宁波市为了改善城市形象所付出的不懈努力。

(三)2009年至今：书藏古今，港通天下

2009年4月15日，由宁波市人民政府新闻办公室、宁波市旅游局、宁波市文广新闻出版局、宁波日报报业集团和宁波广播电视集团联合向海内外公开征集宁波城市形象主题口号。征集活动一开始即在海内外掀起了一股“宁波形象热”，在为期两个月的活动中，共征集到42715件作品，参与者中有两院院士、公务员、教师、医生、军人、作家、诗人、学生、退休人员、农民、外来务工者等各个阶层人士。组委会组织专家组和各界代表，依据“独特性、引领性、生动性、通俗性、原创性、衍生性、语义明确性”的评选原则，逐一审看全部投稿作品，优选出30条口号，在此基础上组织公众投票选择最佳城市形象口号。

2009年8月20日下午，宁波市人民政府向海内外宣布：宁波城市形象主题

① 邵春，张洵涛，苏小玲．崛起的东方商埠时尚水都[N]．中国旅游报，2004-10-15(7).

口号为“书藏古今，港通天下——中国宁波”。① 这一城市形象主体口号凸显了宁波的历史文化底蕴和现代经济发展水平，同时意指宁波人开放、创新的精神面貌。

2011年，宁波市启动了城市形象拍摄宣传推介活动，不断选择新主题，凝练新的城市特色元素，拍摄了以“书藏古今，港通天下”为主题的一系列城市形象宣传片，在央视一套、央视新闻频道等高规格媒体播出，取得了良好的传播效果。

2022年，宁波市第十四次党代会又明确提出“加快‘港产城文’融合发展，建设现代化滨海大都市”的城市发展目标。从“大港”到“强市”，从“历史文化名城”到“国际名城名都”，既是宁波城市发展的科学规划，也是宁波未来城市形象建设的主要目标。

二、宁波城市形象的三大特征

习近平总书记在浙江工作期间，曾要求宁波“要以更高的标准、更大的气魄、更宽的视野、更高的品位，建设现代化大都市”②。宁波作为我国长三角地区南翼的经济中心和亚太国际门户的重要城市，拥有天然的地理资源禀赋优势、深厚的历史文化底蕴和发达的民营经济，具有塑造和提升城市形象的天然优势。从历

① “书藏古今，港通天下”之所以能够成为宁波市的城市形象主题口号，最重要的原因就在于它的内涵符合宁波城市的特质。“书藏古今”，狭义上指的是亚洲最大、世界第二的私家藏书楼天一阁。历经几百年风雨的天一阁，收藏的不仅是书籍，更有深厚的文化；广义上则寓意宁波是一座有着8000年文明史的书香之城、文化之城。“书”，透出城市浓厚的文化气息；“藏”，蕴含着城市博大的包容精神；“古”，彰显了历史文化名城拥有的悠久的历史演变和深厚的文化底蕴；“今”，体现了宁波人在传承历史文化的基础上，努力形成历史文化和现代文明交相辉映的格局。“港通天下”，气势上开阔豪迈，不仅涵盖宁波历史上的开放地位和盛况，而且突出了宁波现代国际港口城市的特色。自唐宋以来，宁波一直是我国连接世界的重要商埠。今天，举世闻名的宁波港与世界100多个国家600多个港口紧紧相连。“通天下”三字既体现了宁波的交通便利，又是宁波港城经过30年改革开放取得的发展成就的写照，同时寓意着宁波人开放、开拓、创新的精神。综合起来，“书藏”和“港通”，既包容又开放，既有精神层面的意蕴又有物质层面的具象，互为映衬、相得益彰。

② 习近平．干在实处 走在前列——推进浙江新发展的思考与实践[M]．北京：中央党校出版社，2006：486.

史角度来看，宁波是一座历史文化名城，拥有 7000 多年的河姆渡文化，有着 1100 多年的建城史，是古代海上丝绸之路的重要始发港，被誉为记载古丝绸之路的“活化石”。从地理角度来看，宁波地处东海之滨、长三角南翼，是中国大运河的出海口，大运河与海上丝绸之路的唯一交会城市。海洋文化、藏书文化和甬商文化是宁波城市形象最主要的三大特征。

（一）港通天下——历久弥新的现代化滨海大都市

作为中国最古老的港口之一、海上丝绸之路和中国大运河的唯一节点城市，宁波兼得江河湖海之利，自古以来就是我国利用海洋同世界各国交流的主要口岸，是“海上丝绸之路”和“海上陶瓷之路”的始发港。宋元时期，宁波成为中国海外贸易的主要港口，当时很多日本人“只知有宁波港而不知有东京、洛阳”。不过，随着明清“海禁”政策的出台，宁波的港口发展受到了很大的冲击，地位日益式微。

鸦片战争后，中英签订《南京条约》，宁波正式对外通商开埠，宁波港由帆船港转变为轮船港。各国商人蜂拥至宁波，英、法等国采用夺取主权、建立据点、霸占海关、控制海口、垄断航运等对中国进行殖民掠夺，但也在客观上推动了宁波港和宁波城市的近代化进程。到了 20 世纪二三十年代，江北岸甬江近乎淤塞。1947 年，海运业渐趋于衰败，中小轮船公司不断倒闭。1949 年，“甬江无一艘可航行海运船，无一完整码头”。

历经了改革开放 40 多年的砥砺前行，宁波市逐步建成了集内河港、河口港、海峡港于一体，大中小泊位配套齐全的多功能、综合性现代化港口。2005 年 12 月 20 日，“宁波—舟山港”实现战略性合并；2006 年全港货物吞吐量突破 4 亿吨；2009 年，货物吞吐量 5. 77 亿吨；2017 年成为全球首个货物吞吐量突破 10 亿吨的港口。

目前，宁波舟山港是中国大陆拥有大型和特大型深水泊位最多的港口，与世界 100 多个国家和地区的 600 多个港口通航，已成为世界闻名的综合性国际深水枢纽港。2021 年 9 月，宁波舟山港集团获得了中国港口界的第一个“中国质量奖”，实现了浙江省中国质量奖零的突破。2022 年，宁波舟山港货物吞吐量突破

12.6亿吨，连续14年保持全球首位。

2022年宁波的GDP为15704.3亿元，全国排名第十二，增量1109.38亿元。目前，宁波市有两个万亿级产业(绿色石化和高端装备)；5000亿级产业有两个(新材料和汽车零部件)；千亿级产业包括家用电器、纺织服装、文体用品等，并且持续布局发力生物医药、节能环保、新能源、深海空天等未来产业。宁波市擘画了“两大枢纽、三大创新中心和五大滨海时尚都市区”的战略规划布局，其中两大枢纽分别是世界级的宁波舟山港和宁波西空铁一体枢纽；三大创新中心包括甬江科创区、前湾新区和东部滨海组团；五大滨海时尚都市区包括中央活力区、翠屏山、东钱湖-福泉山、象山港、象山东部滨海。如今，“全球第一大港”正步履铿锵地踏上建设世界级现代化滨海大都市的新征程。

第19届亚运会于2023年9月23日至10月8日在中国浙江省举办，宁波市有效把握作为亚运会协办城市的历史机遇，向世界充分展示了“魅力宁波”“精彩宁波”“活力宁波”“温暖宁波”的现代化滨海大都市形象。自9月12日亚运会火炬宁波站传递到亚运会胜利闭幕，各级各类媒体累计刊播相关报道4900余篇(条)，中央省级媒体刊播1700余篇(条)，全网传播量超4.6亿人次，使宁波的千年文化底蕴和当代风采得以在世界舞台展示。宁波城市形象持续在各界引起热烈反响，取得了“满堂喝彩”的效果，让世人充分领略了宁波这座古老而又现代化滨海大都市的风采。

(二)书藏古今——独具特色的历史文化名城

习近平曾强调：“历史文化是城市的灵魂，要像爱惜自己的生命一样保护好城市历史文化遗产。”①从历史上看，宁波是一座历史文化名城，拥有7000多年的河姆渡文化，有着1100多年的建城史，是古代“海上丝绸之路”和“海上陶瓷之路”的重要始发港，被誉为记载古丝绸之路的“活化石”。凭借悠久的历史，宁波素有“文献名帮”和“文物之邦”的美誉。

① 中共中央党史和文献研究院. 习近平关于城市工作论述摘编[M]. 北京：中央文献出版社，2023：100.

宁波市的藏书文化享誉海内外，目前珍藏的古文献和地方文献逾 40 万卷，在我国藏书史上绝无仅有。书藏古今的天一阁，是宁波的地标建筑，也是世界上最悠久的三大家族图书馆和中国现存最古老的私人藏书馆。

宁波拥有历史悠久的宗教文化和宗教建筑，如“东南佛国”天童寺、阿育王寺、保国寺和全国佛教五大名山之一的雪窦山等。天童寺是一座有着 1700 多年历史的禅宗道场，是日本曹洞宗祖庭；千年古寺阿育王寺，素有东南佛国的美誉，是佛教禅宗名寺，如今寺内保留有众多历史遗迹和珍藏包括“释迦牟尼真身舍利”在内的佛教珍宝；保国寺在东汉时期初名灵山寺，唐广明元年(880)重建，唐僖宗李儇赐“保国寺”匾额，故得此名。位于雪窦山的雪窦寺，至今已有 1700 余年历史，千百年来，香火旺盛，高僧辈出，是弥勒佛的根本道场。

众多历史名人在宁波留下了足迹。北宋庆历年间，王安石任鄞县知县，为倡导重教好学的风气，专门请来杨适、杜醇、楼郁、王致、王说五位大儒进城办学，号称“庆历五先生”。五人兴教重学，历 30 余年，弟子甚众，四明学风为之一振，浙东学派自此萌芽。宁波市奉化区六诏村的名称来历则与东晋书法家王羲之有关。相传王羲之因受排挤辞去“右军”之职，曾隐居于此，晋穆帝六次下诏书请他回朝而不返，故名“六诏”。

发源于宁波的浙东学派在中国文化发展史上占有重要地位。王阳明、黄宗羲两位著名学者都是宁波人。浙东学派思想内核主要体现在“学术宗旨上的经世致用、注重事功，学术精神上的砥砺奋进、破旧立新，思想方法上的实事求是、注重文史”。从阳明心学的普及到经世致用发展理念的提出，浙东学术思想至今仍为中华文化思想注入源源不断的活力。宁波城市形象宣传片《东方神韵，人文宁波》专门设置了一个篇章讲述浙东学派对宁波文化的深远影响，详细介绍了宁波是“四明学派”“姚江学派”“浙东史学”的交会之地。各学派在宁波迤逦相延，成就了“知行合一、经世致用”的浙东文化精神。

同时，宁波还是名邦故里。宁波自古重教弘文，涌现出王阳明、黄宗羲、朱舜水、全祖望等历史文化名人，以及潘天寿、沙孟海、童第周、谈家桢、柔石、冯骥才、路甬祥等近现代名家。

宁波拥有大量历史文化遗迹。据统计，宁波市有各级非物质文化遗产项目

402个、非遗传承基地32个，在计划单列城市中名列前茅。月湖、四明山、东钱湖、慈城镇、庆安会馆和它山堰等不胜枚举，其中很多地名有上千年的历史。为了传承和保护宁波地名文化遗产，结合第二次全国地名普查工作，2016年，宁波市民政局与宁波日报报业集团合作，开展"寻访宁波最美老地名"活动。最终评选出世界文化遗产中国大运河(宁波段)遗产点3个；国家级历史文化名镇3座；全国重点文物保护单位11个；国家级旅游度假区1个；国家重点风景名胜区1个；全国红色旅游经典景区1个。

这些古老的历史文化遗迹，古朴厚重又散发着勃勃生机，见证了宁波的历史岁月变迁，展示了宁波市的文化底蕴，也成就了宁波这座独具特色的历史文化名城。

(三)经济繁荣——蒸蒸日上的智能制造名城

宁波自古有泛海经商的传统，晚清时期宁波成为中国第一批开埠的沿海通商口岸之一，甬商从宁波老外滩码头出海经商，足迹遍布五洲四海，在近代中国的经济发展进程中起到了积极作用。现在宁波市是中国华东地区的重要工商业城市，也是浙江省经济中心之一。作为中国的重要制造业基地，宁波三大支柱产业分别为制造业、商贸物流业和现代服务业，制造业主要涉及化工、轻工、机械制造等领域。

1984年，邓小平同志提出"把全世界的'宁波帮'都动员起来建设宁波"的口号。以"世界船王"包玉刚为首的众多甬商企业家，积极响应号召，回乡捐资办学，投资兴业，"宁波帮，帮宁波"的优良传统一直延续至今。如今在宁波随处可见甬商们捐助的学校、图书馆和医院等。

作为中国制造业版图中不可或缺的重要一环，宁波制造以其深厚的历史底蕴、蓬勃的发展动力和巨大的未来潜力，展现出中国先进制造业的硬核实力。2021年、2022年连续两年，宁波工业增加值稳居全国城市排名第7位。宁波还是拥有11个"全国唯一"的特色产业之都，凭实力赢得了"冠军之城"的荣耀。在制造业"单项冠军"方面，从2016年开始，工信部已经发布了七批全国制造业"单项冠军"企业名单，全国共计有1200家企业上榜，其中，宁波有83家制造业企业上榜，组成宁波制造的"最强天团"，总数位居全国城市第一。

截至 2023 年 10 月，在工信部公布的五批专精特新“小巨人”企业中，宁波市的“小巨人”企业数量累计已达 352 家，占整个浙江省的 24.58%；排在北京、深圳、上海、苏州之后，位居全国城市第五。在这些企业中，主导产品市场占有率全球第一的企业有 110 家，占比为 28.65%；市场占有率全国第一的有 262 家，占比为 68.23%。这些数据显示，“专”与“精”已经成为宁波国家级专精特新“小巨人”企业高质量发展的基石。

宁波作为一座外贸之城，其国际贸易始终保持稳定且良好的态势。宁波舟山港是中国最大的集装箱港口，也是全球重要的运输枢纽，为宁波出口贸易提供了强大的物流支持。宁波充分发挥港口、贸易和制造业的优势，进出口贸易规模稳居全国前列。2023 年 1—7 月，中国出口贸易十强城市排名中宁波位居第五位，全市的进出口贸易总额为 7276.5 亿元，充分体现了其强大的经济实力。值得一提的是，在出口方面，宁波主要以机电产品、高新技术产品为主，其中机电产品占比超过 50%。

作为中国重要的先进制造业和重要商贸基地，宁波制造在推动中国制造业转型升级、提升全球竞争力和提升城市形象方面发挥了举足轻重的作用。在第 19 届亚运会上，超过 20 家宁波企业深度参与了场馆建设和赛事保障工作，如音王控股承担了近八成新建亚运场馆的音响设备供应，大丰实业参与了杭州奥体中心体育场、游泳馆等 36 个亚运场馆的建设，方太集团锻造了亚运火炬“薪火”等，展现了宁波制造的强大实力和独特魅力。

三、新时期宁波城市形象塑造面临的问题

(一)城市形象辨识度不高

笔者团队赴北京、上海、深圳、广州、重庆、成都、青岛、杭州、三亚、拉萨、西安、昆明、宁波、南昌、哈尔滨 15 座城市展开问卷调查，通过实地采访和视频采访等方式向百位被采访者提问。① 在问卷中，对城市形象的表述最鲜明

① 实地采访的主要对象是生活在宁波的高校师生和市民(占比 50%)，视频采访了北京、上海、深圳、青岛、西安 5 座城市的市民(占比 50%)；由于问卷涉及城市众多，考虑到认知度和表达能力等问题，此次采访对象总数的 85%为本科以上学历。

的是北京、上海、昆明和哈尔滨：在对北京的形象表述中，受访者以首都、政治中心、心脏三个高频词汇来形容；上海则集中了经济中心、金融中心两个词汇；近百位受访者用“春城”“四季如春”来形容昆明，而对于哈尔滨的描述，则集中在“冰雪之都”“冰雪之城”的表述上。

在此次实地采访中，对被访问城市表述最分散的有两座城市——广州和宁波，近一半受访者或者表示“不太了解”，或者表示“无法用一个词语或一句话来描述”两座城市，其中不少学者同时给予广州和宁波类似于“历史文化名城”和“沿海城市”的相同表述，特别是宁波市民在对宁波城市形象的表述中，常常陷入“哑口无言”的状态，也有宁波市民用“麻雀”(麻雀虽小，五脏俱全，但缺乏特色形象之意)来形容这座自己无比熟悉的城市。多数宁波被访者在对“宁波形象”的提问中回答道：“宁波目前尚缺乏鲜明的城市形象”，“发展得很好、很有人情味，但城市性格不是很鲜明”，等等。

其实，关于宁波城市影响的问题，已经有不少学者做出了深刻的研究并提出了建设性的意见。针对宁波“城市形象定位多点聚焦”问题，有研究者认为“支撑城市形象设计定位的战略性、核心资源分析不够”，宁波虽然先后提出过“东方商埠、时尚水都”“东方大港”“休闲旅游之都”“会展之都”“历史文化名城”等各种城市形象定位，但始终没有形成一个能包容城市建设发展各个方面、反映宁波城市特色且能一以贯之的城市形象总体定位表述。① 对于城市地标和文化地标问题，研究者也普遍认为宁波缺乏显著的城市形象地标。从城市形象宣传的视角来看，“书藏古今、港通天下”的城市宣传口号有其合理性，在提取人们对宁波的城市记忆方面，天一阁和北仑港确实是对宁波符号化的表征。但这种记忆提取更适合的是内宣，对城市形象的国际传播来说，“天一阁‘说书不见书’、宁波‘看海不见海’”的城市印象反而不利于国际化传播和跨文化叙事。② 不少研究者还认为，宁波缺少统一明晰的形象定位和核心理念，其城市形象建构与传播工作往往

---

① 姜建蓉，陈建祥，张英，等．宁波城市文化品质提升的难点与对策研究[J]．宁波经济(三江论坛)，2019(10)：27-29，34.

② 庞燕．宁波国际形象建设的困境与路径[J]．宁波经济(三江论坛)，2022(11)：10-13.

只是紧跟市委、市政府不同时期规划或建设的目标进行。①

的确，宁波与上海、青岛等同为滨海城市、现代化之都。在同类城市中，其形象定位略显“平淡”，城市品牌形象不够突出，在自身城市形象的凝练上过于凸显其一般性，而没有充分抓住其“异质性”，较难形成令人触目难忘的深刻印象。

(二)城市形象传播力度不足

多年来，宁波在城市形象建构和传播上虽然投入了不少人力、财力和社会力量，但总体效果不甚理想，这与城市形象传播力度不足有很大关系。

同样有学者做的问卷调查显示，“大多数人对宁波的印象仅限于较为老牌的城市这个城市标签，大众对于宁波时尚之都的新形象还不完全了解，宁波时尚城市形象的传播力还需进一步提高”，问卷还显示，宁波市民“对于东方滨海时尚之都、国家历史文化名城、古丝绸之路的活化石的认知度占比都在10%以下”。②宁波在城市形象传播中没有对各种媒体和渠道进行有效整合规划，不同职能部门通过自己掌握或熟悉的媒体和渠道进行传播，导致媒体与传播内容、覆盖受众错位，从而影响了传播效果。③

造成以上问题的原因，一是城市形象塑造各自为政。目前，宁波的城市形象建设还只是一个职能性、局部性的工作，主要由宣传、发改、规划、城建、旅游、文化、环保等职能部门分头负责，尚未上升到市委、市政府的工作层面。相关职能部门大多只是从自身职能及部门资源出发对城市形象进行塑造提升，由此造成城市形象多头定位、多头建设、多头宣传的现象。④ 二是缺少高水平的专业

---

① 宁波市委宣传部课题组．定位“一带一路”枢纽 全力提升城市形象：宁波，在探索城市品牌之路上前行[J]．宁波通讯，2019(11)：64-66.

② 张亚丽，李书彦．宁波时尚城市形象传播力亟待提升[J]．宁波经济(财经视点)，2022(11)：43.

③ 宁波市委宣传部课题组．定位“一带一路”枢纽 全力提升城市形象：宁波，在探索城市品牌之路上前行[J]．宁波通讯，2019(11)：64-66.

④ 姜建蓉，陈建祥，张英，等．宁波城市文化品质提升的难点与对策研究[J]．宁波经济(三江论坛)，2019(10)：27-29，34.

策划团队或机构。城市形象传播活动要达到理想效果，需要将各种资源要素组合起来，制订传播计划，创新传播形式。这就需要设立一个专业的、高水平的策划团队或机构，以提升城市形象传播活动的精准度和有效性。三是缺乏传播媒体和推广渠道的有效整合。宁波在城市形象传播中没有对各种媒体和渠道进行有效整合规划，不同职能部门通过自己掌握或熟悉的媒体和渠道进行传播，导致媒体与传播内容、覆盖受众错位，影响传播效果，导致各自为政，没有形成合力。①

第三节　宁波城市形象的塑造和传播策略

塑造和提升城市品牌形象是一个长期、系统的工程，不可能一蹴而就。城市形象的建设需要随着时代的步伐不断更新思路，抓好城市品牌形象建设。同时，只有整合运用各种传播手段，才能使城市形象传播工作富有成效，从而促进宁波城市品牌形象的塑造。

一、重视长远规划，明确城市形象的时空定位

（一）做好顶层设计和长远规划，持续推进城市形象建设

2014 年 2 月，习近平总书记在北京考察工作时就曾强调："城市规划在城市发展中起着重要引领作用，考察一个城市首先看规划，规划科学是最大的效益，规划失误是最大的浪费，规划折腾是最大的忌讳。"②2022 年 2 月 23 日，中国共产党宁波市第十四次代表大会开幕，彭佳学同志作大会报告，他指出："未来五年，宁波要努力打造全球智造创新之都、国际开放枢纽之都、东方滨海时尚之都、全国文明典范之都、城乡幸福共富之都、一流智慧善治之都，奋力开创现代

① 宁波市委宣传部课题组．定位"一带一路"枢纽 全力提升城市形象：宁波，在探索城市品牌之路上前行[J]．宁波通讯，2019(11)：64-66.

② 中共中央党史和文献研究院．习近平关于城市工作论述摘编[M]．北京：中央文献出版社，2023：74-75.

化滨海大都市建设新局面。”①未来相当长的时间内，宁波市要依据既有规划，发挥知难而进的城市精神，将宁波市“现代化滨海大都市”的城市形象进一步提升。

（二）反复论证，优化宁波城市形象的时空定位

在城市竞争日趋激烈的情况下，各城市在发展城市“硬实力”的同时，努力提升包括城市形象在内的“软实力”，以提升其对外吸引力，增强城市综合竞争力。塑造与提升城市品牌形象属于城市发展战略范畴，城市形象建设事关城市全局工作，是城市的整体行为，但其行动主体又是多元的，包括各个部门、行业和人群。完善的组织架构体系是城市形象建设的基石，这需要建立在一个政府主导下，协调各个机构、团体和人群的宁波城市形象建设的成熟运作机制，打造一个高效率、组织性强和分工明确的宁波城市形象建设体系。同时，在城市形象的塑造上，要明确不同历史时期城市所具有的鲜明个性特征，在地理范围上，要明确在全国甚至是全世界范围内的个性定位。

二、讲好城市的故事，撬动流量密码

在对外传播中我们常常谈及“讲好中国故事、传播好中国声音，展现真实、立体、全面的中国”，尤其是在城市形象的传播上，我们更要重视“讲好故事”的作用。

带有故事性的传播往往比讲述客观事实和空喊口号更能够引起大众的情感共鸣，特别是在融媒体、短视频时代，一个好的故事往往能在瞬间感动万千网友，形成现象级的巨大流量。2023 年夏天火遍全国的“淄博烧烤”初兴起时，人们还摸不着头脑，“全国各地都有烧烤，淄博的烧烤有何不同”？直到《淄博曾请万名隔离大学生吃烧烤》的视频在全网传播开来，一个简单美食背后的感人美妙故事，瞬间撬动了互联网的流量密码，淄博城市和人民热情、好客、温暖的形象骤然升华，引得全国各地网友热血奔赴，整个淄博市烧烤店一座难求，整个淄博的宾馆

① 彭佳学. 胸怀两个大局　服务国之大者　勇担时代大任　为加快建设现代化滨海大都市而努力奋斗——在中国共产党宁波市第十四次代表大会上的报告[R/OL]. 宁波通讯，2022(Z1)，DOI:10.16710/j.cnki.cn33-1272/d.2022.z1.038.

一房难求！

回看宁波，世人尽知中国的河姆渡文化及其对中华文明的意义，却不知其发现于宁波的河姆渡镇；世人只知道王阳明的“心学”影响深远，近些年在全国甚至全球出现了“阳明热”“心学热”，却少有人知道王阳明是宁波余姚人；几乎无人不知邵氏影业的电影和邵逸夫先生在全国各个大学捐赠的“逸夫楼”，但却少有人知道邵逸夫是宁波鄞州人；国人皆知第一位获得诺贝尔科学奖项的中国本土科学家屠呦呦，知其在青蒿素的研究开发中为人类生命所作出的巨大贡献，却少有人知道她出生于浙江宁波；世人知道宁波有座天一阁——“是一座古代的藏书楼”，但却不知其建造者明朝大臣范钦，不知其不仅是一位嗜书如命的文人，还是一位文武双全、可平定叛乱和部署抗倭的“兵部右侍郎”。而且，乾隆帝见范家藏书数百年不毁，于是敕命测绘天一阁的房屋、书橱的款式，“欲仿其藏书之法，以垂久远”，兴造了著名的“南北七阁”，用来收藏所撰修的七套《四库全书》。

新时代宁波的感人故事、暖心故事如“顺其自然”“支教奶奶”“育人使者”“钢琴奶奶”等数不胜数，但也只是在较小的范围内得到传播。以上种种，不胜枚举，这其中大有文章可作。

三、深挖历史文化特色，凸显城市形象

2002 年 4 月，时任福建省省长的习近平为《福州古厝》一书作序。他在序中也写道：“现在许多城市在开发建设中，毁掉许多古建筑，搬来许多洋建筑，城市逐渐失去个性。在城市建设开发时，应注意吸收传统建筑的语言，这有利于保持城市的个性。”①

城市文化是一座城市内在的生命力，展现着城市的道德规范、人文素养、风俗特征。宁波的历史可以追溯到约 7000 年前的河姆渡文化，经过数千年的传承和积淀，孕育出阳明文化、慈孝文化、藏书文化、甬商文化等一系列优秀传统文化。其现代文化特色景观和文化节日，如宁波市“文化和自然遗产日”非遗主题

① 习近平.《福州古厝》序[N]. 人民日报，2019-06-09.

活动、中华慈孝节、中国(象山)开渔节、中国徐霞客开游节等特色文化节庆活动，亦发挥了城市形象的开发和宣传作用，对于凸显宁波悠久的历史文化特色、提升城市的曝光度，均起到了重要作用。

城市景观是塑造城市形象的重要内容，是外显的、直观的城市形象，在突出城市特色和强化城市形象方面发挥着重要的作用。具有标志性的城市景观甚至可以代表一座城市的外在形象，如北京的故宫、上海的东方明珠广播电视塔、广州的“小蛮腰”、杭州的西湖、武汉的黄鹤楼等。宁波特色历史文化景观众多，宁波博物馆、宁波帮博物馆、宁波美术馆、天一阁博物院等优秀文化建筑比比皆是；宁波市古镇众多，如慈城古镇、南塘老街、走马塘村等。若对这些城市景观根据其历史风貌和空间格局做有序的规划、保护和开发，将对提升城市形象大有裨益。

如何将宁波市的历史文化遗迹，富有文化特色的景观、节庆和城市景观的内涵、意义和故事进一步诠释，有计划地开发、开放，凸显地域特色和历史文化底蕴，加大宣传力度，吸引全国乃至全球的媒体用户、游客和投资者的目光，是宁波市城市形象塑造和宣传的重要一环。

四、整合传播渠道，重视短视频等新传播主体和用户

在过去，城市形象宣传的一个重要思路是制作城市形象宣传片并投放于各大主流媒体中。在新媒体时代，如果继续这样的思路会造成受众范围窄、传播力度不足和制作成本与影响力不成正比等问题。随着媒介技术的发展，其传播载体和呈现形式在不断发生变化，城市形象的传播理念和方式也必然要顺应新媒体时代的发展潮流。

在移动互联网时代，短视频凭借其裂变速度快、娱乐化和碎片化等特点，已经成为移动终端的主要消费方式，这为城市的形象宣传带来了新的契机。反观近几年的短视频火爆，不仅捧红了大量的网红和直播带货人群，也塑造和提升了不同城市的鲜明形象。这些城市以其独特的城市风貌、地理标志、民俗文化和特色饮食成为“网红城市”，如轻轨穿过高楼的重庆、花样冰激淋的厦门、天空之境的青海、烧烤之城淄博等。

中国互联网信息中心于2023年8月发布的第52次《中国互联网络发展状况统计报告》显示，截至2023年6月，中国网民规模达到10.79亿，其中短视频用户规模为10.26亿，占网民整体的95.2%。短视频当前在广大互联网用户中的使用频率和占比时间巨大，其采用大数据用户画像和即时推送的手段，可将城市形象短片进行有效推送，这样传播效果就不言而喻。同时，通过智能手机等终端进行传播，可方便人们利用碎片化的时间观看并接收城市形象短视频宣传片所传达的创作理念，进而有效扩大受众范围。

鉴于上述传播渠道的优势，其一，要在短视频的制作手法和拍摄理念上贴合短视频用户的使用场景和习惯，做到传播内容、方式和理念的全面转型。其二，要打破“城市宣传片的制作主体是政府部门”的传统观念，鼓励和引导市民和来宁波旅游、短居的人群等记录在宁波的生活，扩大传播主体范围，传播宁波市的城市建筑、历史遗迹、人文关怀、城市环境等有利于提升宁波城市形象的短视频，在增强城市居民和来访者、旅行者参与感的同时，提升宁波城市形象的传播效果。其三，宁波市可以与各大平台及其头部短视频博主进行合作，尝试推出“宁波城市短视频创作大赛”等短视频城市宣传活动，激励多元主体的创作热情，掀起一股宁波城市形象短视频的拍摄热潮。

值得注意的一点是，截至2023年6月，“网络直播”的用户规模达到7.65亿，较2022年12月增长了2%，其发展方兴未艾且潜力巨大。在城市形象传播中如何“先行一步”，较早抓住这种潜力巨大的传播方式，是宁波市在未来城市形象传播中需要引起思考的一个方面。

五、加强国际传播，推动城市形象的国际化

《宁波市“十四五”文化发展规划》的第十部分“完善城市对外传播体系”，提出要创新对外传播理念，拓展对外传播渠道，提升对外传播能力，扩大对外文化交流，进一步提高城市知名度、美誉度。

对外传播是城市形象塑造和提升的关键一环，首先宁波市应有效利用新媒体国际平台建设的发展机遇，提升宁波电视台新闻综合频道 Ningbo Focus、宁波电台交通广播 Hearing Ningbo 、宁波晚报 Insight Ningbo 等国际传播渠道的影响力，

推进宁波城市形象的对外传播。其次，宁波市可借助大型会议和赛事的机遇传播城市形象。例如，依托其强大的经济实力、地缘优势和人文资源优势，主动承接国家和省级对外文化交流项目，把握承办“中国—中东欧博览会”、甬港经济合作论坛、海丝之路文旅博览会、海外宁波周等大型会议和体育赛事的机遇，让大家实地感受到宁波城市风采和城市形象，进一步做大“朋友圈”和“粉丝团”，鼓励各类人群运用自媒体传播等方式，拓展民间对外传播渠道，传达宁波城市形象，最后宁波还可加强对外联系和交流的协会等渠道建设。例如，用好海外“宁波帮”资源，依托同乡会、联谊会、商会等组织，发展海外传播团、代言人，以传递宁波城市形象。

第九章　宁波城市精神及其弘扬

城市是当今世界人们日常生活的家园，数十亿人生活在各大洲的不同城市中。作为人类历史发展的产物，城市是人类文明发展史上的伟大创造，是人类社会进入到文明时代的标志。从新石器时代开始，城市的历史距今只有6000多年，仅相当于人类历史的千分之二。① 城市精神是城市在长期发展过程中凝聚的城市形象、文化传统、价值观念和市民精神面貌等诸多方面的总和，集中体现了城市的历史积淀和精神风貌，是一座城市独特的文化标识。

第一节　城市精神及其表达

一、城市精神

刘易斯·芒福德在他的名著《城市的发展史——起源、演变和前景》中开篇问道：城市是什么？它是如何产生的？又经历了哪些过程？有什么功能？它起了什么作用？达到哪些目的？② 城市，在《辞源》中被解释为人口密集、工商业发达的地方。

正如一个民族要有民族精神作支撑一样，一个城市不可缺少自己的城市精

---

① 现代人类开始于距今约1万年前，陶器制作、磨制石器的使用和农业的起源标志着人类步入新时器时代(单霁翔．从“功能城市”走向“文化城市”[M]．天津：天津大学出版社，2007：28)。

② [美]刘易斯·芒福德．城市的发展史——起源、演变和前景[M]．宋俊岭，倪文言，译．北京：中国建筑工业出版社，2005：7.

神。“城市精神”这一概念，最早是由日本学者小川和佑于20世纪90年代提出的，其所著的《东京学》一书指出，“一个人是需要有精神的，一个城市也需要有精神。一个人什么都可以缺少，唯一不能缺少精神；一个城市什么都可以拥有，但最难得、最难拥有的是精神”①。

城市精神，是一个城市通过其市民行为方式（包括生活方式、生产方式、交往方式）、规章制度、文化艺术、伦理道德、城市景观等方面体现出来的共同的价值观念、心理导向，是根植于城市的历史、体现于城市的现实、引领城市未来、区别于其他城市的灵魂。② 城市精神，属于城市精神文化现象，是城市政治、经济和文化在精神领域的集中体现③，“是城市的价值追求和精神支柱，是城市的灵魂和名片，是城市综合竞争力的核心力量”④。

城市精神，还是生活在一个城市中的社会大众在自己的生产、生活实践中形成的共同的文化价值观和文化追求，是城市的管理者和市民群众对自己城市历史、现状和未来的一种理性把握，是市民群众的共同精神支柱。在城市文化建设过程中，城市精神的提炼和发展至关重要，直接关系到城市对广大市民的凝聚力问题。⑤ 城市精神具有如下三个特点：

(1)鲜明的独特性。就像世界上没有两个完全相同的人一样，不可能存在完全相同的两座城市。由于不同的历史传统、发展轨迹、地理环境和思想文化，每一座城市都拥有自己独特的精神特性。城市精神的特色蕴于多种多样的内容与形式中，有历史的、传统的特色，有民族的、地方的特色，有新兴的、时代的特色，有景观、环境的特色，有产业的、功能的特色等。总之，没有两座相同的城市，不同城市所蕴含的城市精神均有其独特性。

(2)历史的传承性。城市精神是在城市整个发展过程中逐步形成的，贯穿于

① ［日］小川和佑．东京学［M/OL］. http://202.136.208.148:90801rdjj/2005130021.htm.

② 陈立旭．都市文化与都市精神［M］. 南京：东南大学出版社，2002：2.

③ 肖红缨．试论城市精神［J］. 江汉论坛，2004(8)：126.

④ 方世南，田芝健．城市精神：城市的价值追求和精神支柱——以苏州城市精神为例［J］. 南京工业大学学报(社会科学版)，2004(2)：6.

⑤ 本书编委会．文化：城市发展的引擎——宁波文化建设的路径与思考［M］. 北京：中国社会科学出版社，2010：11.

一座城市的过去、现在和将来，具有历史传承性的特征。城市精神的凝练既要立足于现在城市的发展，又不能抛却其历史积淀，亦不能放弃对城市未来发展的设计。城市精神充分反映和概括出城市人民在历史长河进程中创造出的物质财富和精神财富，并将继续引领城市的未来发展。

(3)强大的能动性。城市精神是一座城市精神文明建设的重要文化标识，也是影响城市竞争力的重要因素之一。① 城市精神是一座城市的灵魂与品质，是一方市民认同的价值取向与共同追求。这种精神是深植于一个城市文化土壤中的内在气质，是蕴含在全体市民思想行为中的价值追求，它不仅体现了一座城市的历史文化和当今城市特色的精神，也能够对市民起到激励和引导的功能，引领城市管理者、建设者和广大市民向共同的城市建设蓝图奋进。

总而言之，城市精神既不是包罗万象的口袋，也不是抽象的概念，它存在于城市的生存和发展当中。

二、凝练城市精神的必要性

(一)凝练城市精神有助于形成强大的凝聚力量

城市精神反映了城市的共同的理想目标、文化底蕴、行为准则及生活方式的价值体系和群体意识，这些得到市民普遍认同的精神价值可以有效地凝聚市民的精神力量和城市认同感。

城市精神可以成为市民灵魂栖息的精神家园。一方面，城市精神是在城市大众的实践中产生的，它是为市民群众所坚持的文化品格，具有群众自发性；另一方面，城市精神的提出和传播又是自觉的理性的产物，是一个城市对自身历史现实和精神风貌的自觉提炼。② 作为现代都市居民精神感受之综合提升的城市精神，体现了现代都市居民的情感和价值观，因而他们对城市精神产生了巨大的认

① 赵璟，刘佳．城市文化发展与中国新型城镇化：促进机制及对策[J]．未来与发展，2015，39(9)：7-12，17.

② 本书编委会．文化：城市发展的引擎——宁波文化建设的路径与思考[M]．北京：中国社会科学出版社，2010：11-13.

同感，成为移民与移民之间、移民与“原住民”之间、居民与城市之间的认同依据。

任何一个城市的精神都不是凭空产生的，它是城市在漫长的历史演进中逐渐形成的自身地域性格和城市风貌，是城市市民共同认可的价值理念和精神追求。它反映了市民共同精神价值追求的，也是统一城市居民精神的强大力量。因此，在宣扬城市精神的过程中塑造城市居民的“地方感”认同，有利于形成“城市共同体”意识，增强市民对城市的认同感和归属感。

城市精神能够促进城市建设发展合力的形成。市民是城市的主体，在城市建设发展过程中起着决定性的作用；城市精神则体现了包括“原住民”、新移民在内的市民的普遍情感和共同价值观，是他们对城市认同感的具体体现和真实反映。城市精神作为城市主流价值取向的凝练，是城市先进文化的直接体现，能够形成市民强大的向心力和凝聚力，激发市民强烈的责任感、自豪感和使命感，形成巨大的社会整合力量，促进城市建设中积极性、主动性和创造性的有效发挥。

(二)凝练城市精神有助于打造独一无二的城市品牌

城市精神是一面精神旗帜，凝聚着一座城市的思想灵魂，代表着一座城市的整体形象。城市形象对内是“凝聚力”，对外则是品牌和“名片”。

品牌原是市场营销学的重要概念，现被广泛应用于其他领域。作为品牌主体无形资产的浓缩，品牌形象是主体所拥有的个性化“符号 ”。美国杜克大学富奎商学院 Kevin Lane Keller 教授在他所著的《战略品牌管理》一书中指出：像产品和人一样，地理位置或某一空间区域也可以成为品牌。城市品牌将某种形象和联想与这个城市的存在自然联系在一起，让它的精神融入城市的每一座建筑。所谓城市品牌，简单来说，就是人们对城市整体的一种感知，是城市本质的某种表现，是对城市的一种识别，是城市特有优势的一种体现。① 城市精神作为城市最具魅力和文化竞争力的特征，其本身就属于城市品牌形象的一部分。同时，城市精神作为城市整体精神风貌和价值取向的高度凝练，又是打造和推广城市品牌的有效

① 陈建新，姜海．试论城市品牌[J]．宁波大学学报(人文科学版)，2004(2)：77-81.

途径。

良好的城市精神往往是对城市历史文化特色、地理特征和人文精神的直观表达，是推介城市品牌形象的靓丽名片。通过对城市精神的准确定位、挖掘提炼和精心培育，对内可以转化为市民的价值理念、精神追求和行为规范，对外把具有特色的城市精神作为品牌发展的支撑点，通过一系列营销传播，可以提升城市品牌形象的层次和影响力，进而提升城市的整体活力和海内外影响力，为城市带来一系列增值效应。

(三)城市精神是引领城市发展的精神动力和行动指南

城市精神是城市的发展之魂、力量之源，可以为市民起到引航和振奋的作用，成为进一步激励市民团结奋进、自强不息，推动城市整体跨越式发展的力量源泉和精神动力。

城市精神是城市人文历史和时代特征的和谐统一，在城市发展演进过程中逐渐形成的城市精神，是架设在城市的历史和当下、物质和精神之间的一座桥梁。具体地说，城市精神能够让人们回味城市发展的曲折道路并在历史的曲折中得到教益，能够让人们回味城市昔日的辉煌成就并从历史的辉煌中获得动力。作为对现代实践的精神提炼，城市精神能够让人们更加深刻地反思现实，对现实中合理性的因素予以保留并发扬光大，而对现实中不合理的因素予以剔除并不断改善；作为对城市未来的理想设计，城市精神能够激发人们创业的精神动力，为城市的发展注入更多的活力。它不仅能够让人们牢记历史，也能够让人们更加关注现实，同时让人们对城市的未来充满了信心，从而成为人们从事城市建设的精神发动机。①

城市精神凝聚着城市的思想灵魂，代表城市的整体形象，引领城市的未来发展。而城市精神含混不清的城市，往往很难有准确的核心理念定位，也难以形成奋勇争先的精神动力。正因为如此，几乎所有的城市重视城市精神的提炼和传

① 本书编委会．文化：城市发展的引擎——宁波文化建设的路径与思考[M]．北京：中国社会科学出版社，2010：11-12.

播。城市精神不是凭空产生的，它是市政管理者、市民(尤其是知识分子)对城市历史发展的理性思考和共同体认。市民自觉地以这种精神来整合和规范自己的行为，调整自己的思想，从而使城市精神具备统一城市主体思维的力量。更为重要的是，城市精神像一盏航灯，是城市市民宝贵的精神财富，对城市整体的行为、价值和目标起着导向作用；更激励市民向城市发展的目标奋进，引领市民热情投身于城市的发展建设中，在凝聚市民群众的观念力量的同时，成为城市居民的行动指南。

三、中国城市精神的凝练与传播

中国城市开始重视城市精神凝练和传播工作，几乎与城市文化建设如火如荼地开展同步。最早吃“螃蟹”的城市，是湖南省长沙市。1995 年，十万市民在充分讨论酝酿的基础上，投票确立“心忧天下，敢为人先”为“长沙精神”。历时大半年的讨论活动后，把讨论的结果用精练的语言概括为 6 条候选用语，再印制在 10 万张选票上供市民选择。首次投票，6 条候选用语均没过半数；第二次投票时，第 2 条候选用语“心忧天下、敢为人先”①逐渐得到认可。

根据《南方周末》的统计，截至 2011 年 11 月底，全国 31 个省、自治区、直辖市中，山东、浙江、上海、河北、贵州、北京、新疆、福建等 12 个省份已有或正在征集本地的区域精神。在省会城市中，除五个自治区首府和沈阳、福州、西安三个城市，其他城市都已经有或正在征集城市精神的表述语。此外，至少有 33 个县级城市公开征集过区域精神。

2007 年之前，省级的“区域精神”大多由地方党委和政府自行酝酿和总结之后，将结果公之于众。2000 年，“浙江精神”的表述是“自强不息、坚韧不拔、勇于创新、讲求实效”。2006 年 2 月，“浙江精神”调整为“求真务实，诚信和谐，开放图强”。2003 年 9 月，广东省把“广东精神”表述为“敢为人先、务实进取、

① “心忧天下”，取自左宗棠对联“身无半亩心忧天下，读破万卷神交古人”，突出表现了湖湘子弟具备天下意识、大局意识和以天下为己任的忧患精神。历史上左宗棠在家治学、毛泽东在长沙求学时，都曾以此自勉。“敢为人先”取自《道德经》的“不敢为天下先”，突出表现的是湖湘文化积极进取的拼搏精神和大无畏精神。

开放兼容、敬业奉献"①十六个字。2007 年 11 月，贵州省委提出要"大力塑造'自强自信、开放创新、能快则快、团结和谐'的新时期贵州精神"。2007 年 5 月，上海在原来"海纳百川、追求卓越"的"上海精神"的基础上，加入"开明睿智、大气谦和"。2005 年 2 月，江苏省委提出应大力树立和弘扬"创业、创新、创优"的"江苏精神"。

从 2010 年开始，各省份更多地依靠群众和专家的智慧来提炼"区域精神"。其中，"北京精神"和"江苏精神"是其中的代表。

2010 年 5 月，北京举行第一次"北京精神"理论研讨会，拉开了"北京精神"大讨论的序幕。随后，中共北京市委宣传部、北京市社会科学院先后组织了 7 次大型专题研讨会和几十次小型交流会。中国社会科学院、北京大学、清华大学等在京的 20 多所高校、科研院所的学者参会并发表看法，提炼出上百条"北京精神"的表述。进一步筛选之后，产生了 30 多条"北京精神"备选表述语；与此同时，北京市各区县经过征集筛选，也评选出 37 条"北京精神"备选表述语。2011 年 9 月，经过北京市委、市政府主要领导和专家的斟酌、审定，将近 70 条"北京精神"备选表述语中的 5 条向社会发布，由市民投票评选。从 9 月 16 日到 25 日，共有 2929709 位市民参与投票。最后，59.97%的投票市民、约 175 万人选择"爱国、创新、包容、厚德"作为"北京精神"的表述语。

与"北京精神"略有不同，"江苏精神"先面向社会征集、再由专家论证。2011 年 4 月 2 日发布"江苏精神"表述语的征集消息后，15 天内即收到各类稿件 6300 多条。经过分类归纳梳理、电脑软件检索，找到了"创新创业""率先领先""崇文重教""开拓奋进""开明开放"等高频词。经过多次筛选，从 6300 多条候选语中选出 10 条向社会公布征求意见。经过超 50 万人次的投票后，"创业创新创

① 2011 年 11 月 3 日，中共广东省委宣传部理论处、广东省社科院精神文明建设研究中心、《南方日报》理论评论部、《羊城晚报》评论部和南方新闻网理论频道联合发布开展提炼"广东精神"内涵征集活动的启事。征集的要求是："广东精神"内涵的提炼要富有深刻的价值内涵，能够集中代表广东人的人文精神；要符合现代文明的发展方向，体现时代特征；要彰显广东(岭南)地域特色，体现岭南优秀传统文化精髓；要易懂易记、朗朗上口，易被广大人民群众接受。"广东精神"内涵的表述限于四个词语组合，每个词语限于 2 个或 4 个字等。

优、争先领先率先”最终名列第一，被确定为新时期江苏精神。在“北京精神”“江苏精神”的带动下，全国所有的省、自治区、直辖市在较短的时间内提炼了省域“精神”。

在省域“精神”的带动下，“城市精神”的征集活动也如火如荼地开展起来。几乎所有的城市，近二三十年征集活动开展过“城市精神”的提炼和征集活动，并形成过明确的“城市精神”表述语。2002 年 10 月 27 日，南京市公布了面向社会公开征集、历时 10 个月而最终形成的新时期“南京精神”，即“开明开放、诚朴诚信、博爱博雅、创业创新”。自 2011 年初起至 2011 年 5 月 30 日止，洛阳面向全社会公开征集“洛阳精神”表述语，最后把“包容开放、创业创新、实干争先、负重奋进”确定为新时期的“洛阳精神”。通过征集或凝练，很多城市公布了自己的“城市精神”，如：

宁波：诚信、务实、开放、创新
杭州：精致和谐、大气开放
哈尔滨：开放包容、时尚活力、诚信敬业、和谐奋进
大庆：爱国、创业、求实、奉献
长春：宽容大气，自强不息
大连：创造、创业、创世
呼和浩特：骏马精神、草原气质
石家庄：负重奋进、敢想敢为、科学发展、众志成城
济南：诚信、创新、和谐
青岛：诚信、博大、和谐、卓越
南京：开明开放、诚朴诚信、博爱博雅、创业创新
苏州：崇文、融和、创新、致远
徐州：承两汉雄风、集南北大成；展英雄气概、铸徐州辉煌
常州：勤学习、重诚信、敢拼搏、勇创业
扬州：崇文尚德、开明开放、创新创造、仁爱爱人
福州：海纳百川、有容乃大

广州：务实、求真、宽容、开放、创新

深圳：开拓创新、诚信守法、务实高效、团结奉献

海口：文明、诚信、豁达、坚韧、求实、创新

长沙：心忧天下、敢为人先

南昌：大气、开放、诚信、图强

合肥：开明开放、求是创新

郑州：博大、开放、创新、和谐

太原：兼容、和谐、诚信、卓越

西安：承古开新、开放包容、勤奋进取、文明诚信

成都：和谐包容、智慧诚信、务实创新

昆明：春融万物、和谐发展、敢为人先、追求卓越

南宁：能帮就帮、敢做善成

贵阳：知行合一、协力争先

乌鲁木齐：爱国奉献、开放和谐、创新奋进、文明首善

兰州：河汇百流、九曲不回、创新创业、和谐共进

西宁：包容诚信、务实创新新疆

银川：贺兰岿然、长河不息

上述“城市精神”的出现，历经市政管理者、知识分子和市民的广泛参与，可以说在很大程度上反映了城市的个性化特点和市民的认知。但是，仔细考察有关“城市精神”的表述，不难发现其中不少表述，从内容到形式均比较相似。另外，同一个城市的“城市形象”，并不是“几代人在故土凝聚的理智和情感、光荣和梦想”，而是随着实际需要而不断变化。① 这一情形，与《美国大城市的生与死》一书中的描述较为相似：“被规划者的魔法点中的人们，被随意推来搡去，被剥夺权利，甚至被迫迁离家园，仿佛是征服者底下的臣民。成千上万的小企业被拆，它们的业主们就此被毁掉，却连一点补偿的表示都没有。完整的社区被分

① 宋石男．城市之精神不在评选“城市精神”[J]．中州建设，2011(24)：25.

割开来。种瓜得瓜，种豆得豆。这样做的结果是：收获了诸多怀疑、怨恨和绝望。”①

第二节 宁波“城市精神”及其演变

宁波精神源自其悠久的历史文化，成于宁波人民的伟大创造之中。南宋时期宁波已经成为重要的经济中心和海上丝路的起点，中华人民共和国成立后，尤其是改革开放以来，宁波市凭借经济发展和机制创新的先发优势，成为改革开放的重要窗口。宁波城市精神在全球化浪潮和文化思潮交会、洗礼的过程中不断提升，其凝练和传播经历了从“诚信、务实、开放、创新”到“四知”精神的演变，蜕变出拥有独特魅力的“宁波精神”。

一、2005—2012年：“诚信、务实、开放、创新”

2005年之前，宁波精神经过多次探讨：1994年，宁波市第八次党代会确定了“解放思想立大志，奋力开拓创大业”这一主题，讨论通过了“立志创业、务实高效、文明守法、团结奋进”的宁波精神。1995年，在创建港城文明的活动中，宁波市进一步将港城精神概括为：“想大局、算大账、迈大步、创大业。”2000年，宁波市委市政府又提出了“开拓、开放、开明”的宁波精神内涵。同年4月，市委宣传部、市社科联、宁波大学等单位联合举行“浙东文化与宁波精神”讨论会，成立课题组专门进行研究，形成了一批研究成果，提出了几十种文字表达。2003年3—5月，《宁波日报》对宁波精神组织大讨论，通过来稿和网上论坛的方式开展征文活动。2005年，在广泛征求市民和人大代表、政协委员、统战系统等各方面的意见后，宁波市委常委会进行专题研究，2005年3月宁波市委十届四次全会把宁波精神确定为“诚信、务实、开放、创新”八个字。

诚信，是宁波地域文化的优良传统。“人无信不立，业无信不兴，国无信不

---

① [加]简·雅各布斯. 美国大城市的死与生：纪念版[M]. 金衡山，译. 南京：译林出版社，2006：3.

宁”，人因为诚信而崇高，企业因为诚信而发展，市场因为诚信而稳健，社会因为诚信而和谐。宁波人民自古以来的经商传统，铸就了宁波人民讲求诚信的“契约精神”，“宁波帮”到现在还能站在商界的高峰，“核心因素在于诚信”。宁波人民将诚信融会于日常生活中，将诚信经营、诚信立业与诚信待人融为一体，将商业功利与社会道义并重。

务实，是宁波人民贯通古今的精神品格。作为浙东学派重要起源与传播地之一，宁波人民“知行合一”“经世致用”的思想源远流长、影响广泛；宁波人民自古以来踏浪逐波、历尽万险，于波涛汪洋中求生存、谋发展。“大道至简，实干为要”，宁波人民历来注重实效，崇尚踏踏实实、埋头苦干。宁波人民注重目标选择的实际性、目标进程中的实效性，折射出宁波人民脚踏实地的人格定位。

开放，即对外开放，博纳兼容，具有大海般的胸襟。宁波自唐宋以来就是中国对外交往与贸易往来的重要口岸，古代“明州商帮”就在国际商贸舞台上扮演了重要的角色，这样的历史背景孕育了宁波人民开放包容的品格。近代以来，“宁波帮”更是善于开拓新领域，他们离土离乡，敢于参与国内外的各种商贸竞争，创造了许多商业奇迹。改革开放后由于宁波港的开放建设和“宁波帮”的影响，宁波人民闯荡世界的风气日渐兴盛，宁波人民的开放意识、海洋意识、开拓意识得到了进一步加强。

创新，是宁波人民敢做有为的力量源泉。宁波人民创新精神的思想基础建立在“敢创业、不守摊”的理念之上，无论是云龙出土的战国时期羽人竞渡纹铜钺所象征的先民精神，还是近现代“宁波帮”人物、天南海北宁波人的敢闯敢为，都体现了“创新敢为”这种宁波人身上与生俱来的基因。吴馨在《上海县续志》中称：“吾甬人以冒险之天性，斩荆披棘，经营所业，其间筚路蓝缕，艰苦卓绝。”“天变不足畏、祖宗不足法、人言不足恤”，在曾经作为王安石改革试验田的鄞州，宁波人民在改革开放的新征程上继承了敢为人先、敢想敢为的创新精神，成为中国改革开放的“模范生”和“重要窗口”。

“诚信、务实、开放、创新”的宁波精神，充分体现了宁波城市的鲜明特色和独特魅力，是一种比较切合实际的概括，更是继承了宁波文化悠久深厚的优秀传统，又体现了当代宁波朝气蓬勃、持续发展的时代精神。宁波精神是在地域人文精神中孕育和发展起来的，既是对中华民族精神的继承和弘扬，又源于宁波人民在历史长河里的文化沉淀。

在很长一段时间里，宁波的城市精神被“诚信、务实、开放、创新”这8个字涵盖，可随着浩荡的城市化进程，我们不难发现，这8个字也能形容当前绝大多数的中国城市。无疑，宁波需要重新提炼出自己的城市特质。①

二、2012—2020年：“思进思变思发展，创新创业创一流”

2012年3月，宁波市第十二次党代会报告指出：“要把‘三思三创’落实到今后改革发展的每一个实践，不断赋予新的内涵，使之成为宁波城市精神的一种特质。”2012年6月，《宁波日报》将“三思三创”视为宁波城市精神的“当代传承”“一种特质”和“价值取向”②。

“三思三创”是作为宁波思想解放运动主题提出的。2011年2月，宁波市委决定在全市开展“三思三创”主题教育活动。这次教育活动的实质，是宁波在新的历史时期的一次思想解放运动。“三思三创”活动，核心是加快发展、科学发展，目标追求是一流的思维理念、一流的意志品质、一流的工作水平、一流的发展质量。从2011年初，宁波市委决定在全市开展“三思三创”主题教育活动，到2012年宁波市十二次党代会报告把“三思三创”确立为“宁波城市精神的一种特质”，“三思三创”经历了从“活动主题”到“城市精神特质”的提升。

从产生的时代背景看，“三思三创”时代背景有如下突出特色：宁波积极实施“六大联动、六大提升”和“六个加快”战略部署，加快转变经济发展方式，取得了改革开放和现代化建设的新成就；全面实施“东扩、北联、南统筹、中提升”区域发展战略，在全省率先进入城乡全面融合发展阶段，为建设现代化国际港口城市打下了坚实基础；在宁波社会事业加快发展、人民生活明显改善；民主法治更加健全、和谐局面不断巩固；文化建设扎实推进、城市软实力持续提升，实现了全国文明城市“三连冠”；转型发展的制约因素和“两难”问题还很多，影

① “宁波精神”——企业家奋进的时代指南[EB/OL].[2023-12-12].http://daily.cnnb.com.cn/dnsb/html/2020-07/27/content_1231880.htm.

② “三思三创”：宁波城市精神的一种特质[N].宁波日报，2012-6-5(A8).

响科学发展的思想观念、体制机制方面的障碍仍然存在，而广大干部群众又迫切希望促进更有质量的发展、建设更有品位的城市、实现更有价值的生活。①

“三思三创”作为宁波城市精神的一种特质地位确立后，市委对“三思三创”作了理论上的阐释与实践上的探索。2012 年 3 月 2 日，在全市“思三创”主题教育实践活动会上，时任宁波市委书记王辉忠提出，“三思三创”从本质上讲就是改革创新精神，是一种永不自满、永不懈怠、永不停滞、永不言败的精神。这种精神，是推动现代化建设事业永续发展必须坚持和发扬的时代精神。2012 年 3 月 5 日，王辉忠对学雷锋活动作出批示：当前特别是围绕贯彻落实党代会精神，应把雷锋精神融入以“三思三创”推进“六个加快”的具体实践，形成敬业奉献、奋发干事的生动局面，为实现“两个基本”目标，建成“四好”示范区汇聚强大的精神动力。随着宁波建设国际化大都市步伐的加快，“三思三创”在内涵、本质、体系等方面得到进一步发展。

“三思三创”在长时间内作为宁波精神的一面精神旗帜，凝聚了宁波市人民的人心人气，激发了宁波市广大干部群众的积极性、主动性，提升了人们的责任感、荣誉感和自豪感，形成了建设城市的强大使命感和向心力。

三、2020 年至今：“知行合一、知难而进、知书达礼、知恩图报”

2018 年 11 月 16 日，在首届世界“宁波帮 · 帮宁波”发展大会上，时任浙江省委副书记、宁波市委书记的郑栅洁首次使用“知行合一、知难而进、知书达礼、知恩图报”来概括宁波的城市人文精神，赞美宁波独特的地域文化和宁波人独有的精神品质。2020 年 7 月，宁波市委十三届八次全体(扩大)会议明确“四知”精神为宁波精神，成为宁波城市形象的标志性符号。“四知”精神不仅概括了宁波绵延至今的优秀历史文化传统，也成为新时代宁波城市发展建设的精神支撑，使宁波深厚的城市人文底蕴获得新的理解和诠释。

“知行合一”，指的是在经世致用、知行合一的阳明文化的熏陶下，宁波人做事专注认真、务实低调，在不同行业领域取得了不同凡响的业绩。“知行合

① “三思三创”：宁波城市精神的一种特质[N]. 宁波日报，2012-6-5(A8).

一”一词最早由明代著名思想家王阳明提出，作为阳明文化的核心思想，知行合一在中国思想史上占据着重要地位。“知行合一”暗含着宁波人自古以来所提倡的务实精神。宁波因海而生、凭海而兴，海洋资源丰富，当地人民以求真务实的创业态度、实事求是的思想品质，通过海洋商贸推动宁波发展建设，繁荣城市文化，成为宁波城市精神兴起之源。近代以来，宁波人民创造的100多个“中国第一”“中国之最”和现代以来宁波涌现的一大批院士专家、工商巨子、文化名人，是“知行合一”的最佳注脚。

“知难而进”，蕴含着宁波人不畏艰难、砥砺前行的实干精神和开拓进取、敢为人先的创业精神。近代以来，一大批宁波人闯荡上海滩和创业香江畔，开启了“宁波帮”的百年辉煌。改革开放后，宁波人把一个个小作坊变成了大企业，使“宁波造”走向全世界，创造了民营经济发展壮大的奇迹。宁波企业家始终信奉“越是形势困难，越是企业谋发展的好时机”的理念，闯荡于世界各地，寻找商业契机，在航运、金融、银行等各行业为中国近代史作出了巨大贡献，推动了中国民族工商业的近代化进程。随着国家改革开放和现代化建设的深入发展，宁波企业家在宁波帮创业精神的引领下，保持知难而进的优秀品质，不断推动宁波经济向前发展。

“知书达礼”，指的是宁波人坚守“耕读传家、诗书继世”的思想，教育后辈读书修德、明理知义。宁波人坚持“商行天下、义行天下”的思想，时时处处展现出义利并举的品质和风骨。知书达礼同样体现了宁波深厚的藏书文化。我国藏书事业以江浙为盛，江浙地区又以宁波为中心。拥有450多年历史的天一阁，不仅是一座馆藏丰富的社会历史文化博物馆，更是一张人文书香的城市名片，深刻诠释了宁波“书藏古今”的城市形象口号。浓厚的书香氛围涵养了宁波人的文明素养和道德情操，从取得全国文明城市“六连冠”到全国文明典范城市的推进，知书达礼的宁波人正建设着新时代的文明礼仪之城。

“知恩图报”，作为宁波帮精神和江北慈孝文化的内蕴，指的是宁波人不论身居何处，都能秉持报效祖国、反哺家乡、造福桑梓的家国情怀。从严信厚、叶澄衷、朱葆三、虞洽卿到包玉刚、邵逸夫，再到今天活跃在世界各地的宁波帮企业家，一代代宁波优秀代表人物从宁波创业，走向世界，又心系故土，回报桑梓。全国各地有很多以“宁波帮”冠名的医院、教学楼、图书馆以及各类慈善公益基金；宁波市绵延千年慈孝文化的传承和发扬，正是宁波人知恩图报的真实写照。

“知行合一”构成了理念先导，“知难而进”展现了坚韧品质，“知书达礼”揭示了文化底蕴，“知恩图报”体现了家国情怀。城市精神是一个城市独特的精神品质，是展示城市形象、引领城市发展的内在力量。当然，作为一种价值观念，城市精神同样需要与时俱进。从“诚信、务实、开放、创新”到“四知”宁波精神，表明宁波对自身特质的认知及对未来发展的期许提升到一个新的高度。

第三节　新时代凝练和弘扬宁波城市精神的路径

“重新发现城市的精神是哲学和社会学的重大任务”①。一座城市在实现现代化的过程中，追求精神富有与追求物质富足是同等重要的。对一座城市而言，物质层面的城市形态建设较为容易，但富有个性的城市精神塑造则需要历史积淀、深入挖掘和慎重凝练，并以恰当的方式进行彰显。

一、凝练“独一无二”的宁波城市精神

“中国的城市居民中，有多少会为自己居住的城市感到骄傲？又有多少会认为自己居住的城市具有独一无二的气质？从这两个维度出发，我们不仅可领会城市精神的要害，更为重要的是，它为我们评判中国城市化的成功与否提供了一种依据。”②在对宁波市民进行的“关于宁波城市和宁波精神气质”的实地采访中，笔者接触到最多的反馈是：宁波是个温暖/干净/宜居的城市；宁波市民很热情/善良；宁波市各部门的公务人员态度良好，办事流程很顺畅；在宁波生活的幸福指数很高；我作为一个宁波市民感到骄傲，等等，这样的评价高达90%甚至以上。在提问到宁波是否具有“独一无二”的精神气质问题时，有近半数的被访问者先

① ［加］贝淡宁，［以］艾维纳．城市的精神Ⅰ（修订本）：全球化时代，城市何以安顿我们［M］．重庆：重庆出版社，2018：11.

② 王军．城市精神不见于中国［J］．IT时代周刊，2014(1)：56.

是沉默地思考，继而表示很遗憾，难以说出宁波市“独一无二”的气质；另约有半数被访问者清晰地表示，宁波的气质就在于“低调”“实干”“温暖”，这三种表达在访问过程中收到的反馈较多，而又以“低调”和“实干”的表述最多。在被采访的56位宁波市民中，仅有8人明确说出了“四知”精神是宁波精神的特质，但这8名被采访者均不能准确说出“知行合一、知难而进、知书达礼、知恩图报”这16个字。这说明宁波精神在凝练和传播两个方面，仍留有大量的工作空白。在宁波城市精神的凝练和弘扬过程中，本书认为，要首先做好“充分发掘宁波精神的独特性”的工作。

城市精神是衡量一座城市的内在文化基因，也是城市深层次发展的动力源泉。习近平总书记指出：“一个民族需要有民族精神，一个城市同样需要有城市精神。城市精神彰显着一个城市的特色风貌。要结合自己的历史传承、区域文化、时代要求，打造自己的城市精神，对外树立形象，对内凝聚人心。”①我们说到北京，就会浮现天安门；说到嘉兴，就会浮现南湖红船。这就是凸显城市个性和特色的基因，也就是城市的精、气、神之所在。我们从中提炼城市精神，应按照“植根历史、基于现实、紧跟时代、引领未来”的要求，既从历史积淀或特色要素中攫取素材，又在当代实践中发掘新质，还要有“一语中的”式的概括，做到定位准确、形神合一。②

由于城市地域文化和历史沿革的差异，城市精神往往成为一座城市的独特文化标识，代表着城市的特色风貌。宁波是一座拥有8000多年历史的文化名城，因而城市精神的培育，要结合城市特色和历史文化量身定制，深入研究解读城市的文化基因，深入探索千百年的城市文化内涵以及在时间磨砺下形成的城市精神和品质，发掘宁波市独具特色、不可复制的文化优势，使核心价值体系建设与本城市文化传统、本地群众的心理情感结合，使之接地气并落地生根。

---

①　中共中央党史和文献研究院．习近平关于城市工作论述摘编[M]．北京：中央文献出版社，2023：110.

②　张朵．让城市精神与城市发展良性互动[EB/OL]．[2024-06-11]．https://mp.weixin.qq.com/s?__biz=MjM5MDMzNDM0MQ==&mid=2651631606&idx=1&sn=3b21c434a7eec788fd410226b1dbfcee&chksm=bdbe631c8ac9ea0a87b546cc53c463818b194f9248fbecba4d236acc2777ee06813a614620c9&scene=27.

一座城市的精神气质是不可能通过一时的规划和设计，由“摊大饼”的方式造就出来的。换句话说，任何眼下进行的规划和设计都难免存在缺陷，特别是从未来的角度来评判时。美国芝加哥早在1887年就拟定了城市规划，此后，这座城市的管理者换了一任又一任，城市的扩展依然遵循百年前规划的韵味，格局没什么本质变化。在这座城市，人们感受到城市规划有章可循，城市的演变和历史脉络一清二楚。我们敬仰芝加哥城市规划者的智慧和远见卓识，同时也佩服后来城市管理者恪守百年规划的精神。①

二、以宁波市民的接受和转化为立足点传播城市形象

贝淡宁和艾维纳将“有助于推广城市精神的因素”分为六个部分，分别是：没有巨大贫富差距和种族群体间的巨大鸿沟；与国内另一座城市有长期的竞争关系(例如蒙特利尔—多伦多；北京—上海，“而这种竞争常常是幽默的话题，能激发具有持久价值的文化创造”)；城市身份认同受到外来力量的威胁；城市通过法律、条例、地方法规等来保护和繁荣其特别身份和精神；长期且权威的有利于实现共同公共思想的城市改造规划；外部机构(广告宣传或者电影)给城市贴上某个特征的标签。“每个因素确实增加了成功的可能性，这些因素存在得越多，成功的可能性就越大。”对于试图开发或者繁荣一种精神气质的城市来说，想一想这些因素或许是有用的。当然，在创造、培育和推广一种城市精神的前提是“这个城市已经克服了物质匮乏之后才有可能，非常贫困的城市竭力创造一种精神似乎是不道德的”。②

宁波市的经济、政治、文化发展水平均位居全国前列，从贝淡宁和艾维纳的观点来看，宁波市显然已经具备“开发和繁荣”宁波精神气质的前提。如前文所述，在被采访的宁波市民中，极少有人能将现在的宁波“四知”精神完整阐述，大多数停留在“知行合一”上。因此，在宣传宁波市城市精神的过程中，“官方发布”只是培育城市精神的第一步，后续的培育和弘扬才是更为重要的，动员广大

---

① 王军．城市精神不见于中国[J]．IT时代周刊，2014(1)：56.

② [加]贝淡宁，[以]艾维纳．城市的精神Ⅰ(修订本)：全球化时代，城市何以安顿我们[M]．重庆：重庆出版社，2012：11，14.

市民积极参与是践行和传播宁波城市精神的最好方法，城市精神要注重对市民的宣传和引导。一座城市最吸引人的地方不是其外在的建筑，而是弥漫于城市中的文化气息和特有的生活方式。一座城市的文化形象、文化氛围和文化品位，在很大程度上是通过每一位市民的言谈举止、生活方式和精神面貌体现出来的，市民素质影响并决定着城市素质。不同时期的城市文化成果，凸显的是人的知识、能力、智慧和创造，是人的进化和文明在城市文化上的反映。① 市民既是城市发展和城市精神的受益者和传承者，也是城市精神的体现者和创造者。

城市精神的培育和践行是一项漫长的、系统而又复杂的工程，不是“一评了之”，不是大张旗鼓地宣传空洞的口号，而是应该从市民的接受和转化开始，努力探索切实可行的路径，从而积极地培育和践行。如何将宁波城市精神的概念、内涵和要求，全面融入宁波城市发展的各个领域和全过程，真正为宁波市民所感知、认同、接受，并内化为市民的文明素养、外化为市民的具体行动，是宁波城市精神得以彰显和传播所面临的重要问题。

三、强化多种形式的宁波城市精神宣传活动

传播城市精神，需要联动主流媒体和各类新兴媒体形式，共同唱响“宁波城市精神”的声音。例如，引导各类媒体对宁波城市精神进行全方位的解读，对发生在市民身边能够较好地体现宁波城市精神的事例进行深入挖掘，使宁波精神家喻户晓，深入人心；充分利用新兴媒体(如短视频、网络直播等)的灵活度高、裂变快、形式多样等优势，设计灵活多样的宁波精神传递和弘扬措施。

传播城市精神，举办品牌活动是捷径。例如，通过编印体现宁波城市精神的各类宣传手册，在宁波市内悬挂关于宁波城市精神的公益广告牌，在各类公共场所张贴宁波城市精神的标签等多种形式，以不同形式传播宁波的城市精神。同时，借宁波市申办各类大型活动的机会，发挥宁波市民和来访人士的多种力量，向海内外来访者宣传宁波城市精神，提升宁波城市精神的国际知名度。

---

① 单霁翔．从“功能城市”走向“文化城市”[M]．天津：天津大学出版社，2007：261-262.

传播城市精神，内化为“自觉”是终极目标。宁波城市精神的“自觉”，包含两层意思：一是宁波市民在广泛接受城市精神的基础上，将宁波的城市精神自觉转化为自身的行为，打造传播和弘扬宁波城市精神的“主力军”；二是让海内外的广大媒体用户、游客和来访者，无论是从媒体还是亲身感受到宁波城市的风采，将“自觉”地被宁波精神的独特性和先进性感染，欣然接受和认可宁波的城市精神，形成对宁波“挥之不去”的良好印象，并能够通过人际关系和自媒体传播将宁波的城市精神带得更远。至此，宁波城市精神的凝练和弘扬工作，必将进入崭新的阶段，宁波城市在海内外的知名度、影响力和竞争力也会登上新的台阶。

后　　记

文字是人类社会进入文明时代的标志。汉字是全世界唯一的流传至今而未中断的文字，所以文字所承载的中华文化源远流长又不断推陈出新。很多城市在梳理自己的发展史的过程中，可以从留下的文字记载中找寻到先民的足迹，从文化遗存中找到曾经的辉煌。

宁波地区的人类生活史，可以追溯到距今8300年至7800年，余姚的井头山遗址，是迄今发现的中国沿海最早的贝丘遗址；而比较清晰的城市发展史，则可以追溯到春秋战国时越王勾践在宁波市江北区慈城镇城山渡村附近修筑的句章城。2500年来，枕山面海、拥江揽湖的这片热土，优越的自然条件使其在中外交往、南北交通中居于重要的地位，深厚的文化底蕴使其在中国城市发展史上自成一派。

笔者自2014年来到宁波工作后，由于工作岗位的需要和个人兴趣的原因，有机会和文化职能部门和文化研究同行交流，就宁波历史文化传承、城市文化建设、城市形象传播、城市精神等问题进行讨论。就个人直观的感受而言，宁波市各级党委政府结合自身文化资源，近些年在城市文化建设方面用力颇多，成效也非常显著。宁波一直有"重商"的传统，经商者众，商业文化繁荣。相较而言，历史文化研究和城市文化发展似乎没有得到足够的重视。但近年来，这一局面有了显著的改观。

随着对阳明文化、港城文化、书香文化、商帮文化、红色文化等特色文化涉猎的增多，笔者对宁波城市文化的理解也在加深。2023年初，感觉有必要对近年来积累的文字进行系统的梳理，于是申报了浙江省哲学社会科学重点研究基地——临港现代服务业与创意文化中心"创意文化系列丛书"的后期资助项目，并获得预立项。

书稿写作的进展也还算顺利，但是不时感到惶恐不安。一方面，近十年，党和国家对文化发展和城市文化建设提出了很多新思路和新要求，宁波的城市文化建设也明显呈现欣欣向荣的局面。如何书写宁波的城市文化发展，既能够恰如其分地彰显“新时期”的特质，又能够准确地反映宁波城市文化建设的实际，并不是一件易事。另一方面，随着更多的史料被发现，涌现了很多宁波城市文化的研究成果。这些出自前辈文化学人的皇皇巨著，在很多方面提出了精妙高论，虽然为后续的研究提供了支撑，但是也为进一步的阐释增添了难度。

笔者在查找资料的过程中，还真切感受到宁波城市文化建设这一话题的吸引力和魅力。众所周知，无论是作为学术概念，还是作为日常讨论的词汇，“文化”都是一个内涵极度丰富、外延极为宽广的话题。无论是“术业有专攻”的学者和职能部门的管理者，还是普通市民，说到宁波“老底子”时都能够侃侃而谈，也习惯于在讨论问题时不自觉地把话题上升到“文化”层面。《宁波日报》《宁波晚报》等当地媒体，刊登了很多关于宁波的历史文化和城市文化建设的报道；宁波的文旅、档案、社科院、自然资源规划等职能部门的微信公众号，也立足各自职能、资源和优势，发布了不少图文并茂、史料翔实，以地方文化传播和文化普及为志趣的文章；一些以传播区域文化为定位的自媒体号，也发布了不少特色鲜明的推文。新媒体号的加入，壮大了宁波城市文化传播的力量，也使得城市文化传播更加生机勃勃。

本书在编写过程中受到了很多师友的指导和帮助。宁波的文化管理职能部门、科研院所、高校和民间智库，有一大批热衷于城市文化研究和传播的学人。笔者有幸同他们在研讨会、评审会等场合见面，只要有问题请教，即使不能在及时得到解决，也一定能够得到解决问题的线索。

闫国庆教授、张实龙教授、余丹教授、闻学峰教授、徐侠民副教授、汪广松副教授等领导和同事，是宁波城市文化研究的同好。笔者同他们一起申报项目、实地调研、撰写报告和交流心得，留下了很多美好的回忆。

非常感谢金君俐和孙宇两位老师的帮助。有一段时间，杂事很多，心神不宁，书稿的修改完善进展很慢，幸得两位老师鼎力相助，书中关于海丝文化、城市形象传播和城市精神等部分的内容，凝聚着他们两位的心血。

到了交稿之时，心里仍是忐忑。书稿没有完全地呈现、反映出宁波城市文化建设的实践，有见地的文化建设的意见和建议更少。不过，对笔者个人而言，这一年查阅的文献、调研过的地方超过了过去几年的总和，也因此增添了对宁波历史文化的了解和文化建设的感悟。